통합사회 문해력 1

통합사회 문해력 1

제1판 제1쇄 발행일 2026년 3월 22일

글 _ 박윤경, 추정완, 전보애, 범영우
기획 _ 책도둑(박정훈, 박정식, 김민호)
디자인 _ 이안디자인
펴낸이 _ 김은지
펴낸곳 _ 철수와영희
등록번호 _ 제319-2005-42호
주소 _ 서울시 마포구 월드컵로 65, 302호(망원동, 양경회관)
전화 _ 02) 332-0815
팩스 _ 02) 6003-1958
전자우편 _ chulsu815@hanmail.net

ISBN 979-11-7153-043-4   43300

철수와영희 출판사는 '어린이' 철수와 영희, '어른' 철수와 영희에게 도움 되는 책을 펴내기 위해 노력합니다.

통합사회 문해력 1

글 박윤경·추정완·전보애·범영우

세상을 바꾸고 인간다운 곳으로 만들어 가는 힘, 문해력

같은 사회현상을 보더라도 사람마다 다르게 이해할 때가 많습니다. 왜 그럴까요? 세상을 읽고 이해하는 힘, 즉 저마다의 문해력이 다르기 때문입니다. '문해력'은 단순히 글자를 읽고 이해하는 능력이 아닙니다. 복잡한 사회현상 속에 숨겨진 맥락을 파악하고 질문을 던지며, 비판적으로 성찰하고 더 나은 대안을 모색하는 종합적인 힘입니다.

오늘날 우리는 진짜 정보와 가짜 정보가 뒤섞이고, 과학·기술이 급속도로 발전하는 사회에 살고 있습니다. 올바른 판단을 내리기가 점점 더 어려운 일이 되고 있습니다. 이런 시대에 우리에게는 잘못된 정보에 휘둘리지 않고, 올바른 가치관을 바탕으로 사회 문제에 합리적으로 대응하는 힘이 필요합니다. 이 책은 그러한 문해력을 키우기 위한 길잡이가 될 것입니다.

이 책은 통합사회 과목의 주제를 반영하여 두 권으로 구성되었습니다. 1권은 '통합적 관점', '인간, 사회, 환경과 행복', '자연환경과 인간', '문화와 다양성', '생활공간과 사회'를 다루며, 이를 통해 인간과 삶의 터전인 사회와 환경을 폭넓게 이해하도록 돕습니다. 2권은 '인권 보장과 헌법', '사회정의와 불평등', '시장경제와 지속가능발전', '세계화와 평화', '미래와 지속가능한 삶'에 대해 다루며, 이를 바탕으로 우리 일상과 연결된 사회 문제를 분석하고 실현 가능한 대안을 탐구해 봅니다.

이 책은 통합사회에서 다루는 다양한 주제들을 충실히 해설하는 동시에 사고력 확장을 돕는 데 주안점을 두었습니다. 특히, 각 주제별 개념과 지식을 다양한 예시를 바탕으로 정확하고 충실하게 설명하고, 지식과 사고를 확장할 수 있는 풍부한 읽기 자료를 제공합니다. 어려운 주제도 이야기 형식으로 풀어내어 쉽게 접근할 수 있도록 하였습니다. 영화나 그림 등의 다양한 매체, 그래프와 지도와 같은 시각 자료를 활용하여 통합적 관점을 기르고, 청소년 독자들이 스스로 질문하고 탐구하며 생각을 정리해 볼 수 있도록 구성하였습니다.

무엇보다 이 책은 통합사회 교육과정 개발과 교과서 집필에 참여한 사회과교육, 윤리교육, 지리교육, 법교육, 경제교육 전문가들이 함께 집필하였습니다. 저자들은 연구와 교육 경험을 바탕으로, 독자 여러분이 사회현상을 비판적으로 이해하고 현명하게 대응할 수 있도록 돕고자 하였습니다.

여러분이 이 책을 통해 복잡한 사회현상을 이해하고 대응하는 통합사회 문해력을 키우는 연습을 하고, 인간과 사회현상을 날카롭고도 따스한 시선으로 바라볼 수 있는 역량을 키울 수 있기를 기대합니다.

생각과 행동의 작은 변화가 세상을 바꿀 수 있습니다. 이 책을 통해 세상을 더욱 깊이 이해하고 넓게 바라보며, 우리가 사는 세상을 보다 행복하고 인간다운 곳으로 만들어 갈 힘을 갖게 되길 바랍니다. 여러분의 여정에 따뜻한 응원을 보냅니다.

끝으로 이 책이 나오기까지 도움을 주신 많은 분들께 깊이 감사드립니다.

저자 일동

1장. 인간, 사회, 환경을 바라보는 통합적 관점

2장. 인간, 사회, 환경과 행복

3장. 자연환경과 인간

4장. 문화와 다양성

5장.　생활공간과 사회

보충하면서 우리의 사유를 확장할 수 있는 깊은 이야기들을 담고 있습니다.
이 책을 통해 학생들이 세상과 한층 더 가까워질 수 있기를 바랍니다.

- 윤선유(대전외국어고등학교 교사)

기술이 발달하고 사회가 진화하면서 지구촌은 더 촘촘히 연결되고 불확실성은
높아지고 있습니다. 우리 아이들이 살아갈 미래는 어떻게 달라질까요?
어떻게 하면 사회를 비판적으로 해석하는 지혜, 공동체 속에서 살아갈 시민 역량을
기를 수 있을까요? 『통합사회 문해력 1, 2』는 사회현상을 시간적, 공간적, 사회적,
윤리적 관점으로 요리조리 뜯어보며 나를 지역과 국가, 세계로 연결해 주는
'공부 맛집'입니다. 주제별로 엮인 이야기를 따라가다 보면 교과서 안에 다
담지 못한 내용의 맥락이 보이기 시작합니다. 그야말로 사회를 읽고 해석하는
문해력이 클 것입니다.

- 윤신원(서울 성남고등학교 교사)

가 보지 않은 길은 누구에게나 두렵습니다. 하지만 그 길을 직접 만든 사람과
함께라면 이야기는 달라집니다. 이 책은 2022 개정 교육과정의 중심에 있는 집필진이
변화의 본질을 꿰뚫어 정리한 '통합사회 필독서'입니다. 수능을 대비하는
날카로운 통찰력은 물론, 인간과 사회를 바라보는 따뜻한 시선까지 놓치지
않았습니다. 혼란스러운 교육의 변곡점에서 중심을 잡고 싶은 이들에게,
이 책은 선택이 아닌 필수입니다.

- 정선아(EBSi 사회탐구 영역 강사, 서울국제고등학교 교사)

어떠한 관점과 수준에서 해석하느냐에 따라 지식의 깊이와 밀도는 달라집니다.
이 책은 각 분야의 전문가들이 통합사회 교과의 주요 개념의 의미와 연관성을
명료하게 밝혀 학습 시 혼란을 줄여 줍니다. 또한 다양하고 풍부한 사례를 그것들이
등장한 사회적, 역사적 맥락과 함께 소개하여 사유의 지평이 넓어지는 경험을
선사합니다. 깊이 있는 수업을 고민하는 교사, 통합사회 교과를 어떻게 공부해야 할지
막막한 학생과 수험생, 그리고 세상을 읽는 통합적 안목을 기르고 싶은 모두에게
이 책은 든든한 길잡이가 될 것입니다.

- 현영운(경기도 서정고등학교 교사)

1장. 인간, 사회, 환경을 바라보는 통합적 관점

1. 통합적 관점으로 '카페 읽기'

통합적 관점이 필요한 이유

낯선 곳으로 여행을 떠날 때, 우리는 새로운 경험을 기대하게 됩니다. 그 지역의 음식을 맛보는 것도 여행에서 얻을 수 있는 큰 즐거움 중 하나입니다. 보통 관광객들은 음식의 맛이나 모양에 주목하지만, 음식을 연구하거나 평론하는 사람이라면 음식에 관하여 다양한 질문을 던질 수 있습니다. 예를 들어, 음식이 만들어진 특별한 유래, 또는 음식을 만드는 재료와 지역의 기후나 식생과의 관계를 궁금해할 수 있습니다. 사람들이 그 음식을 먹을 때 어떻게 상호 작용하는지, 음식 재료와 관련된 윤리적 논쟁이 있는지도 질문해 볼 수 있습니다. 연구자가 아니더라도 우리 역시 이러한 질문들을 탐구하면서 그 음식이 지닌 의미를 더 깊이 이해할 수 있을 것입니다.

하나의 음식이 갖는 의미를 여러 측면에서 살펴보는 것처럼, 사회현상을 이해할 때는 통합적 관점을 사용하는 것이 중요합니다. 통합적 관점이란, 인간과 사회현상을 탐구할 때 **시간적 관점, 공간적 관점, 사회적 관점, 윤리적 관점**을 함께 고려하는 것을 의미합니다. 즉, 인간, 사회 및 환경을 둘러싼 복잡한 현상을 이해할 때, 그와 관련된 역

새해 아침 첫 음식으로 장수를 기원하며
한국에서는 떡국(위)을, 중국에서는 짜오쯔라는 물만두(아래)를 먹는다.

사적 배경과 시대적 맥락, 장소와 지역 및 공간적 상호 작용, 사회 구조 및 제도의 영향력, 도덕적 가치와 규범에 대해 두루 살펴보는 것입니다.

현대 사회에서 발생하는 문제들은 여러 요인들이 복합적으로 작용한 결과이기 때문에 한 가지 관점만으로는 문제를 온전히 이해하고 해결하기 어려울 수 있습니다. 따라서 시간적, 공간적, 사회적, 윤리적 관점을 함께 고려하는 통합적 관점은 사회현상과 문제들을 종합적으로 이해하고 분석하는 데 필수적인 접근 방식입니다. 이를 통해 개인과 사회 모두가 더 나은 방향으로 나아갈 바람직한 해결책을 모색할 수 있습니다.

실제로 현대 사회의 복잡한 문제에 대응하기 위해 여러 학문 분야의 전문가들이 함께 연구를 수행하는 경우가 많습니다. 각 학문 분야는 각기 다른 관점에서 문제에 접근합니다. 예를 들어, 경제학은 자원 배분과 시장의 원리, 정치학은 권력과 제도, 사회학은 사회 구조와 사회적 상호 작용을 분석합니다. 각 관점은 나름의 강점이 있지만, 서로 다른 관점이 모이면 더 큰 효과를 발휘할 수 있습니다. 같은 현상도 어떤 관점에서 바라보느냐에 따라 평가가 달라질 수 있으며, 하나의 관점만으로는 보이지 않는 측면이 다른 관점에서는 드러날 수 있기 때문입니다. 따라서 특정한 한 가지 관점만을 고집하기보다는 여러 관점을 결합하여 문제를 종합적으로 분석하는 것이 중요합니다.

예를 들어, 환경 문제를 다룰 때, 단순히 현재의 오염 수준만 볼 것이 아니라, 산업화 과정에서 누적된 환경적 변화(시간적 관점), 특정 지역의 환경 오염 현황과 발생 원인(공간적 관점), 환경 정책이 경제와 사회에 미치는 영향(사회적 관점), 그리고 환경 보호의 윤리적 의미(윤리적 관점) 등을 함께 고려해야 합니다.

마찬가지로, 교육 문제를 다룰 때도 과거와 현재의 교육 정책 변화(시간적 관점), 대도시와 농산어촌 간 교육 자원의 차이(공간적 관점), 교육 제도나 정책이 사회 구성원의 사고와 행동에 미치는 영향(사회적 관점), 그리고 사회정의의 관점에서 교육의 평등한 접근이 갖는 중요성(윤리적 관점) 등에 대해 종합적으로 생각해야 합니다. 이러한 통합적 접근이 이루어질 때 좀 더 효과적이고 바람직한 해결책을 찾을 수 있습니다.

관점을 바꾸면 카페가 다르게 보인다

길을 걷다 보면 사람들이 붐비는 장소뿐 아니라 동네 골목에서도 크고 작은 카페를 쉽게 만날 수 있습니다. 카페는 차나 커피를 마시는 곳만이 아니라, 친구나 가족과 이야기를 나누고, 혼자만의 시간을 즐기며, 때로는 공부나 업무를 위한 공간으로도 활용됩니다. 이러한 이유로 많은 노래 가사에도 카페가 등장하며, 음악이 흐르고 사람들이 모이는 친숙한 공간으로 그려지곤 합니다.

최근에는 카페의 형태가 한층 다양해지고 있습니다. 브런치 카페, 키즈 카페, 애견 카페, 베이커리 카페 등 새로운 카페들이 등장하고 있고, 만화 카페나 놀이 카페처럼 이색적인 카페들도 인기입니다. 이제 카페는 휴식 공간을 넘어, 간단한 식사를 하거나 일을 하고 취미 활동을 즐기는 등 복합적인 기능을 담당하고 있습니다. 이용자도 어린아이부터 노인에 이르기까지 전 세대를 아우릅니다.

카페는 단순한 소비 공간을 넘어 우리 사회의 변화를 이해하는 데 중요한 요소가 되고 있습니다. 이러한 흐름에 주목하여 정부도 카페의 증가 추세와 분포 현황을 조사하거나, 카페에서 발생하는 일회용 쓰레기를 줄이기 위한 정책을 시행합니다. 카페에서 오랜 시간 공부를 하거나 업무를 보는 '카공족'이나 어린이의 출입을 제한하는 '노키즈존'

빈센트 반 고흐, 「밤의 카페 테라스」.

에 대한 사회적 논의가 필요하다는 목소리도 커지고 있습니다.

일상에서 익숙한 카페를 **사회현상**으로 바라보면, 다양한 질문을 떠올릴 수 있습니다.

"언제부터 이렇게 많은 카페가 생겨났을까?"

"카페는 주로 어떤 지역에 많을까?"

"사람들은 카페에서 어떻게 상호 작용할까?"

"카페와 관련된 윤리적 문제에는 어떤 것이 있을까?"

어떤 사람은 **시간의 흐름**에 따라 카페 문화가 어떻게 변화했는지에 관심을 가지고, 또 다른 사람은 **공간적 측면**에서 카페가 주로 어떤 지역에 분포하는지 궁금해할 수도 있습니다. 카페 안에서 사람들이 서로 어떤 방식으로 소통하고, 카페 문화를 둘러싼 갈등이나 가치 문제는 없는지 탐구해 볼 수도 있습니다. 이러한 질문을 통해 카페가 시대와 사회 변화 속에서 어떤 의미를 갖는지 알 수 있습니다.

이처럼 하나의 사회현상도 관점에 따라 다르게 접근할 수 있습니다. 통합사회에서는 시간적 관점, 공간적 관점, 사회적 관점, 윤리적 관점을 종합적으로 활용하여 인간, 환경, 사회현상을 더 깊이 이해하고, 이와 관련된 문제 해결 능력을 기르는 것을 목표로 합니다.

시간적 관점의 이해_카페는 어떻게 지금의 모습이 되었을까?

사회현상을 **시간적 관점**에서 바라보는 것은 **역사적 배경**과 **시대적 맥락**을 중심으로 살펴보는 것입니다. 카페 역시 시간의 흐름에 따라 기능과 모습이 달라졌습니다. 카페는 16세기 오스만 제국에서 처음 등장한 것으로 알려집니다. 이후 17세기 유럽으로 전파되어 사교와 토론의 공간으로 자리 잡았습니다. 프랑스에서는 카페가 예술가, 문인, 그리고 학자 들이 모이는 문화와 사상의 중심지였고, 영국에서는 '커피하우스'가 정치·경제 토론의 장소로 활용되었습니다.

영국의 커피 하우스

17세기 영국에서 처음 등장한 커피 하우스는 단순히 커피만 마시는 곳이 아니었습니다. 다양한 계층의 사람들이 모여 소식을 주고받고 토론을 벌이던 중요한 사회적 공간이었습니다. 특히 런던에서는 상인, 학자, 정치인 들이 커피 하우

17세기 영국의 커피 하우스 모습.

스에 모여 신문을 읽고 의견을 나누며 새로운 아이디어를 공유했습니다. 이 과정에서 현대적인 모습의 금융 기관이나 언론, 주식 거래소의 기초가 형성되기도 했습니다. 예를 들어, 런던의 '로이즈 커피 하우스(Lloyd's Coffee House)'에서는 선원과 상인 들이 해상 보험에 대한 정보를 교환했고, 이는 훗날 세계적인 보험 회사인 '로이즈 오브 런던'으로 발전했습니다. 또 다른 예로 '조너선 커피 하우스(Jonathan's Coffee House)'가 있습니다. 주식 거래가 이루어졌던 곳으로, 이후 런던 증권거래소로 발전했습니다. 당시 사람들은 커피 하우스를, 커피 한 잔 가격이었던 1페니에서 따와 '페니 대학(penny university)'으로 부를 만큼 지식과 정보가 넘치는 장소로 여겼고, 이러한 문화는 민주주의와 시민 사회의 발전에도 큰 영향을 주었습니다.

그렇다면 우리나라에는 언제부터 카페가 생겼을까요? 과거에는 지금의 카페를 '다방'이나 '커피숍'이라고 불렀습니다. 우리나라 최초의 다방은 1902년경 서울 중구 정동에 자리 잡은 손탁호텔에 있었

다고 합니다. 이곳은 러시아 공사의 처형이었던 앙투아네트 손탁이 운영한 곳입니다. 우리나라에서 커피를 처음 맛본 사람은 고종인데, 바로 1896년 고종에게 처음 커피를 대접한 사람이 손탁이라고 합니다.

　　우리나라 사람이 경영한 최초의 다방은 1927년 영화감독 이경손이 서울 종로구 관훈동의 입구에 개업한 '카카듀'입니다. 카카듀는 당대 예술가와 지식인 들이 모여 문화를 교류하는 공간이었으며 다양한 문화 예술 행사가 열렸습니다. 해방 이후, 다방은 점차 상업적으로 변화하였는데, 6·25 전쟁으로 문화 시설이 부족해지면서 단순히 차를 마시는 곳을 넘어 다목적 예술 공간으로 자리 잡았습니다. 1956년 서울대학

대한민국에서 가장 오래된 현역 카페인 학림다방.

교 문리과대학이 있던 대학로에 문을 연 '학림다방'이 그 대표적인 예입니다. 지금도 운영되고 있는 이곳은 대학생들의 토론 장소이자 예술계 사람들의 사랑방 역할을 했습니다.

1970년대에는 다방에 디제이(DJ)가 등장하면서 음악을 들을 수 있는 음악다방이 유행하기 시작했습니다. 이후 1980년대 후반부터 대중적인 커피 전문점이 등장하며 새로운 카페 문화가 형성되었고, 1990년대에는 에스프레소 커피의 수요가 증가하면서 오늘날과 같은 커피 전문점들이 생겨났습니다. 특히 1999년 세계 최대의 커피 기업인 스타벅스가 서울 이화여자대학교 앞에 첫 매장을 열면서 외국 커피 프랜차이즈들이 본격적으로 진출하게 되었고, 이를 계기로 지금의 카페 모습이 자리 잡게 되었습니다. 이처럼 카페의 변천사를 시간의 흐름에 따라 살펴보면, 그 기능과 역할이 어떻게 변화해 왔는지 알 수 있습니다.

이와 같은 방식으로 사회현상을 시간적 관점에서 탐구할 때, 우리는 변화의 흐름과 그 배경을 중심으로 다양한 질문을 던질 수 있습니다.

"과거부터 현재까지 이 현상은 어떻게 변화해 왔을까?"

"이 현상의 변화에 영향을 미친 역사적, 사회적 요인은 무엇일까?"

"이 현상과 관련된 문제를 해결하는 데 참고할 만한 과거의 사례는 무엇일까?"

"현재 경험하고 있는 이 현상이 앞으로 우리 사회에 어떤 영향을 미칠까?"

이런 질문들을 통해 인간과 환경 및 사회 변화의 이유와 의미를 파악할 수 있습니다. 과거와 현재의 연관성을 탐구하는 일은 현재의 사회현상을 이해할 뿐만 아니라 미래의 변화를 예측하는 데에도 큰 도움이 됩니다.

공간적 관점의 이해_왜 이곳에 카페가 많을까?

'역세권'이라는 말을 들어 본 적이 있나요? 역세권은 철도역 또는 지하철역과 인근 시설을 중심으로 상업 및 업무 활동이 이루어지는 지역을 의미합니다. 일반적으로 역을 중심으로 500미터 반경 내외에 해당합

버스 정류장 근처의 버세권.

니다. 사람들은 거주지나 사업 장소를 정할 때 이러한 지역적 입지를 고려합니다. 요즘에는 생활 서비스나 특정 프랜차이즈 브랜드에 쉽게 접근할 수 있는 지역을 가리키는 다양한 신조어가 등장하고 있습니다. 편세권(편의점+역세권), 버세권(버스 정류장+역세권), 스세권(스타벅스+역세권), 맥세권(맥도날드+역세권) 같은 용어들이 그 예입니다. 이처럼 공간과 인간 활동의 관계에 대한 관심이 갈수록 높아지고 있습니다.

공간적 관점은 사회현상을 장소, 지역, 그리고 공간적 상호 작용에 중점을 두고 분석하는 것입니다. 장소란 개인이나 집단이 주관적인 의미를 부여한 공간 또는 특정한 의미 있는 일이 이루어지는 공간을 의미합니다. 따라서 같은 공간이라도 사람들의 경험이나 사회적 변화에 따라 다르게 인식될 수 있습니다. 예를 들어, 학교 운동장이 어떤 사람에게는 입학과 졸업을 축하했던 즐거운 추억이 깃든 장소이지만, 누군가에게는 다치거나 놀림 받은 아픈 기억이 떠오르는 장소일 수도 있습니다.

한편, 지역은 공통된 특성을 지닌 더 넓은 범위의 공간으로, 다른 지역과 구분되는 경계를 가지며, 시·군·구, 국가, 세계와 같은 단위로 구분될 수 있습니다. 지역 간에는 사람, 자원, 정보 등이 이동하면서 **공간적 상호 작용**이 이루어지며, 이러한 흐름 속에서 각 지역의 특성이 형성되고 변화합니다.

이러한 공간적 개념은 카페의 입지에도 적용됩니다. 카페는 보통 유동 인구가 많은 지역에 입점하지만, 각각의 카페가 가지는 특성과 전략에 따라 위치가 달라지기도 합니다. 예를 들어, 대도시의 주요 상권에는 대형 프랜차이즈 카페가 집중되는 반면, 주거 지역이나 골목길에는 개성 있는 소규모 카페들이 자리 잡는 경우가 많습니다. 공간적 관점에서 카페를 분석할 때 던질 수 있는 질문들은 다양합니다.

"이 카페가 위치한 곳의 특징은 무엇이며, 사람들이 이곳에 모이는 이유는 무엇일까?"
"도시와 농촌의 카페 분포에는 어떤 차이가 있을까?"
"특정 지역의 카페들은 어떻게 서로 경쟁하거나 협력하는가?"
"카페를 통해 어떻게 다른 지역의 사람 또는 자원이 연결되는가?"

이와 같은 질문들을 바탕으로 공간과 인간 활동의 관계는 물론 지역 간 차이와 상호 작용을 파악할 수 있습니다. 이처럼 공간적 관점은 우리에게 다양한 사회현상을 분석하는 중요한 틀을 제공합니다. 인간, 환경 및 사회현상을 공간적 관점에서 바라보면, 특정 장소나 지역에서 발생하는 문제의 원인과 그 영향을 더욱 깊게 이해할 수 있습니다.

사회적 관점의 이해_카페의 일회용품 사용을 줄일 수 있을까?

우리 사회에서 카페의 수가 급격히 증가하면서, 이로 인한 일회용품 사용 문제도 심각해지고 있습니다. 특히, 카페에서 음료를 마신 후 남는 플라스틱 빨대와 컵, 종이컵 등이 큰 문제입니다. 이런 일회용품이 많이 버려지면서 사회적인 문제가 되었고, 이에 따라 카페에서 일회용품 사용을 줄이기 위한 법이 만들어졌습니다.

2021년, 환경부는 「자원의 절약과 재활용 촉진에 관한 법률」(약칭 「자원재활용법」)의 시행규칙을 바꾸어, 식당과 카페에서 일회용 종이컵과 플라스틱 빨대의 사용을 금지했습니다. 이 법 덕분에 카페 운영자와 소비자도 일회용품의 사용을 줄이기 위해 노력하고, 스스로 텀블러를 사용하는 모습도 자주 볼 수 있습니다. 하지만 여전히 일부 카페에서는 일회용 플라스틱 컵을 사용합니다. 카페 사업자들은 컵 세척에 들어가는 시간과 인건비를 줄이려 하고, 소비자들은 편리함을 추구하기 때문입니다. 그래서 2023년, 환경부는 이 금지 조치를 철회하고 계도 기간을 무기한 연장한다고 발표했습니다. 현실적으로 제도 위반을 단속하기 어려울 뿐 아니라 종이 빨대를 사용하는 것에 대한 소비자들의 불만이 그 이유였습니다. 그럼에도 일부 카페들은 여전히 환경을 생각해 종이 빨대를 제공하거나 머그잔 사용을 유도하고 있습니다. 이런 사례를 통해 카페 운영에 관한 제도와 카페 운영자 및 소비자들 사이의 상호 작용을 엿볼 수 있습니다.

사회적 관점은 **사회 구조와 제도**를 중심으로 사회현상을 분석하고, 이를 통해 문제 해결을 위한 대안을 제시하고자 합니다. 한 사

버려진 일회용 컵들.

회의 구성원들이 지속적으로 상호 작용하면서 형성된 일정한 사회적 관계의 틀을 **사회 구조**라고 합니다. 개인들은 사회 구조 속에서 안정적으로 다른 사람들과 상호 작용을 합니다. **사회 제도**는 사회 구성원들이 원활하게 상호 작용하고 공동체 문제를 해결하기 위해 만들어진 공식적인 절차입니다. 음주 운전 단속에 대한 교통 법규나 입시 제도와 같은 교육 제도들이 이에 해당합니다. 한 사회 속에서 개인의 행동은 이러한 사회 구조 속에서 형성되며, 법과 제도는 그 행동을 바꾸는 데 영향을 미칠 수 있습니다. 예를 들어, 「자원재활용법」과 같은 법은 사회 구성원이 환경을 보호하고 지속가능한 사회를 만드는 데 도움을 줍니다.

사회적 관점에서는 카페에서 발생하는 일회용품 문제와 관련하여 다음과 같은 질문들을 던질 수 있습니다.

"카페에서 사람들은 어떤 방식으로 일회용품을 사용하는가?"
"카페에서 발생하는 일회용품을 줄이기 위해 어떤 정책이 필요할까?"
"법과 제도의 변화가 사람들의 행동에 어떤 영향을 미치는가?"
"개인의 행동은 사회 구조와 제도를 바꾸는 데 어떤 영향을 줄 수 있는가?"

　　　이렇게 사회적 관점에서 사회현상을 바라보면, 개인의 행동과 사회 구조 및 제도가 서로 영향을 주고받는다는 것을 이해할 수 있습니다. 사회 구조와 제도는 우리가 어떻게 행동할지에 영향을 미치고, 우리가 하는 행동은 사회 구조와 제도를 바꿀 수도 있습니다. 이런 관점을 통해 우리는 더 나은 사회를 만드는 데 필요한 아이디어를 얻고 문제 해결책을 찾을 수 있습니다.

윤리적 관점의 이해_카페는 모두에게 열린 공간일까?

유럽에서 처음 등장한 카페는 신분과 지위에 상관없이 누구나 자유롭게 토론할 수 있는 열린 공간이었습니다. 오늘날에도 카페는 개방적인 장소로 여겨지지만, 실제로는 모든 사람에게 동등하게 열려 있는 것은 아닙니다. 카페의 위치나 공간 특성에 따라 장애가 있는 사람들에게는 물리적 접근성이 부족할 수 있으며, 무인 주문 방식(키오스크)은 디지털 기기 사용 경험이 부족한 노인들에게 불편을 초래할 수 있습니다. 일부 카페에서는 어린이의 출입을 제한하거나, 인종 차별 문제가 제기되기도 합니다. 이처럼 카페는 모든 사람에게 개방된 공간처럼 보이지만, 특정한 집단 구성원들에게는 **차별과 배제**를 경험하는 장소가 될 수도 있습니다.

카페에서 일하는 직원들도 마찬가지로 어려움을 겪을 수 있습

카페에서 인종 차별을 겪는다고요?

다양한 사람들이 모이는 카페에서도 차별이 일어납니다. 2018년 4월 미국 펜실베니아주 필라델피아시의 한 스타벅스 매장에서 흑인 남성 두 명이 경찰에게 연행되었습니다. 카페에 앉아서 일행을 기다리던 그들은 '주문하는 것도 나가는 것도 거부한다(refuse to make a purchase or leave)'는 매니저의 신고로 인해 심문도 없이 체포되었습니다. 해당 사태가 흑인에 대한 인종 차별이라는 비판의 목소리가 높아지면서 시민들은 항의 시위와 스타벅스 불매운동을 벌였습니다. 이후 스타벅스 최고 경영자는 이에 대해 사과하며 매장 내 인종 차별을 방지하기 위한 직원 교육을 실시하겠다고 발표했습니다.

이뿐 아니라 미국 뉴욕시의 한 카페에서도 직원이 영수증에 동양인 고객의 이름을 '칭총(Ching Chong)'이라고 적어 논란이 되었습니다. 칭총이라는 말 자체는 명확한 뜻이 있는 것은 아니지만, 미국에서 주로 중국인이나 동아시아인들을 비하할 때 쓰는 인종 차별적 표현입니다. 영수증을 찍은 사진이 SNS상에서 화제가 되자 카페의 매니저는 이에 대해 사과한 후 직원을 해고하겠다고 전했습니다.

니다. 우리는 카페에서 직원들의 친절한 서비스와 미소를 마주하지만, 이것이 항상 자연스럽게 이루어지는 것은 아닙니다. 많은 카페 직원들이 **감정 노동**으로 인해 심리적 스트레스를 겪으며, 심한 부담감 때문에 퇴사를 결심하기도 합니다. 일부 카페에서는 직원들에게 무조건적인 친절을 요구하기도 하는데, 이러한 요구가 과도할 경우 서비스업에 종사하는 노동자들은 자신의 감정을 억누른 채 업무를 수행해야 합니다.

이러한 환경은 장기적으로 직원들의 정신 건강에 부정적인 영향을 미치며, 감정 노동을 당연하게 여기는 사회적 분위기는 문제를 더욱 악화시킵니다.

윤리적 관점에서 공간 이용이나 노동 환경은 인간의 존엄성과 직결되는 중요한 문제입니다. 윤리적 관점이란 특정한 행위가 도덕적으로 옳고 그른지를 판단하는 것뿐 아니라, 사회 구조와 제도가 **보편적 가치와 규범**을 어떻게 반영해야 하는지에 대해서도 고민하는 것입니다. 카페 이용이나 커피 주문 같은 일상적인 행동도 윤리적 가치와 연관될 수 있습니다. 원하는 공간을 자유롭게 이용하는 것은 인간으로서의 기본적 권리이기 때문입니다. 감정 노동 역시 서비스 직종의 당연한 특성이 아니라 노동자의 존엄성과 권리에 영향을 미치는 요소입니다. 따라서 우리는 카페의 개방성이나 감정 노동 등이 불러오는 윤리적 문제를 인식하고, 이를 해결하기 위한 사회적 변화를 고민해야 합니다.

이와 관련하여 윤리적 관점에서 다음과 같은 질문을 던질 수 있습니다.

"모든 사람이 차별 없이 공간을 이용할 수 있도록 하기 위해 우리는 무엇을 할 수 있을까?"
"소비자로서 노동자의 권리를 존중하는 방법은 무엇일까?"
"개인의 삶에서 윤리적 가치를 실천하려면 어떻게 해야 할까?"
"사회적 문제를 해결할 때 어떤 가치가 우선되어야 할까?"

이러한 질문에 대해 고민하는 과정이 사회 문제를 해결하는 첫걸음이 될 수 있습니다. 이를 위해 공간 접근성 문제나 감정 노동 문제와 같은 사회현상을 특정 개인의 문제가 아니라 사회적 차원의 윤리적 과제로 인식하고, 이를 해결하기 위해 노력해야 합니다.

예를 들어, 기업은 직원들의 정신 건강을 보호할 수 있는 근무 환경을 조성하고, 감정 노동을 강요하는 문화를 개선해야 합니다. 정부는 **감정 노동자**를 보호하는 정책과 제도를 마련하여 노동권을 보장해야 합니다. 소비자 또한 직원들에게 무조건적인 친절을 요구하기 전에, 그들이 감정 노동으로 인해 겪는 어려움을 이해하고 존중하는 태도를 가질 필요가 있습니다.

이처럼 윤리적 관점에서 사회현상을 바라보는 것은 인간으로서 삶의 방향을 설정하는 데 중요한 역할을 합니다. 나아가 사회 구성원 모두에게 더욱 바람직한 방향으로 사회가 발전하는 데 기여할 수 있습니다.

2. 통합적 관점으로
인공지능과 로봇 기술 발달 사회 읽기

불확실성의 시대와 통합적 관점

안녕하세요!

저는 여러분과 함께 이야기를 나누고 다양한 질문에 답하는 ○○○입니다. 제 역할은 여러분이 궁금한 것들을 쉽게 풀어 주고, 도움이 될 수 있는 정보나 조언을 제공하는 것입니다. 공부할 때 궁금한 점이 생기거나 새로운 아이디어가 필요할 때 언제든지 저에게 물어보세요! 저는 여러분이 더 나은 방향으로 나아갈 수 있도록 돕는 친구가 되고 싶어요. 함께 재미있고 유익한 시간을 보내 보아요!

　　이 글은 사람이 아닌 **인공지능(AI)**이 작성한 인사말입니다.
　　2016년 3월, 인공지능이 세계 최강의 바둑기사와 대결을 벌여 가뿐히 승리를 거뒀을 때, 전 세계 사람들은 큰 충격을 받았습니다. 인공지능이 인간의 높은 사고력을 능가하는 놀라운 모습을 직접 목격했기 때문입니다. 하지만 인공지능은 이제는 우리 일상 곳곳에 스며들어

인공지능이 만든 「스페이스 오페라 극장」. 2022년 미국 콜로라도주에서 열린 미술박람회에서 디지털 아트 부문 우승 작품으로 선정되어 화제가 되었다.

수많은 영역에서 쓰이고 있습니다.

여러분 중에도 학교 과제를 하거나 필요한 정보를 찾을 때 인공지능을 사용해 본 경험이 있을 것입니다. 최근에는 인공지능이 판결문을 찾아 재판을 돕거나 뉴스 기사를 작성하고, 그림을 그리거나 노래를 만들고 동영상을 제작하는 등 다양한 분야에서 활용되고 있습니다. 또, 인공지능과 로봇이 결합하여 길을 안내하거나 커피를 만들고, 노인을 돌보는 역할도 하고 있습니다. 이처럼 인공지능 기술이 우리의 일상과 사회에 큰 변화를 이끌고 있습니다.

인공지능과 로봇 기술의 발전은 우리 사회가 인구 감소로 인해 직면하는 문제를 해결하는 데 긍정적인 영향을 미칠 수 있습니다. 노동력 부족 문제를 해결하고, 고령화 사회에서 노인 돌봄을 지원하여 사회적 부담을 덜어 줄 수 있습니다. 생산성 향상과 생활 편의성 증대라는 긍정적인 효과도 기대할 수 있습니다. 이러한 변화는 미래 사회를 더 효율적이고 편리한 방향으로 이끌 수 있습니다.

한편으로 인공지능과 로봇 기술의 발달은 여러 사회적 논란과 문제를 동반하고 있습니다. 예를 들어, 학교에서 인공지능을 활용한 과제물 작성을 허용할 것인지, 아니면 이를 금지할 것인지에 대한 논란이 있습니다. 인공지능이 창작한 그림이나 동영상의 저작권을 인정할지, 또 예술 분야에서 창작 노동자들의 권리를 어떻게 보호할지도 중요한 이슈입니다. 더 나아가 로봇이 인간의 노동을 대체할 경우, 그로 인한 일자리 문제와 사회적 불평등을 어떻게 해결할 것인지도 심각한 사회적 과제로 떠오르고 있습니다.

앞으로 인류 사회 전반에 인공지능과 로봇 기술의 발달이 미칠 영향은 불확실하며, 그 영향은 단순히 한 분야에 국한되지 않습니다. 노동, 경제, 교육, 정치, 문화, 예술 등 거의 모든 영역에서 복잡한 문제를 일으킬 수 있습니다. 예를 들어, 산업 구조 및 직업의 변화, 경제적 격차 확대 등이 우려되는 상황입니다. 제조업 공장에서 로봇이 사람을 대신하여 부품을 조립하고 고객 상담, 외국어 번역이나 데이터 분석 같은 일자리도 인공지능으로 빠르게 대체되고 있습니다. 인공지능을 활용하는 새로운 직업이 증가하면서, 인공지능 기술을 다룰 수 있는 사람과 그렇지 않은 사람 사이의 소득 격차도 커질 수 있습니다. 이러한 변화에 대한 대응 방법은 간단하지 않으며, 각 영역에 걸쳐 세심한 접근이 필요

인공지능 창작물의 저작권 인정 논란

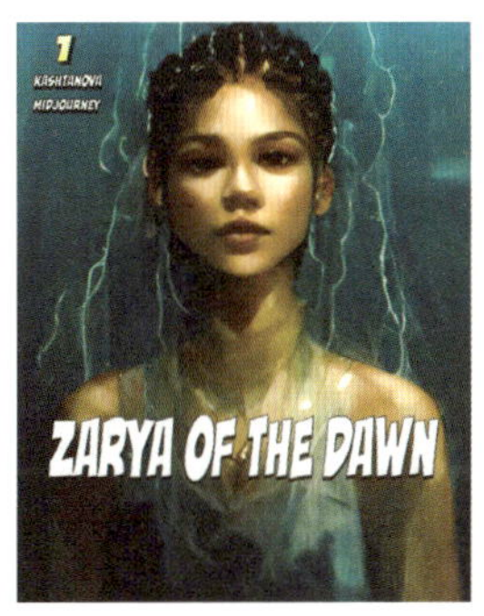

그래픽 노블 『새벽의 자리아(Zarya of the Dawn)』는 미국 저작권청에서 저작권 등록을 인정받은 인공지능을 활용한 첫 번째 작품으로 알려져 있습니다. 이 작품은 크리스 카슈타노바(Kris Kashtanova)가 이미지 생성형 인공지능인 '미드저니'로 생성한 이미지를 만화로 편집한 그래픽 노블입니다. 카슈타노바는 인스타그램을 통해 『새벽의 자리아』의 이미지를 생성하는 데 사용된 일부 프롬프트(인공지능에게 내리는 명

그래픽 노블 『새벽의 자리아』

령어, 입력값)를 밝히며 '인공지능 생성 그래픽 노블'의 창작 과정을 공개했습니다. 그러나 저작권 등록 당시 인공지능을 활용한 사실을 밝히지 않았다는 이유로 미국 저작권청은 카슈타노바에게 해당 작품의 저작권 등록 관련 소명 자료의 제출을 요구했습니다. 한 차례 재검토를 거친 결과, 미국 저작권청은 2023년 2월, 미드저니를 통해 생성된 이미지는 인간의 창작물로 인정하지 않으며, '작품의 텍스트와 더불어 글과 시각적 구성 요소의 선택과 조율, 편집'에 한해 카슈타노바의 저작권을 인정한다고 통보했습니다.

이후 미국 저작권청은 2025년 1월 발표한 보고서 《저작권과 인공지능》 제2부를 통해, 인공지능이 단독으로 생성한 콘텐츠는 저작권의 보호 대상이 아니며, 인공지능이 인간 창작자(human authorship)의 창작을 보조하는 도구로 사용되었다면 저작권 보호가 가능하다고 밝혔습니다. 즉 인공지능 생성물에 인간 창작자가 실질적인 기여를 한 경우에 부분적으로 저작권을 인정한다는 것입니다.

그러나 앞으로 인간 활동과 인공지능의 역할 사이의 경계가 모호해질수록 점차 판단이 어려워질 수 있어서 여전히 논란의 여지가 있습니다.

합니다.

　　인공지능과 로봇 기술의 발달이 우리 사회에 미칠 영향을 제대로 이해하고 대응하려면 하나의 관점으로는 충분하지 않습니다. 기술 발전에 대한 분석뿐 아니라, 그로 인한 사회적, 윤리적, 공간적 문제들을 종합적으로 고려해야 합니다. 다시 말해 통합적 관점이 필요합니다. 다양한 분야의 전문가들과 사회 구성원들이 함께 참여하여, 미래 사회를 이끌 더 나은 방안을 모색해야 할 때입니다.

인공지능과 로봇 기술 발달, 그리고 노동 시장의 변화

인간과 사회현상을 이해하고 관련 문제에 대응하기 위한 탐구는 '질문'에서 시작됩니다. 올바르고 합리적인 답을 얻기 위해서는 적절한 질문으로부터 탐구를 시작하는 것이 무엇보다 중요합니다. 인공지능과 로봇 기술이 노동 시장에 미치는 영향을 통합적 관점에서 탐구한다면, 어떤 질문을 던질 수 있을까요?

시간적 관점의 질문

"인공지능과 로봇 기술은 어떻게 발달해 왔고, 그것이 노동 시장에 미친 영향은 무엇일까?"

　　20세기 후반, 로봇은 주로 공장에서 부품 조립이나 운반 등 단순 반복 노동을 대체하며 생산성을 높이는 역할을 했습니다. 자동차 조

2014년 공개된 최초의 감정 인식 휴머노이드 로봇 페퍼.

립 라인에서 산업용 로봇이 인간 노동자를 대신했던 것이 대표적인 예입니다. 이후 21세기에 접어들면서 로봇은 단순한 기계 작업을 넘어서 정밀한 작업까지 수행할 수 있게 되었습니다. 반도체 산업에서 미세한 부품을 조립하거나, 의료 로봇이 수술을 보조하는 것이 그 예입니다. 최근에는 인공지능이 고객 응대, 비서 업무, 심지어 상담처럼 감정 노동을 포함한 서비스 직종까지 대체할 가능성이 커지고 있습니다.

이처럼 시간적 관점에서 살펴보면, 인공지능과 로봇 기술의 발전이 노동 시장에 미치는 영향은 점진적으로 확대되어 왔음을 알 수 있습니다. 처음에는 단순노동을 보조하거나 대체하는 수준에서 점점 정밀한 업무를 수행하더니, 이제는 감정 노동의 영역으로까지 그 영향의 범위가 확장되고 있습니다.

공간적 관점의 질문

"인공지능과 로봇 기술은 국가나 지역에 따라 어떻게 다른 속도와 방식으로 영향을 미치고 있을까?"

인공지능과 로봇 기술의 발전 속도는 각 국가의 경제 및 교육 수준에 따라 다르게 나타납니다. 일부 기술 선진국들은 인공지능 기술 개발에 막대한 자본을 쏟아부으며, 인공지능 기술 및 로봇 산업의 발전을 주도하고 있습니다. 예를 들어, 미국의 IT 기업들은 인공지능을 활용한 맞춤형 서비스와 데이터 분석 등으로 새로운 산업을 창출하고 있으며, 일본은 고령화 문제를 해결하기 위해 간호 및 돌봄 분야에 로봇을 활용하고 있습니다. 반면, 저개발 국가들의 경우 자본 부족과 교육 격차로 인해 기존 산업을 유지하는 것이 더욱 중요한 과제로 대두되고 있습니다. 또 같은 국가 내에서도 대도시와 농촌 지역 간의 기술 접근성 차이가 커질 수 있습니다.

이처럼 기술 발전의 영향이 공간에 따라 다르게 나타날 경우, 각 공간의 조건에 따라 노동 시장의 불평등이 확대되고 사회적 격차가 커질 위험이 있습니다.

사회적 관점의 질문

"인공지능과 로봇 기술의 발전으로 노동 시장에서 어떤 사회적 문제가 발생할 수 있으며, 이를 해결하기 위한 제도적 대응 방안에는 무엇이 있을까?"

인공지능과 로봇 기술의 발전으로 노동 시장의 구조가 크게 변화될 것으로 예측됩니다. 어떤 직업이 살아남고 사라지게 될지 쉽게 짐작하기 어렵습니다. 단순 반복적인 노동뿐 아니라 인간의 창의적인 노동까지 인공지능이 빠르게 대체하고 있기 때문입니다. 인간 노동자가 인공지능을 보조하는 역할로 기계와 인간의 관계가 역전될지도 모릅니다. 이처럼 급격한 기술 발달에 적응하지 못할 경우, 더 이상 원하는 일자리를 찾기 어려울 수 있습니다. 이는 생계에 대한 불안뿐 아니라 직업에 대한 자부심 저하나 사회적 소외감으로 이어질 수 있습니다.

이러한 문제에 대응하려면 노동 시장에서 사람들이 겪게 될 어려움을 살펴서 충격을 완화할 수 있는 제도적 대책을 마련할 필요가 있습니다. 과거 산업 혁명이나 지금의 인공지능 발달처럼 급격한 사회 변화로 발생하는 실업이나 부적응은 개인만의 문제가 아니기 때문입니다. 따라서 급격한 사회 변화로 일자리를 유지하기 어려운 사람들의 기본적인 생계를 보장하거나, 인간 노동자들이 담당해 온 영역을 보호하기 위한 제도적 대책을 마련할 필요가 있습니다.

윤리적 관점의 질문

"인공지능과 로봇 기술의 발전이 노동 시장에 미치는 윤리적 문제와 이를 해결하기 위해 추구해야 할 가치는 무엇일까?"

인공지능이 인간을 대신하여 의사 결정을 할 때, 알고리즘의 편향성으로 인해 불공정한 결정을 내릴 위험이 존재합니다. 예를 들어, 직원 채용을 담당한 인공지능이 성별이나 인종에 따라 차별적인 결정을 내릴 수 있습니다.

이를 해결하기 위해서는 인공지능 기술에 반영된 편향성을 지속적으로 점검하고 개선해야 합니다. 인공지능은 인간에 의해 만들어진 기존 데이터의 편향을 확대하는 경향이 있기 때문입니다. 인공지능과 로봇 기술이 인간의 삶의 질 향상에 도움이 되기 위해서는 기술의 발달 못지않게 이를 윤리적으로 활용하는 것이 중요합니다. 따라서 인간의 존엄성과 공정성을 보장하는 방향으로 인공지능과 로봇 기술이 개발되고 운영될 수 있도록 올바른 윤리적 기준을 마련해야 합니다.

인공지능과 로봇 기술의 발전이 가져오는 사회 문제는 단순히 기술적인 문제가 아니라, 시간적, 공간적, 사회적, 윤리적 측면을 모두 고려해야 하는 **복합적인 문제**입니다. 여러 관점에서 상황을 종합적으로 분석함으로써, 우리는 인공지능과 로봇 기술의 발전이 노동 시장을 비롯하여 인간, 사회 및 환경에 미치는 영향을 더 잘 이해할 수 있습니다. 이를 바탕으로 사회적으로 나타날 문제들에 대한 올바르고 합리적인 대응 방안을 모색할 수 있습니다.

인공지능(AI)의 편향성

2020년 영국 정부는 코로나19로 인해 졸업 시험을 치르지 못한 영국의 고등학생들에게 알고리즘을 사용해 학점을 부여하기로 했습니다. 해당 알고리즘은 학생들의 전년도 성적 패턴과 교사가 예측한 학점 및 상대평가를 반영하는 방식이었습니다. 또한 학점 인플레이션을 방지하기 위해 각 학교의 과거 학업 성취도도 함께 고려했습니다. 그런데 이와 같은 방식은 공립 학교에 다니는 학생들보다는 사립 학교에 다니는 부유층 학생들에게 유리한 요소로 작용했습니다. 학점이 공개된 이후 잉글랜드 지역 학생들의 약 40%가 교사가 예측한 수준보다 낮은 등급을 받은 것으로 나타났습니다. 이로 인해 등급이 낮아져 원래 목표했던 대학에 입학하지 못하게 될까 우려하는 사태가 발생했습니다. 이에 대해 많은 비판이 가해지며 학생들이 시위를 벌였고, 결국 당시 영국 교육부 장관은 알고리즘이 부여한 등급 대신 교사들이 예측한 학점을 인정하겠다고 발표했습니다.

1. '18세 선거권'은 어떻게 시작되었고 어떤 의미가 있을까요?

민주주의 국가에서 **선거권**은 국민이 국가의 대표를 직접 선출하는 중요한 권리입니다. **보통선거**의 원칙에 따라 일정 연령 이상의 국민에게 선거권이 부여되며, **선거 연령**은 국회의원, 대통령 등 투표를 통해 지위를 얻는 선출직 공직자를 뽑을 수 있는 최소 연령을 의미합니다.

우리나라에서는 18세 이상의 국민에게 선거권이 주어지는데, 이는 비교적 최근에 이루어진 변화입니다.

시간적 관점: '18세 선거권'은 언제부터 시작되었을까?

우리나라에서 실시된 최초의 민주적인 선거는 1948년 5월 10일, 제헌 국회 의원을 선출하는 선거입니다. 당시 선거권은 21세 이상의 국민에게만 부여되었습니다. 1960년에는 선거 연령이 20세로 낮아졌고, 그로부터 45년이 지난 2005년(제17대 국회)에 다시 19세로 조정되었습니다.

이후에도 선거 연령을 더 낮추려는 논의가 지속되어 오다, 마침내

TIP!

제헌 국회

우리나라의 초대 국회를 이르는 말입니다. 국제 연합(UN)의 감시 아래 시행된 1948년 5월 10일의 총선으로 198명의 국회의원이 선출되어, 그해 5월 31일에 대한민국 헌법을 제정한 초대 국회가 열렸습니다.

2020년에 이르러 18세로 조정되었습니다. 이에 따라 2020년 4월 15일 실시된 제21대 국회의원 선거에서 18세 이상 유권자들이 처음으로 투표에 참여할 수 있게 되었으며, 2022년 3월 9일에는 대통령 선거(제20대)에 참여하는 역사가 만들어졌습니다.

'18세 선거권'은 단번에 이루어진 것이 아니라, 국민들의 지속적인 요구와 논의를 거쳐 점진적으로 변화된 결과라고 할 수 있습니다.

1948년 5월 31일 오후, 중앙청 홀에서 열린 제헌 국회 개원식.

공간적 관점: 다른 나라의 선거 연령은 몇 세일까?

선거 연령은 각 나라의 사회·문화적 특성에 따라 다르게 정해집니다. 전 세계적으로 선거 연령 분포를 살펴보면, 대부분의 국가가 18세를 기준으로 하고 있습니다. 그러나 오스트리아, 브라질 등 일부 국가는 16세부터 투표권을 부여하며, 일본은 2015년에 선거 연령을 기존 20세에서 18세로 낮췄습니다. 우리나라는 2020년부터 18세 이상에게 선거권을 부여하면서, 그동안 경제협력개발기구(OECD)의 38개 회원국 중 유일하게 선거 연령을 19세 이상으로 유지한 국가라는 비판에서 벗어나게 되었습니다.

사회적 관점: '18세 선거권'은 어떤 제도로 정할까?

우리나라에서 선거권과 선거 연령에 대한 내용은 법으로 정합니다. 헌법 제24조에서는 "모든 국민은 법률이 정하는 바에 의하여 선거권을 가진다."고 규정하고 있으며, 이에 따라 선거 연령은 법률로 정해집니다. 현재 「**공직선거법**」 제15조에서는 "18세 이상의 국민은 대통령 및 국회의원의 선거권이 있다."고 명시하고 있습니다.

우리나라의 선거 연령 기준을 명시한 법은 시대에 따라 변화해 왔습니다. 제헌 국회 의원 선거 당시에는 「국회의원선거법」에서 선거 연령을 규정하였고, 4·19 혁명 이후인 1960년부터는 헌법에서 선거 연령을 직접 규정하기 시작했습니다. 그러나 1987년에 개정되어 지금까지 시행되고 있는 헌법에서는 선거 연령을 명시하지 않고 법률에 위임하고 있습니다.

선거 연령 기준을 변경하는 절차도 법에 따라 이루어집니다. '18세 선거권'을 포함한 「공직선거법」 개정안은 2019년 12월 27일 국회 본회의에서 가결되었으며, 2020년 1월 14일 공포 및 시행됨으로써 선거 연령이 18세 이상으로 최종 확정되었습니다.

윤리적 관점: 18세 청소년에게 선거권을 부여하는 것은 정당한가?

선거 연령을 낮추는 과정에서, 18세 청소년이 유권자로서 충분한 자격을 갖추었는지에 대한 논란이 있었습니다. 한쪽에서는 사회의 중요한 일원으로서 청소년의 당연한 정치적 권리를 주장하는 반면, 다른 한쪽에서는 정치적 경험과 판단력의 부족을 우려했습니다. 찬성 입장에서는 현재의 교육 환경과 사회 변화 속에서 18세 청소년들이 충분한 정치적 판단 능력이 있고 책임 있는 선택을 할 수 있다고 봅니다. 반대 입장에서는 미성년자인 고등학생들이 가족, 교사, 주변 환경 등 외부의 영향을 쉽게 받을 수 있으며, 아직 독립적인 정치적 의사 결정을 하기는 어렵다고 봅니다.

이러한 논의는 결국 '어떤 가치 판단에 기초하여 선거 연령 기준을 정할 것인가'라는 윤리적 질문을 포함합니다. 선거 연령 하향을 지지하는 입장과 반대하는 입장은 각기 다른 사회적·윤리적 가치를 우선적으로 고려할 수 있다는 점에서, 우리 사회의 민주주의 발달을 위한 중요한 논점을 제기합니다.

2. 호주제를 폐지할 때 고려한 것은
무엇이었나요?

호주제는 한국 사회에서 오랫동안 유지되어 온 가족 제도로, 한 가정의 대표자인 '호주[家主]'와의 관계를 중심으로 가족관계를 관리하는 것입니다. 호주제는 가족 구성원의 성별에 따른 차별을 초래하고 이혼 및 재혼 가정이 증가하는 사회 변화에 맞지 않아 문제가 되었습니다. 호주제 폐지를 둘러싸고 여성계와 유림 등 다양한 집단 간에 찬반 논쟁이 진행되었고, 마침내 2005년 헌법재판소에서 호주제를 위헌으로 판단하여, 이후 법 개정을 통해 폐지되었습니다.

호주제 폐지는 우리 사회가 지향해야 할 바람직한 가족의 모습과 사회적 가치에 대한 논의를 촉진했으며, 통합적 관점을 적용하여 사회 문제를 해결한 대표적인 사례입니다.

시간적 관점: 호주제는 우리의 오랜 전통인가?

호주제 폐지에 반대한 유림은 호주제가 한국의 전통적인 가족 제도이기 때문에 지켜야 할 가치가 있다고 주장했습니다. 하지만 역사적 기원을 살펴본 결과, 호주제는 일제 강점기(1910~1945)에 일본이 식민지 지배를 강화하기 위해 도입

TIP!

유림

유학의 가치를 숭상하고 따르는 사람들을 가리키는 말입니다.

한 제도로 드러났습니다. 당시 일본의 가족 제도를 본떠 만든 것이었죠. 즉, 호주제는 역사적으로 오랜 시간 유지해 온 전통적인 가족 제도가 아니라 외부적 요인에 의해 강제적으로 이식된 제도입니다.

공간적 관점: 다른 나라에도 호주제가 있는가?

호주제를 폐지하면 우리 사회의 가족 제도가 안정적으로 유지될 수 없다는 주장도 제기되었습니다. 이에 대해 다른 나라의 사례를 살펴본 결과, 호주제와 같은 제도를 유지하는 나라는 없으며, 대부분 성평등과 개인의 권리를 존중하는 방향으로 가족 제도를 발전시켜 왔습니다. 특히 서구권 국가들은 가족 구성원의 평등한 법적 권리를 보장하는 방식으로 법체계를 정비해 왔습니다. 반면, 호주제는

독일과 프랑스는 가족생활에서 남성과 여성 상호 간의 의무와 합의를 강조하고 가족 구성원 간의 평등을 보장할 것을 법에 명시하고 있습니다.

독일 민법

제1353조 혼인 당사자는 상호 혼인 생활 공동체(eheliche Lebensgemeinschaft)를 영위할 의무를 진다.

제1355조 혼인 당사자는 공동의 성(Gemein-samer Familiennamen)을 가진다.

제1356조 혼인 당사자는 상호 간의 의사 합치에 의하여 가사를 처리한다.

프랑스 민법(civil code)

제212조   배우자는 서로를 존중하고 서로에게 충실하며 서로 도울 것을 의무로 한다.

제215조   배우자는 공동 거주를 의무적으로 하며, 거주지는 상호 합의에 의해 결정한다.

제220조   할부 구매나 대출에 관해 두 배우자 공동의 동의 없이 체결된 경우 연대 책임은 성립하지 않는다.

가족 내 권한을 남성에게 집중시키는 구조로서, 호주제를 유지하는 것은 가족 문화의 세계적인 변화 추세와도 맞지 않습니다.

윤리적 관점: 호주제로 인해 고통받는 이는 없는가?

남성 중심의 가족 제도인 호주제하에서, 여성은 혼인 후에는 아버지의 호적에서 남편의 호적으로 옮겨 가고, 남편 사망 후에는 아들의 호적에 오르는 등의 차별을 경험했습니다. 더욱이 호주제는 남성 중심의 승계를 보장하기 때문에 자녀가 호주인 아버지의 성을 따르도록 합니다. 이로 인해 이혼 또는 재혼한 어머니와 생활하는 자녀들은 새로 형성된 재혼 가정에서 가족 간에 성이 달라서 사람들의 차별적인 시선을 견뎌야 하는 정신적 고통을 겪는 경우가 많았습니다. 헌법재판소는 호주제로 인한 여성과 자녀의 피해와 불평등을 없애는 것이 호주제를 유지했을 때 얻을 수 있는 이익보다 크다고 판단했습니다. 호주제 폐지는 좀 더 평등한 가족 관계를 지향한다는 점에서 윤리적으로 더 바람직한 결정이라고 할 수 있습니다.

사회적 관점: 호주제 폐지 후 어떤 제도적 대안이 마련되었는가?

호주제가 폐지된 후, 기존의 호적을 대체하여 2008년 1월 1일부터 가족관계등록부가 새로 도입되었습니다. 호적은 호주를 중심으로 가(家) 단위로 작성되는데, 호주와의 관계를 중심으로 가족 구성원의 출생, 혼인, 입양, 이혼 등의 신분 변동 사항을 기록합니다. 이와 달리, 가족관계등록부는 가족 구성원 각자를 기준으로 개인마다 별도로 가족 관계를 기록합니다. 또한 아버지의 성을 따르도록 하는 원칙을 일부 수정하여, 혼인 신고 시에 협의한 경우 어머니의 성을 따를 수 있도록 합니다. 이처럼 호주제 폐지 이후 가족 관계에서 성차별적 요소를 제거하고 가족 구성원의 법적 권리를 더욱 평등하게 보장하는 방향으로 제도가 개편되었습니다.

불의에 저항하는 자들의 투쟁과 도덕적 책임

영화 「헬프」 포스터.

영화 「헬프(The Help)」(2011)는 1960년대 미국의 흑인 가정부들이 백인 가정에서 겪는 **인종 차별**과 그들의 삶에 대해 다룹니다. 백인 여성 작가인 주인공 스키터는, 자신의 고향에서 흑인 가정부들이 겪는 부당한 대우를 목격하고 이를 세상에 알리기 위해 가정부들의 이야기를 책으로 쓰기 시작합니다. 이 과정에서 흑인 가정부인 아이빌린과 미니와 함께 작업하며, 그녀들의 용기 있는 고백을 기록해 나갑니다. 영화는 이들의 이야기를 통해 **인종 차별**, **여성의 억압된 삶**과 **사회적 불평등**에 대해 그립니다.

시대적으로 살펴보면, 영화는 1960년대의 미국 사회를 배경으로 합니다. 이 시기 흑인들은 사회 곳곳에서 인종 차별과 불평등을 겪고 있었습니다. 영화 속에서도 흑인 가정부들이 백인 가정에서 아이를 키우고 집안일을 도맡아 하는 등 중요한 역할을 하면서도 그에 상응하는 경제적 대가는 물론 인간다운 대접을 받지 못하는 현실이 그려집니다. 1960년대는 이러한 차별과 사회 불평등에 반대하며 근본적인 변화를 촉구하는 **민권 운동**(Civil Rights Movement)이 미국 전역에서 활발하게 진행되었습니다. 이는 이후 미국의 인권 발달 역사에 커다란 전환점이 되었습니다.

영화의 공간적 배경은 미국 남부의 미시시피주 잭슨입니다. 이곳은 당시 인종 차별이 가장 극심했던 지역 중 하나로, 거주지는 물론 버스, 식당과 같은 공공장소에서도 흑백 분리가 공공연하게 이루어졌습니다. 백인과 흑인이 사용하는 화장실, 음료수를 마시는 곳 등이 철저히 분리되었을 뿐만 아니라 흑인들은 신체적 공격의 대상이 되기도 했습니다. 이와 같은 공간적 배경은 흑인들이 겪어야 했던 사회적, 경제적 차별의 심각성을 생생하게 드러내 줍니다.

사회적 관점에서 볼 때, 영화는 사회 구조적인 인종 차별과 성차별을 다룹니다. 흑인 가정부들은 백인 가정에서 일하지만 인간으로서의 동등한 권리를 갖지 못하고 마치 '하인'과 같은 취급을 받으며 차별과 폭력에 노출되어 있습니다. 또한 영화는 주인공 스키터를 통해 백인 여성도 자신의 꿈과 상관없이 결혼해서 가정주부의 역할을 담당해야 한다는 사회적 기대와 규범에 의해 억압받는 현실을 보여 줍니다. 영화는 인종 차별뿐 아니라 성별에 의한 억압도 함께 다루며, 여성들이 경험하는 사회적 제약을 강조합니다.

윤리적 관점에서 볼 때, 영화는 사회 변화를 위한 개인들의 **용기와 연대의 힘**을 보여 줍니다. 백인 여성들이 흑인 가정부들을 부당하게 대우하는 가운데, 스키터와 가정부들은 자신들의 이야기를 세상에 알리겠다는 공동의 목표를 위해 협력하면서, 불의에 저항하는 **윤리적 행동**을 보여 줍니다.

이 영화는 윤리적으로 올바른 행동을 하기 위해 용기를 내는 것의 어려움을 보여 주며, 개개인의 **도덕적 선택**이 얼마나 중요한지를 강조합니다. 또한, 영화는 흑인 가정부와 백인 여성 스키터처럼 서로 다른 상황에 놓인 사람들이 연대를 통해 사회 변화를 이끌어 낼 수 있음을 잘 보여 줍니다.

1. 행복의 의미와 기준

행복의 의미는 무엇일까?

우리는 누구나 행복한 삶을 꿈꿉니다. 이 세상에서 고통스럽거나 불행한 삶을 바라는 사람은 없을 것입니다. 그러나 누군가 '당신은 행복하십니까?'라고 묻는다면, 우리는 이러한 질문에 답하기를 망설일지 모릅니다. 그것은 아마도 사람마다 행복에 대한 기준이 다르다고 생각하거나 행복 그 자체를 정의하기 곤란하다고 여기기 때문일 것입니다.

행복의 의미를 알고 있을 때 우리는 자신의 삶이 행복한지 그렇지 않은지 평가할 수 있습니다. 행복의 의미를 잘 모른다면, 우리는 자신의 삶을 제대로 평가할 수 없습니다. 게다가 행복의 의미를 잘못 알고 있다면, 자신이 행복하지 않은데 행복하다고 착각하거나, 자신이 비교적 행복한 삶을 사는데도 스스로를 불행하다고 생각할지도 모릅니다. 행복의 의미를 아는 것은 이러한 잘못된 판단을 예방하는 데 도움이 됩니다. 또한 지금 당장은 행복하지 않더라도, 향후 모두가 원하는 행복한 삶을 누리기 위해서도 진정한 행복의 의미에 대한 이해는 꼭 필요합니다.

우리는 행복의 후보로 다양한 것들을 떠올릴 수 있습니다. 즐

「장생도」. 행복하게 오래 살기를 바라는 마음을
자연과 동식물에 비유하여 상징적으로 그린 그림이다.

거운 삶의 경험, 경제적으로 풍요로운 삶, 다른 사람들로부터 인정이나
칭찬을 받고 명예를 누리는 삶 같은 것들은 행복의 유력한 후보가 될
수 있을 것 같습니다.

그런데 정말 이러한 것이 행복을 의미하는 진정한 답이 될 수
있을까요? 행복의 의미를 곰곰이 생각하다 보면 과연 이러한 것들이 행

복을 보장할 수 있을지 의문이 들 것 같습니다. 예를 들어 당신은 과거에 즐거워서 했던 행동을 지금은 후회할 수 있습니다. 사회적으로 성공을 이룬 유명 인사들이 삶의 허무함을 느끼는 것을 보면, 경제적인 부유함이 반드시 행복한 삶을 보장해 주는 것 같지도 않습니다. 타인의 칭찬과 인정도 영원하지 않습니다. 작은 실수 하나에도 타인의 평가는 하루아침에 뒤바뀌기도 합니다. 이처럼 모든 사람이 동의하는 행복을 정의하기란 어려울지도 모릅니다. 그래서 **아리스토텔레스**는 '많은 사람이 행복을 인생의 가장 좋은 것이라고 동의하면서도, 정작 행복이 무엇인지에 대해서는 의견이 다르다'라는 사실을 지적하기도 했습니다.

그렇다면 행복의 의미는 무엇일까요? 일반적으로 행복의 의미는 '전반적으로 자신의 삶에서 충분한 만족감이나 기쁨을 느끼는 상태'로 정의할 수 있습니다. 국어사전은 행복을 '생활에서 충분한 만족과 기쁨을 느끼어 흐뭇함 또는 그러한 상태'라고 정의합니다. 영어권에서도 행복(Happiness)은 주로 '행복한 감정이나 만족스러운 감정 상태'로 정의됩니다. 한편, 경제협력개발기구(OECD)에서는 행복을 '좋은 마음의 상태(Good Mental States)'로 설명합니다. 이러한 행복의 정의를 참고할 때, 행복은 우리가 느끼는 행복감 또는 만족감과 밀접한 관계가 있음을 알 수 있습니다. 마음 상태가 좋을 때 우리는 행복감을 느낀다는 것입니다.

그렇다면 어떤 경우에 사람들의 마음 상태는 만족스럽고 좋을까요? OECD는 우리가 우리의 전반적인 삶을 긍정적으로 평가할 수 있을 때, 좋은 마음의 상태를 얻을 수 있다고 합니다. 자신의 삶을 긍정적으로 평가하고, 다양한 경험 속에서 긍정적인 마음 상태를 유지할 때 행복할 수 있는 것입니다. 이러한 행복을 얻기 위해서는 무엇보다 삶에서 즐거운 경험을 자주 쌓고, 자신이 만족할 만한 다양한 활동에 참여하며, 이러한 과정에서 삶의 의미를 찾음으로써 균형 잡힌 삶을 지속해야 할 것입니다.

행복의 보편적 기준과 상대적 성격

그렇다면 삶에서 충분한 만족감이나 기쁨을 느끼려면 어떤 것이 필요할까요?

먼저 행복의 보편적 기준에 대해 생각해 봅시다. 무엇보다 인간다운 생활에 필요한 의식주와 같은 기본적인 욕구를 충족하고, 신체와 정신이 건강한 상태를 유지하는 것은 행복을 위한 기본적 조건이라고 할 수 있습니다. 우리는 개인의 주거 형태나 소득 정도, 의료 서비스의 보장 정도 등과 같은 객관적 요소를 통해 행복의 보편적 기준을 설정할 수 있습니다. 그래서 국제 연합(UN)과 같은 국제기구에서는 시대나 지역과 상관없이 인간다운 삶을 누리기 위한 이러한 기본적 조건을 행복의 구체적인 기준으로 제시합니다. 이러한 관점에서 볼 때, 행복한 삶을 누리기 위해서는 인간다운 삶을 지탱하는 기본적인 삶의 조건을 확보할 필요가 있습니다.

그러나 행복의 기본적 조건을 확보했다고 해서 모든 사람이 똑같은 행복감을 느끼는 것은 아닙니다. 행복의 기본적 조건을 갖춘 사람이라도, 어떤 사람은 행복을 느끼고 다른 사람은 그렇지 않을 수 있습니다. 그 이유는 개인이 느끼는 주관적 만족감에 따라 행복감도 다를 수 있기 때문입니다. 그래서 객관적 여건이 같더라도 행복감을 느끼는 정도는 다른 것입니다. 예를 들어, 누군가는 산책만으로 큰 행복감을 느낄 수 있지만, 다른 사람은 그렇지 않을 수 있습니다. 어떤 사람은 배고픔을 해결하는 한 끼의 식사만으로도 행복감을 느끼지만, 누군가는 남들은 잘 맛볼 수 없는 음식을 먹으면서도 만족감을 느끼지 못할 수도 있습니다. 이처럼 어떤 사람이 행복에 대해서 갖는 주관적인 견해는 그 자신이 구체적으로 느끼는 행복감의 정도와 밀접한 관계를 지닙니다.

한편, 우리는 시대나 지역적 여건에 따라 행복을 구성하는 요소의 중요성에 차이가 있음을 발견하기도 합니다. 예를 들어, 의식주가 부족한 시대나 자원을 얻기 어려운 지역에서 살아가는 사람이라면, 다른 무엇보다 의식주에 필요한 자원의 확보를 행복의 중요한 요소로 삼을 것입니다. 종교적인 박해가 있거나 비민주적인 억압과 강제가 만연한 사회에 사는 사람들이라면, 그들은 자유의 실현을 행복의 중요한 요소로 꼽을 것입니다. 이처럼 행복을 구성하는 기준과 조건은 개인적인 가치관뿐 아니라 시대적 상황이나 지역적 여건에 따라 상대적인 성격을 나타내기도 합니다.

그렇다면, 이제 행복의 기준이 시대적 상황과 지역적 여건에 따라 어떻게 다른지에 대해서 좀 더 구체적으로 확인해 보겠습니다.

시대에 따른 행복의 기준

시대가 변함에 따라 행복에 관한 생각에도 많은 변화가 있었습니다. 시대별로 사람들이 중요하게 생각하는 가치, 유행하는 사상, 사회와 역사적 여건에는 많은 차이가 있었기 때문입니다. 예를 들어, **선사 시대**에는 자연재해를 피하고 생존을 위한 음식이 풍부하며 안전한 주거를 갖추었다면 비교적 행복한 삶이라고 여겼을지 모릅니다. 그러나 오늘날 사람들은 단순히 의식주가 풍족하다고 해서 행복하다고 생각하지는 않습니다. 그렇다면 사람들은 시대별로 무엇을 행복의 중요한 기준으로 삼았을까요?

고대 시대는 이전의 신화적인 세계관에서 벗어나 이성적인 관점에서 인간의 본성과 이상적인 인간상을 탐구하던 시기였습니다. 소크라테스, 플라톤, 아리스토텔레스, 공자, 석가모니, 노자와 같은 사상가들은 바람직한 인간의 본질과 행복의 관계에 대한 자신들의 생각을 후대에 전했습니다.

먼저 **소크라테스**(Socrates, 기원전 470~399)는 덕과 영혼의 건강을 중시하며, 자기 삶의 숙련된 기술자가 될 때 행복한 삶을 살 수 있다고 생각했습니다. 우리가 행복한 삶을 살기 위해서는 행복한 삶을 만드는 기술을 알아야 한다는 것입니다. 여기서 올바른 삶의 기술은 지혜를 쌓고 덕을 실천하여 자신의 영혼이 훌륭한 상태가 될 수 있도록 돌보는 것을 의미합니다. 이러한 관점에서 소크라테스의 제자인 **플라톤**(Platon, 기원전 428?~347?)은 행복을 인간의 '영혼이 조화를 이룬 상태'라고 했습니다. 그래서 그는 인간의 영혼을 구성하는 이성, 기개, 감정과 같은 부

소크라테스(왼쪽)와 플라톤(오른쪽).

분들이 이성의 지도에 따라 조화롭게 기능할 때 행복한 삶을 누릴 수 있다고 합니다.

아리스토텔레스(Aristoteles, 기원전 384~322)는 인간의 고유한 능력인 이성적 능력을 발휘할 때 행복을 얻을 수 있다고 합니다. 우리는 세상에 존재하는 것을 그 목적에 따라 얼마만큼 충실하게 기능하느냐에 따라 좋거나 나쁜 것으로 평가합니다. 달리 말해서, 우리는 일상에서 어떤 도구를 평가할 때, 그 도구가 우리가 의도한 쓰임에 잘 맞을 때 좋은 도구라고 합니다. 예를 들어, 가위의 목적은 어떤 것을 잘 자르는 것입니다. 그래서 우리는 가위가 잘 들 때 그 가위를 좋은 가위라고 부릅니다.

이처럼 우리가 인생의 목적을 행복한 삶을 사는 것이라고 한다면, 행복한 삶을 살기 위해서는 인간으로서의 능력(기능)을 잘 수행해야 합니다. 그것은 바로 인간의 고유한 능력(ergon)인 **이성**을 훌륭하게 발휘하는 것(탁월성, excellence)입니다. 그래서 아리스토텔레스는 이성적 능력을 잘 발휘하는 인간이 행복한 삶을 살 수 있다고 한 것입니다. 여기서 이성적 능력을 발휘한다는 의미는 지혜롭고 도덕적으로 사는 것을 뜻합니다. 이성적인 사람만이 선한 삶을 살 수 있다는 점에서, 이성적으로 자신의 인생을 관조(theoria)하고 덕을 실천하는 삶이 행복한 삶으로 이어지는 것입니다.

공자(기원전 551~479)는 하늘로부터 부여받은 인간의 도덕적 본성을 보존하고 함양하는 것을 바람직한 삶이라고 했습니다. 그는 이기적인 욕심을 극복하고 예를 따르는 것을 인(仁)이라고 하여, 이러한 인을 실현하는 군자(君子)가 이상적인 인간이며, 군자의 삶이 곧 행복한 삶이라고 했습니다.

불교를 창시한 **석가모니**(기원전 560~480년경)는 불성(佛性)을 바탕으로 괴로움과 집착에서 벗어날 것을 강조합니다. 특히, 그는 자신이 수행을 통해 깨달은 사성제(四聖諦)를 통해 우리가 겪

공자.

설법을 하는
석가모니의 모습.

는 괴로움이 어떻게 생겨나며 소멸하는지 구체적으로 설명하고자 했습니다. 이러한 석가모니의 견해에 따르면, 진정한 행복이란 인생의 괴로움을 극복하는 수행을 통해 깨달음을 얻어 영원히 자유로운 해탈(解脫)의 경지에 이르는 것이라고 할 것입니다.

TIP!

불성(佛性)

모든 사람이 본래 갖추고 있는 부처의 성품 또는 부처가 될 수 있는 가능성을 일컫는 말입니다. 부처 그 자체나 깨달음을 의미할 때도 있습니다.

사성제(四聖諦)

불교에서 말하는 영원히 변하지 않는 네 가지의 성스러운 진리를 일컫는 말입니다. 우리 인간의 근본적인 괴로움, 괴로움의 원인, 괴로움의 원인을 소멸한 경지, 괴로움의 원인을 소멸하는 방법 등 네 가지 진리를 밝힌 것으로 고성제(苦聖諦), 집성제(集聖諦), 멸성제(滅聖諦), 도성제(道聖

諦)를 말합니다. 보통 앞 글자를 따서 고(苦)·집(集)·멸(滅)·도(道)로 일컬어집니다.

해탈(解脫)
고통이나 집착과 같은 괴로움과 무지에서 벗어나 자유롭고 완전한 평온에 이르는 상태를 이르는 불교 용어입니다.

마지막으로 도가를 대표하는 노자(기원전 571~471년경)는 인간의 타고난 본성에 따라 인위적인 것을 지양하고 자연의 이치에 거스르는 일이 없이 살아가는 것을 행복이라고 했습니다. 노자에 따르면, 이 세상이 혼란한 원인은 사람들이 도(道)에 맞지 않는 것을 행하기 때문입니다. 그래서 그는 개인과 사회에서 발생하는 문제를 인위적으로 해결하려고 하지 말고, 자연의 순리에 맡기는 것(무위자연, 無爲自然)이 바람직한 삶의 태도라고 했습니다.

서양의 헬레니즘 시대는 잦은 전쟁과 사회 분열로 매우 혼란한 시기였습니다. 이러한 시대 상황으로 인해 당시 사상가들은 혼란한 세상에서 마음의 평온함을 추구하고 현실적으로 행복한 삶을 사는 방법에 대해서 고민했습니다. 이 시기의 대표적인 사상으로는 에피쿠로스학파와 스토아학파를 들 수 있습니다.

먼저 에피쿠로스학파의 창시자 에피쿠로스(Epicurus, 기원전 341~270)는 "쾌락은 축복받은 삶의 시작과 끝이다."라고 하면서, 인간은 쾌락을 얻으면 만족하고 고통을 혐오한다는 사실을 강조했습니다. 그는 몸의 고통과 마음의 불안이 모두 소멸되어 마음에 평정심이 유지되는 상태(아타락시아, ataraxia)일 때 행복할 수 있다고 했습니다. '고통과 근심으로부터 해방'된 상태가 가장 행복한 상태라고 하면서, 행복한 삶을

에피쿠로스.

위해서는 현실에서 다양한 고통의 원인을 줄여서 근심을 덜어 내야 한다고 했습니다.

"우리는 쾌락을 우리에게 타고난 첫 번째 선이라고 인식하며, 선택하고 기피하는 모든 행동을 쾌락으로부터 시작한다. 하지만 모든 쾌락을 선택하는 것은 아니며, 어떤 때에는 쾌락의 결과로서 더 큰 불편이 생겨날 때 많은 쾌락들을 그냥 지나친다. 이와 마찬가지로 고통이 비록 나쁜 것이지만 어떤 때에는 고통을 쾌락보다 더 낫다고 생각하기도 한다. 왜냐하면, 오랫동안 고통을 참았을 때 더 큰 쾌락이 오는 경우가 있기 때문이다. 따라서 우리는 쾌락과 고통을 비교하고, 이득이 되는 것과 해가 되는 것을 고려해야 한다."

_ 에피쿠로스 저, 오유석 역, 「메노이케우스에게 보내는 편지」

에피쿠로스학파가 **쾌락**과 **고통**의 문제에 관심을 둔 것과 달리, 스토아학파는 행복하게 살기 위해서는 **유덕한 삶**을 살아야 한다고 주장했습니다. 그래서 스토아학파는 우리를 혼란스럽게 하는 '정념'에서 벗어나 조용히 마음을 비우고 고요한 경지에 드는 부동심(아파테이아, apatheia)의 상태를 지향해야 한다고 강조했습니다.

이처럼 스토아학파는 막연한 행복에 대한 기대보다는 우리가 실제로 통제(조절)할 수 있는 것을 통해 행복을 추구하라고 권고하였습니다. 그래서 로마의 스토아 철학자 **에픽테토스**(Epictetus, 55~135)는 "당

에픽테토스가 생각한 부동심

부동심과 관련하여, 스토아 사상가인 에픽테토스에 관한 유명한 일화가 있습니다. 에픽테토스가 노예 신분이었던 어느 날, 에픽테토스의 주인은 그의 다리를 비틀기 시작했습니다. 주인은 에픽테토스가 노예이면서 다른 사람들에게 덕이 있는 척한다고 생각하여 그를 못마땅하게 여기고 있었기 때문입니다. 주인은 그의 다리를 계속 비틀었지만, 에픽테토스는 아무런 반응을 하지 않았습니다. 잠시 후 그는 주인에게 "주인님, 계속하시면 다리가 부러질 것입니다."라고

에픽테토스의 모습을 그린 상상도(18세기 그림).

했습니다. 이 말을 들은 주인은 화가 나서 결국 그의 다리를 부러뜨려 버렸습니다. 그 순간에도 에픽테토스는 평상심을 유지하며 "주인님, 제가 그렇게 된다고 말씀드렸잖아요."라고 말했다고 합니다. 이 일화는 우리에게 스토아주의가 지녔던 부동심의 상태가 어떤 것인지 짐작할 수 있게 합니다.

성 아우구스티누스
(보티첼리, 1480).

신이 바라는 대로 어떤 사건이 일어나기를 바라지 말고, 사건이 일어나는 대로 거기에 당신의 기대를 맞추도록 하라. 그러면 당신은 평화를 얻을 것이다.”라고 말했습니다.

기독교의 위세가 강했던 중세 시대에는 종교적인 관점에서 행복을 추구하는 경향이 강했습니다. 중세 기독교에서는 신이 인간의 삶을 평가해서 내세를 결정한다는 교리를 강조했습니다. 당시 기독교 신자들에게 이와 같은 종교적 관점은 삶의 중요한 기준이 되었습니다.

이러한 맥락에서 초기 기독교 사상을 정립한 아우구스티누스(Augustinus, H., 354~430)는 ‘인간에게 최고선이 되는 것을 사랑하고 그것을 얻는 것’에서 행복이 성립한다고 봅니다. 여기서 가장 선한 것, 즉 최고선은 기독교적인 신을 뜻합니다. 한편, 토마스 아퀴나스(Aquinas, T., 1225?~1274)는 행복과 종교적인 신실함이 불가분의 관계에 있다고 보고, 행복한 삶을 살려면 신앙심 발휘에 충실해야 한다고 했습니다. 이는 곧 신의 뜻을 완성하고자 노력할 때, 더 큰 행복을 누릴 수 있다는 것입니다.

근대 시대는 신학적인 사고를 중심으로 했던 중세 시대와는 달리, **이성**과 **합리성**에 대한 인식이 발전하였습니다. 그래서 근대인들은 종교적 관점에 국한된 행복 추구보다는 이성적 관점에서 인간의 존엄성과 행복의 관계를 탐구하거나 개인과 사회의 종합적 관점에서 행복의 다양한 기준을 탐구했습니다.

먼저 **임마누엘 칸트**(Kant, I., 1724~1804)는 모든 인간이 존엄성을 지닌 인격체로서 동등하게 대우받아야 한다는 점을 강조합니다. 또한 '인간이라면 누구나 행복해지길 기대하는 것은 필연'이라고 했습니다. 그래서 그는 도덕적으로 사는 사람이라야 비로소 행복을 얻을 자격이 있으며, 도덕적인 사람이 마땅히 행복을 누리는 세상이 이성적인 세계라고 했습니다. 행복은 도덕적인 삶에 따른 결과물로 자연스럽게 따라오는 것이 바람직하다는 의미입니다.

반면 **데이비드 흄**(Hume, D., 1711~1776)은 행복이 삶에 대한 만족감과 깊은 관계가 있다고 보았습니다. 우리가 느끼는 만족감은 개인적인 것도 있지만, 항상 주관적인 것에 한정되는 것은 아닙니다. 우리는 자기의 행복을 얻기 위해서 살지만, 다른 사람들의 행복과 이익도 고려해야 하기 때문입니다. 그래서 그는 자신의 행복을 성취하기 위해서는 타인의 입장을 공감하는 사회적 정서를 갖추어야 한다고 했습니다.

데이비드 흄.

한편, **제러미 벤담**(Bentham, J., 1748~1832)과 **존 스튜어트 밀**(Mill, J. S., 1806~1873)과 같은 **공리주의자**들은 공리의 원리(최대 다수의 최대 행복의 원리)를 강조하면서 사회 전체의 행복에 주목했습니다.

그중에서도 벤담은 모든 종류의 쾌락과 고통을 양으로 측정할 수 있다고 하면서, 사회 전체의 관점에서 쾌락의 총량을 극대화하는 것이야말로 개인과 공동체의 행복을 위한 올바른 방향이라고 했습니다. 벤담의 제자였던 밀은 스승의 입장을 수용하면서도, "만족한 돼지가 되느니 불만족한 인간이 되는 게 더 낫고, 만족한 바보보다는 불만족한 소크라테스가 되는 게 더 낫다."라고 하면서, 행복 추구에도 질적인 차이가 있다는 점을 추가했습니다.

우리나라의 **정약용**(1762~1836)은 행복에 대한 관점을 열복(熱福)

과 청복(淸福)으로 구분하여 제시했습니다. 그는 과거 시험의 합격과 같은 사회적 성공이나 권세로부터 얻는 행복을 열복이라고 했습니다. 반면 소박하게 자립하는 삶에 만족하면서 내면적으로 수양하는 행복을 청복이라고 했습니다.

이상에서 살펴본 것처럼, 행복의 기준은 시대에 따라 그 강조점을 조금씩 달리하며 변화해 왔습니다. 이러한 여러 관점은 오늘날 우리가 행복의 의미를 깨닫는 데 중요한 시사점을 제공합니다.

정약용.

오늘날에는 특히 개인과 국가의 경제 및 문화적 여건, 자연과 사회 환경, 국가와 국제적인 정치 상황 등이 인간의 행복에 중요한 영향을 미치는 요소로 자리 잡고 있습니다. 또한 개인이나 집단마다 느끼는 만족감의 원인은 과거보다 훨씬 더 다양해졌습니다. 이처럼 행복을 구성하는 기준은 시대적 여건과 사회의 변화에 따라 많은 영향을 받는다고 할 수 있습니다.

지역적 여건에 따른 행복의 기준

행복의 기준은 자연환경과 인문환경과 같은 지역의 특징적인 여건에 따라 다를 수 있습니다. 각자가 속한 사회의 문화, 경제, 사회적 환경에 따라 상대적으로 중요하게 생각하는 행복의 기준이 다를 수 있기 때문입니다.

우리가 살아가는 주어진 환경 속에서 얻을 수 있는 것들은 제한적이고, 지역마다 삶의 여건은 다양합니다. 이러한 점에서 볼 때, 지역마다 음식 문화, 의복 문화, 주거 문화가 서로 다르게 형성되고 발전하는 것은 지역적 여건의 차이에 주요한 원인이 있다고 할 수 있습니다. 이러한 지역적 차이는 세계 각지의 사람들이 행복의 기준을 서로 다르게 생각하는 이유가 되기도 합니다. 그렇다면, 이제 지역에 따른 행복의 기준을 자연환경과 인문환경으로 구분하여 살펴보기로 합시다.

자연환경은 기후나 지형 등과 같은 자연의 상태를 뜻합니다. 이는 우리의 일상생활에 많은 영향을 미치기 때문에 행복과도 밀접한 관계가 있습니다.

자연환경은 사람의 감정과 행동에 영향을 주고, 각 사회가 다른 전통과 풍습을 가지게 되는 요인이 됩니다. 그래서 당연하게도 사람들의 행복관에도 영향을 끼칩니다. 예를 들어, 물이 부족한 건조한 기후 지역에 사는 사람들은 물이 그들의 행복을 구성하는 중요한 요소입니다. 건조 기후 지역의 사람들은 물을 마음껏 사용하는 데서 큰 행복감을 느낄 수 있습니다. 그러나 문화적으로는 물을 아끼는 생활 방식이 형성되었을 수 있습니다. 반면 한랭한 기후 지역에 사는 사람들은 난방을 행

폭염에 범죄율이 느는 이유

"폭염으로 인해 이른바 '폭염 범죄'에 대한 경각심도 높아지고 있다. 통계와 연구를 보면 한국뿐 아니라 다른 국가들도 폭염 중에는 더위와 싸우는 동시에 폭염으로 인한 '범죄와의 전쟁'을 치러 왔기 때문이다. 기온이 1도 상승할 때마다 범죄율은 1.3% 증가한다고 한다.

런던경찰청이 공개한 2010년 4월에서 2018년 6월까지의 자료도 이를 뒷받침한다. 폭력 범죄의 경우 섭씨 20도가 넘었을 경우 섭씨 10도 미만일 때에 비해 14%가 증가했다. 특히 추행의 경우 16% 늘었다. 영국뿐 아니라 다른 나라에서도 기온이 올라갈수록 범죄율이 올라가는 것으로 나타났다. 미국 필라델피아의 10년간 범죄율을 분석한 드렉셀 대학교의 연구를 보면, 여름뿐 아니라 겨울에도 기온이 상승하면 범죄율이 올라갔다고 한다."

– BBC 뉴스 코리아(2018. 7. 19.)

위 기사는 기온 상승이 범죄율 증가와 밀접한 연관이 있음을 밝히고 있습니다. 폭염은 신체적 불쾌감을 유발하고, 충동 조절 능력을 저하시킬 수 있습니다. 또한 더운 날씨는 술자리, 유흥 등 범죄 발생 가능성이 높은 다양한 야외 활동 증가의 원인이 되기도 합니다.

복의 중요한 요소로 여길 수 있습니다. 그래서 난방을 최우선 조건으로 하는 주거 형태가 발달했을 수 있습니다. 이밖에도 일조량이 부족한 지역에서는 맑은 날에 충분히 햇볕을 쬐는 것을 행복의 중요한 요소로 삼을 수 있습니다. 이처럼 날씨나 기후와 같은 지역별 자연환경의 차이는 행복의 기준에 대한 우선순위를 설정하는 데 큰 영향을 줍니다.

한편 **인문환경**이란 각 지역의 경제, 종교, 정치, 역사, 문화, 산업 등 인간의 활동으로 형성된 환경을 의미합니다. 이러한 인문환경은 가치관 형성과 생활 양식이 달라지는 원인이 됩니다. 그래서 인문환경의 차이는 사람들이 느끼는 행복감에도 많은 영향을 줍니다. 그렇다면 개별적인 인문환경이 사람들의 행복에 어떤 영향을 미칠까요?

먼저 인간이 살아가는 데 의식주의 충족과 같은 경제적 여건은 행복을 평가하는 데 중요한 기준이 됩니다. 춥고, 배고프고, 주거가 취약하면 행복하기 어렵기 때문입니다. 그런데 안타깝게도 사람들 사이에는 빈부의 격차가 존재합니다. 특히 지구상에는 생계를 유지하는 데 필요한 최소한의 경제적 형편조차 갖추지 못해 기아와 질병을 호소하는 사람들이 많습니다. 행복의 관점에서 보면, 이들 지역에 사는 사람들은 무엇보다 빈곤으로부터 해방되어 인간다운 삶을 누리는 것을 행복이라고 생각할 것입니다. 그들에게는 의식주와 의료 혜택이 행복의 가장 중요한 요건일 수 있습니다.

한편, 종교는 행복에 관한 생각의 차이를 만드는 주요 원인이 될 수 있습니다. 종교를 가진 사람은 각자 자신이 믿는 종교의 가르침에 따라서 사는 것을 행복이라고 생각할 수 있습니다. 예를 들어, 기독교 문화권에서는 신의 가르침에 따라 사랑을 실천하는 것이 바람직한 삶이자 행복한 삶이라고 생각해 왔습니다. 유교 문화권에서는 하늘로부터 부여받은 도덕적 본성을 지키고 함양하면서 인을 실현하는 것을 바람직한 삶이자 행복으로 여겼습니다. 불교 문화권에서는 불성을 바탕으로 무지와 집착에서 벗어나기 위해 수행하고 고통받는 중생을 구제하기 위한 노력을 통해 해탈의 경지에 이르는 것이 중요하다고 생각해 왔습니다.

한편, 경제나 종교보다 사회 안정을 행복의 기준으로 생각하는 사람들도 있습니다. 민족 갈등, 내란과 폭동 등 정치적 불안정 상태가 만연한 지역에 사는 사람들은 사회의 평화와 안정을 행복의 중요한 기준으로 생각할 것입니다.

물론 경제, 종교, 정치 등이 비교적 안정된 선진국에 사는 사람들은 생활 여건이 풍족하고 사회가 안정된 상태에서도 여전히 행복을 느끼지 못할 수 있습니다. 일부 선진국이나 복지 수준이 높은 국가에 사는 사람들 중에는 상대적으로 자신보다 여건이 나은 다른 사람들과 자신을 비교함으로써 소외감이나 불쾌한 감정을 경험하는 사례가 적지 않습니다. 소득불평등 의식이나 여가 생활의 차이에 대한 불만 등은 때때로 자신을 불행하게 여기는 원인이 되기도 합니다. 이러한 지역에 사는 사람들은 상대적 박탈감의 해소나 삶의 향상을 행복에 중요한 기준으로 삼을 수 있습니다.

이 밖에도 문화적 특성으로 인해 성별, 나이, 고향 등과 같은 비합리적인 근거를 이유로 차별을 용인하는 지역에 산다면, 불합리한 차별의 해소를 행복의 중요한 기준으로 삼을 수 있습니다. 또한 교류가 없거나 사회적 관계가 상대적으로 형식적이고 서로 무관심한 지역에 사는 사람들은 따뜻한 인간미와 유대감이 있는 인간관계를 행복의 중요한 기준으로 생각할 수 있습니다. 이처럼 지역적 여건에 따라 행복의 기준과 우선순위는 서로 다를 수 있습니다.

삶의 목적으로서 행복

우리는 인생에서 건강, 가정의 화목, 부의 축적, 학업 성취, 사회적 성공 등 다양한 목적을 추구하며 살아갑니다. 누군가는 건강하게 오래 사는 것을 인생의 목적으로 삼을 수 있고, 다른 누군가는 경제적 성취나 정서적인 만족을 인생의 목적이라고 말할 수 있습니다. 우리는 살아가면서 다양한 목적을 추구하지만, 우리가 돈을 버는 이유나 공부를 하는 이유는 결국 잘살기 위해서입니다. 이에 대해서 아리스토텔레스는 행복을 인생의 짧은 순간에 얻는 단순한 쾌락이 아니라 '잘 사는 삶(Eudaimonia, Flourishing life)'이라고 했습니다. 다양한 목적을 추구하는 것처럼 보이지만, 결국 모든 사람은 자신이 행복하기를 바란다고 할 수 있습니다. 이러한 점에서 행복은 다른 무엇을 위한 수단이 아니라 우리가 궁극적으로 추구하는 삶의 목적입니다.

삶의 목적으로서 행복은 인생에서 경험하는 일시적인 만족 상태는 아닐 것입니다. 진정한 행복은 인생 전체를 통해서 평가될 수 있는 것이기 때문입니다. 그래서 아리스토텔레스는 행복을 '가장 완전하고, 자족적이며, 가장 가치 있는 것'이라고 합니다. 그는 행복한 삶을 위해 인간의 고유한 기능이라고 할 수 있는 이성을 활용하여 덕을 실천하고 인생의 다양한 순간에서 적절한 중용의 상태를 유지할 수 있도록 노력하라고 조언합니다.

그렇다면, 우리가 삶의 목적에 해당하는 행복을 얻기 위해서는 어떤 노력을 기울여야 할까요? 무엇보다 우리는 자신의 삶을 성찰해야 합니다. 자신이 소중하게 생각하는 가치가 무엇이며, 만족감을 느끼는

빈센트 반 고흐, 「별이 빛나는 밤」.

것은 무엇이고, 자신의 삶이 얼마나 덕에 일치하는지 성찰해야 합니다. 혹시 삶의 일부분에 불과한 순간적인 즐거움이나 만족에 빠져 나의 삶을 불행하게 만들고 있지는 않은지 경계해야 합니다.

　　이러한 성찰을 바탕으로 우리는 삶에 필요한 물질적 가치와 정신적 가치를 조화롭게 추구하고, 자신의 의미 있는 삶을 위한 건강한 목표를 세워야 합니다. 또한 스스로 만족하면서도 사회 구성원으로서 사회에 긍정적으로 이바지하는 삶을 살아야 합니다. 결국, 우리는 자기 삶의 주인이 바로 자신이라는 점을 깨달아야 합니다. 각자의 인생은 자신이 스스로 만드는 하나의 작품이기 때문입니다. 내 인생을 훌륭한 작품으로 만들기 위해서는 자신의 삶을 행복으로 채울 수 있도록 노력해야 할 것입니다.

2. 행복한 삶을 위한 조건

인간다운 삶을 누릴 수 있는 정주 환경

행복한 삶을 실현하기 위해서는 인간다운 삶을 보장하는 질 높은 정주 환경이 필요합니다. **정주 환경**이란 인간이 정착하여 살아가기 위한 지역의 생활 여건을 뜻합니다. 좁은 의미에서 주거 공간은 정주 환경을 생각해 볼 수 있는 좋은 예가 됩니다. 우리는 집에서 생활합니다. 집은 인간이 생활하는 기본 공간으로 외부 세계로부터 자신을 지키고 보호하는 공간의 의미가 있습니다. 이와 같이 자신이 사는 장소 혹은 공간은 자기만의 기억과 역사를 담고 있는 저장고로서 인간의 행복과 긴밀한 관계를 맺고 있습니다.

질 높은 정주 환경을 위해서는 몇 가지 요건이 필요합니다. 먼저 쾌적하고 안전한 자연환경은 질 높은 정주 환경 조성의 필수 요소입니다. 깨끗한 물과 공기 그리고 오염되지 않은 토양 등은 인간의 기본적인 삶과 건강을 위해서도 꼭 필요한 요소입니다. 또 안전하고 풍요롭게 살 수 있는 주거 여건과 사회적 환경도 필요합니다. 예를 들어, 치안이 잘되어 있고, 교통이 편리하며, 다양한 여가 생활을 할 수 있는 문화 및 교육 시설과 보건 및 위생 서비스 등 각종 편의 시설을 잘 갖춘 사회적

주거 공간의 의미

"삶은 집의 품속에서 포근하게 자리 잡고 보호되며 시작한다. 집은 인간이 태어나서 최초로 경험하는 공간이며, 거친 세상에 내던져지기 전에 인간을 품어 주는 요람이다. … 집에 놓인 서랍이나 상자, 혹은 장롱 속에는 그 집에 사는 이들의 삶의 역사가 고스란히 보관되어 있다. 그 속에는 과거, 현재, 미래가 담겨 있다."

– 가스통 바슐라르,『공간의 시학』일부 글 요약.

가스통 바슐라르.

프랑스의 철학자 가스통 바슐라르(Gaston Bachelard, 1884~1962)는 주거 공간을 기억과 상상, 꿈과 전체 자아의 내면을 품는 공간적 의미가 있는 곳으로 해석하였습니다. 우리는 인간다운 삶의 기반이 되는 집에서 익숙함과 안전함을 느낍니다. 또한 우리는 집에서 자신의 의식과 감성을 키우며 내면적인 성장을 합니다.

환경은 정주 환경의 수준을 높이는 요소입니다.

질 높은 정주 환경이 물리적인 생활 조건에만 영향을 끼치는 것은 아닙니다. 그것은 삶을 쾌적하고 풍요롭게 한다는 점에서 마음을 평온하게 하는 등 정서 안정에도 큰 도움이 됩니다.

또한 우리의 가치관은 우리가 자라 오면서 경험한 정주 환경에 영향을 받습니다. 이러한 경험은 자신이 생활하는 지역에 대한 애착과 정서적인 유대감을 갖게 하기도 합니다. 그래서 질 높은 정주 환경에 사는 사람들은 지역 환경에 감사하는 마음을 갖고 안락함 속에서 건강한 인간관계를 형성합니다. 하지만 정주 환경이 열악한 지역에 사는 사람들은 생존 여건과 관련한 부담이나 좋지 않은 경험들로 인해 자기가 살아온 지역에 대한 애착이 낮고, 지역 사람들과 정서적인 교류에 소극적인 경향을 띠기도 합니다.

정주 환경이 우리의 행복에 미치는 이러한 영향을 고려할 때, 우리는 정주 환경의 수준을 높이기 위해 지속적으로 노력해야 합니다.

이중환의 「택리지」와 사람이 살 만한 입지 조건

이중환은 『택리지』의 「팔도총론」에서 조선을 8도로 나누어 지방마다 지역성을 출신 인물과 결부시켜 밝혔습니다. 이것은 자연과 인간이 서로 관계를 맺고 있다는 관점에서 기술된 것입니다.

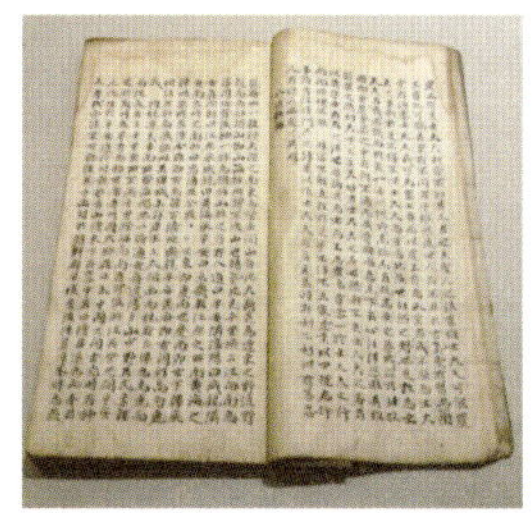

『택리지』.

한편 「복거총론」에서는 사람이 살 만한 입지 조건을 밝히면서, 그 고려 사항을 다음과 같이 네 가지로 설명합니다.

1) 배산임수와 같은 풍수지리적 명당과 같은 지리적 조건
2) 그 땅에서 생산되는 이익에 해당하는 생리(生利)적 조건
3) 넉넉하고 좋은 이웃 간의 정에 해당하는 인심
4) 아름다운 경치와 같은 산수

이러한 차원에서 국가나 지방자치단체는 쾌적하고 살기 좋은 주거 환경을 제공하기 위해 안정적인 주거 대책과 주택 개발 정책을 마련하고 대중교통과 공공시설을 확충해야 합니다. 또한, 각종 학교나 병원 등을 설립하여 일정 수준의 교육과 의료 혜택을 제공할 수 있도록 해야 합니다. 이 밖에도 인간다운 삶을 위한 문화, 예술, 체육, 복지 시설과 관련 프로그램을 마련하고, 도심 내 녹지 공간의 확보와 같이 건강한 생태 환경을 조성할 필요도 있습니다.

정주 환경 개선을 위한 노력은 개별 국가나 사회뿐만 아니라 국제적 차원에서도 필요합니다. 국제 연합(UN)은 1976년부터 국제 연합 정주 회의(UN Habitat)를 통해 국제적인 관점에서 정주 환경 개선을 위해 노력하고 있습니다. 특히 주거 환경 악화에 대처하고 빈곤과 불평등의 해소나 취약 계층을 위한 주거지와 기초 서비스 제공에 힘쓰고 있습니다. 누구에게나 질 높은 정주 환경의 조성은 행복한 삶을 실현하는 중요한 요소이기 때문입니다.

삶의 질을 유지하기 위한 경제적 안정

행복한 삶을 실현하기 위해서는 우선 의식주와 같은 기본적인 삶의 조건이 충족되어야 합니다. 예를 들어, 경제적으로 궁핍한 상황에서 인간다운 생활을 유지하기 어렵습니다. 이러한 관점에서 고대 중국의 맹자(기원전 372~289)는 경제적 안정이 윤리적인 삶에 필수 조건이라고 했습니다.

맹자.

"항산(恒産)이 있는 자는 항심(恒心)이 있고, 항산이 없는 자는 항심이 없다. 항심이 없으면 방자하고 편벽되며 사치스러워져서 못하는 일이 없다. 이러한 죄를 진 뒤에 이를 좇아서 벌하는 것은 백성을 기망하는 일이다. 어찌 현명한 사람이 높은 자리에 있으면서 백성을 기망할 수 있겠는가."

_『맹자』, 「양혜왕」

맹자는 백성들이 일정한 생업(맹자의 표현으로는 **항산**)을 통해 경제적 안정을 얻어야만 윤리적인 삶(맹자의 표현으로는 **항심**)을 살 수 있다고 주장했습니다. 그래서 맹자는 국가가 백성들에게 경제적 안정을 제공하도록 노력해야 한다고 강조했습니다. 경제적 안정이 뒷받침되지 않는다면, 아무리 도덕을 교육해도 한계가 있다는 것입니다.

한편, 빈곤한 경우에는 건강을 유지하기 위한 필수적인 영양분을 섭취하지 못하거나 다양한 질병에 대한 적절한 치료를 받기 어려울 수 있습니다. 국제연합개발계획(UNDP)의 《인간 개발 보고》에 따르면, 국내 총생산(GDP)이 낮은 나라일수록 기대 수명이 낮고, 영아의 사망률은 높다고 합니다. 국제 연합이 발간한 《세계 인구 전망》에 따르면, 2024년 기준으로 세계 영아 사망률은 1,000명당 25.5명으로 2023년보다 약 2% 감소했습니다. 또한, 상대적으로 경제력이 높은 국가일수록 영아 사망률은 낮은 경향을 보였습니다. 예를 들어, OECD 국가들의 영아 사망률은 평균 4.1명인 데 반해 중앙아프리카공화국은 81명, 소말리아는 72.8명, 나이지리아는 67.9명, 아프가니스탄은 66.7명에 달합니다. 이것은 경제적 여건에 따른 의료 접근성의 부족이 이러한 현상의 주요 원인으로 알려져 있습니다.

기대 수명 역시 경제 여건과 밀접한 관련이 있습니다. 우리나라의 경우 1960년대 기대 수명은 약 52.4세였습니다. 이후 경제 발전과 함께 기대 수명은 지속적으로 증가하여 2023년에는 83.5세로 조사되었습니다. 국가의 국내 총생산이 증가하면 기대 수명도 증가하는 경향이 있기 때문입니다. 관련 보고에 따르면, 국내 총생산이 1% 증가할 때마다 기대 수명은 약 0.376년 증가한다고 합니다.

이밖에도 경제적 형편이 어려우면, 삶의 질을 생각하기보다는 생계유지 자체에 몰두할 수밖에 없습니다. 그래서 경제적 빈곤 상황은 때때로 품위 있는 삶을 유지하기 어렵게 합니다. 예를 들어, 빈곤은 생활 만족도에 좋지 않은 영향을 미칩니다. 자기실현의 기회나 삶의 여유를 감소시키며, 자신감이나 삶의 의욕을 꺾어 우울증을 유발하기도 합니다. 심지어, 사회적 고립을 초래하기도 하며, 아동의 성장이나 교육에도 장애를 일으키는 원인이 됩니다. 이처럼 개인의 소득 수준과 국가의 경제 여건은 삶의 질에 직접적인 영향을 미친다고 할 수 있습니다.

삶의 질을 향상하기 위해서는 경제적 안정이 무엇보다 중요합니다. 이를 위해 국가는 국민의 고용 안정, 건강과 교육 등 각종 복지 제도의 확충, 경제적 불평등 해소를 위해 주의를 기울여야 합니다.

소득과 행복의 관계

매튜 킹리스워스 연구	연 소득 50만 달러까지(미국 기준 상위 1%의 소득자 수준)는 소득이 증가할수록 행복도가 증가한다는 연구입니다. 이 연구는 동시에 돈과 행복은 강한 상관관계를 지니지만 직접적인 인과관계는 약하다는 데 주의해야 한다고 했습니다.
이스털린의 역설	소득이 늘어나면 행복도 커질 것이라는 기대와 다르게 소득이 일정 수준에 도달하면 소득 수준이 행복에 큰 영향을 미치지 않는다는 이론입니다. 기본적인 욕구가 충족되면 추가적인 소득 증가가 행복에 큰 영향을 주지 않는다는 것을 의미합니다.
카너먼과 디턴의 연구	프린스턴 대학 심리학과 대니얼 카너먼과 경제학과 앵거스 디턴 교수가 2010년 수행한 연구로, 연 소득이 7만 5,000달러를 넘어서면 돈이 행복에 별다른 영향을 주지 못한다는 연구입니다. 이후 카너먼은 연구 결과를 수정하여, 연봉 10만 달러 이상~50만 달러 미만 구간에서도 소득이 증가할수록 행복감이 커진다고 주장했습니다. 단, 소득이 높아도 사랑하는 가족·친지를 잃었거나 우울증을 겪는 사람들과 같이 돈으로 해결되지 않는 불행을 겪는 사람도 있다고 합니다.

시민의 참여가 활성화되는 민주주의의 실현

민주적인 사회일수록 자신의 가치와 믿음을 자유롭게 실현하며 더 큰 행복을 느낍니다. **민주주의**는 주권자인 국민의 뜻에 따라 국가의 중요한 의사를 결정해야 한다는 이념입니다. 그래서 민주주의가 잘 작동하는 국가에 사는 사람은 안정적으로 기본적인 자유와 권리를 보장받을 수 있게 됩니다. 실제로 민주주의 체제에서 시민들은 표현의 자유, 집회와 결사의 자유, 종교의 자유 등을 누리며 자유롭게 의사를 표명하고 각자 다양한 삶의 방식을 추구할 수 있습니다. 따라서 민주적인 국가일수록 국민의 인권이 존중되고 자유가 확보된다고 할 수 있습니다.

민주주의의 발전은 정치적 참여, 정의로운 법 집행, 사회적 안정과 신뢰 등에 도움이 된다는 점에서, 시민의 행복에 긍정적인 영향을 미친다고 할 수 있습니다. 민주주의가 발전한 국가일수록 시민은 정치적 의사 표현을 자유롭게 하고 이러한 시민의 정치적 참여가 정책에 반영되기 때문입니다.

민주 국가에서 시민의 참여는 자신과 공동체의 삶을 개선하고 삶에 대한 만족감과 행복감을 향상합니다. 그래서 민주주의의 발전 정도가 높은 국가에 사는 사람일수록 행복 지수가 높은 경향이 있습니다. 이와 관련하여, 우리는 스위스의 사례에 주목할 필요가 있습니다. 스위스는 1848년 내전 이후 연방을 구성하여 합의제 민주주의를 꾸준히 발전시켜 왔습니다. 특히 스위스는 국가 제도나 국민 생활, 국제 관계에 이르는 제반 사항을 시민의 직접적인 참여를 통하여 정치에 반영함으

정치 참여의 기회는 행복의 열쇠

권력 공유 스위스가 민주주의 국가로서 돋보이는 이유는 권력 공유에 있습니다. 스위스는 의회, 비례 대표제, 투표, 연방주의라는 네 가지 채널이 권력을 나누어 갖고 있습니다.

참여 스위스는 세계 어느 지역보다 지역 민주주의가 발달하고 시민 참여가 매우 적극적이고 직접적으로 이루어지는 특징이 있습니다. 예를 들어 스위스의 정당은 정치적 의사 결정에 독점권이 없습니다. 기업 협회, 환경 단체, 학계와 시민 사회 운동도 여러 가지 방식으로 참여 민주주의에 참여합니다.

－《스위스인포》(2020. 3. 12.), 정치학자 클로드 롱샴

스위스에는 국민투표, 발의, 주민청원 등을 통해 직접 정치적인 의견을 개진할 수 있는 국민 참여의 기회가 많습니다. 스위스 국민들은 이러한 정치 참여의 경험을 통해 '내가 나라의 방향을 결정한다.'는 인식을 공유한다고 합니다. 이러한 경험을 통해 스위스 국민들은 상대적으로 삶의 만족도가 높고 공동체에 대한 신뢰도 역시 높다고 알려져 있습니다.

로써 시민의 행복 실현을 위해 노력하고 있습니다. 이와 같은 사례에서 알 수 있듯이, 시민들은 사회의 주요한 의사 결정 과정에 참여할 때 주인의식과 책임감을 느끼고, 자신의 의견이 반영된 정책이나 제도를 경험할 때 시민으로서 행복감을 얻습니다. 시민의 민주적인 참여는, 국가적인 영역 외에도, 가정이나 학교 등에서도 행복에 영향을 미치는 요소가 됩니다. 예를 들어, 가족이나 학교에서 어떤 중요한 일을 결정할 때,

1960년 이승만 정권의 3·15 부정선거를 반대하는 시민들의 모습.

구성원의 의사가 존중되고, 자유롭고 적극적인 의견 개진의 기회가 제공된다면, 구성원들의 행복감은 더 커지게 됩니다.

한편, 민주적인 국가에서 법치주의는 공정한 법 집행의 기초가 됩니다. 법치주의는 시민의 자유와 인권을 보장하는 중요한 수단이기 때문입니다. 법치주의가 부재한 사회에서는 사회 질서가 유지되지 않고, 권력자나 강자의 자의적인 행동이 용인될 수 있습니다. 또한, 인권 침해나 경제적 불평등의 심화로 인해 사회 갈등이 유발될 수 있고, 법과 제도에 대한 신뢰가 낮아짐으로써 시민들의 사회적 협력을 저해할 수 있습니다. 우리는 과거 비민주적인 독재국가나 권위주의적인 정치 체제를 지닌 국가를 통해 이러한 사례를 쉽게 확인할 수 있습니다. 대체로

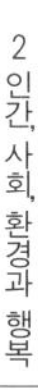

비민주적인 정부는 정권 유지를 위해 국민을 억압하는 과정에서 시민의 인권을 침해하고, 무고한 국민의 생명을 빼앗거나 난민을 양산하는 원인이 되기도 합니다. 이처럼 독재나 부당한 권력의 횡포가 만연한 국가에서는 시민의 생활이 행복할 수 없습니다. 따라서 법치주의는 시민의 행복 실현을 위해 반드시 확보될 필요가 있습니다. 공정한 규칙이 준수되고 질서가 유지될 때 시민은 행복을 추구할 수 있기 때문입니다.

따라서 우리는 시민으로서 사회와 국가의 중요 결정 사항에 적극적으로 참여하여 민주주의 발전을 위해 노력해야 합니다. 의회 제도, 복수 정당 제도, 권력 분립 제도가 제대로 작동할 수 있도록 민주적인 절차를 마련하고 시민의 권리와 의무를 보호하기 위한 건전한 참여와 감시에 주의를 기울여야 합니다. 사회와 공동체의 중요 사항에 대해 주인의식을 가지고 적극적으로 참여하는 정치 문화 형성에도 힘써야 할 것입니다. 이처럼 민주주의는 인간 존중에 기반한 자유와 평등의 확보를 핵심으로 합니다. 따라서 민주주의의 실천은 우리 삶의 다양한 영역에서 행복을 높이는 중요한 기능을 한다고 할 수 있습니다.

도덕적으로 성찰하고 실천하는 삶

도덕적으로 성찰하고 실천하는 삶은 우리의 행복과 밀접한 관계를 지닙니다. 도덕적 실천 없이 자기 이익만을 중시하고 타인에게 무관심하거나 공동체에 해를 끼치는 삶은 행복한 삶으로 이어지기 어렵습니다.

그렇다면 도덕적 실천은 우리의 행복에 어떤 영향을 줄 수 있을까요? 도덕적 실천은 **내면의 평온함, 가치 있는 삶, 사회적 유대**와 **신뢰 형성** 등을 통해 우리의 행복에 기여합니다.

내면의 평온함

우리는 도덕적 실천을 함으로써 내면의 평온함을 얻을 수 있습니다. 도덕적으로 행동할 때 우리는 떳떳한 태도로 자존감을 높이고 자아 존중감을 키울 수 있습니다. 이러한 삶의 태도는 일상에서 긍정적이고 당당한 태도의 기초가 되어 스스로 행복감을 느끼게 합니다. 그래서 달라이 라마는 "마음의 평온을 가져오는 내적 수련이 부족하다면 그 외적인 환경이나 조건을 갖추고 있다 한들 아무런 소용이 없다. 그것은 결코 당신이 찾는 행복이나 기쁨을 가져다주지 못하기 때문이다. 반면 당신이 마음의 평온과 안정이라는 내적인 품성을 갖추고 있다면, 흔히 남들이 행복을 위한 필수 조건으로 꼽는 여러 외적 환경이 부족하다고 할지라도 얼마든지 행복하고 즐거운 인생을 누릴 수 있다."라고 했습니다.

공동선의 실천과 행복

우리는 도덕적 실천을 통해 자기 자신뿐만 아니라 다른 사람들의 삶을 가치 있게 만들 수 있습니다. 또한 도덕적인 삶이 세상에 긍정적인 영향을 미친다고 확신한다면 그러한 사람은 스스로 더 큰 행복감을 느낄 수 있습니다. 실제로 사람들은 **공동선**을 위해 힘쓰는 사람을 칭송하고 신뢰합니다. 우리가 타인들로부터 얻는 칭찬과 존경은 자신

헬퍼스 하이와 나눔의 가치

헬퍼스 하이는 도움을 주는 사람이 행복감을 느끼는 현상을 뜻한다. 미국의 앨런 룩스(luks, A.)는 『선행의 치유력』(2001)이라는 책에서 이 용어를 최초로 제안하였다. 헬퍼스 하이는 타인을 도울 때 정서적인 만족감을 느끼고, 이것이 신체에도 긍정적 변화를 일으킨다는 것이다. 이와 관련한 두 가지 연구를 소개하면 다음과 같다.

첫째, 2003년 미시건 대학교에서는 5년에 걸친 장수 비결에 대한 연구 결과, 장수한 사람들이 공통적으로 정기적인 봉사활동을 하고 있음을 발견했다. 이는 나눔을 실천할 때 분비되는 엔도르핀이 건강에 도움이 된다는 것이다.

둘째, 1988년 하버드 대학교는 사전에 실험 대상자들에게 면역 항체 수치를 측정한 뒤, 마더 테레사의 일대기를 담은 영상을 보여 주고 난 후 그 수치의 변화를 비교하는 실험을 했다. 실험 결과 실험 대상자들은 이전보다 면역 항체 수치가 높아졌고 스트레스 수치는 감소하는 결과가 있었다. 이는 타인의 선행을 보기만 해도 면역 물질이 증가하는 것으로 마더 테레사 효과(Theresa effect)라고 한다.

_《기호일보》(2022. 12. 04. 이경자) 기사 요약.

의 행복을 구성하는 중요한 요소가 될 수 있습니다. 사람은 타인을 돕는 봉사활동에 참여하거나 어려운 사람을 도울 때 행복감(헬퍼스 하이, Helper's high)을 느낀다는 연구 결과도 있습니다.

사회적 유대감과 행복

우리는 도덕적 행동을 통해 다른 사람들과 사회적 유대감을 갖고 신뢰 관계를 형성할 수 있습니다. 우리는 정직하고 배려심이 있는 사람과 함께하기를 원하고, 또 그러한 사람과 신뢰 관계를 갖기를 바랍니다. 이러한 신뢰 관계는 삶의 심리적 안정망으로 기능을 합니다. 한 예로, 하버드 대학교의 성인 발달 연구(Harvard Study of Adult Development)는 가족이나 친구를 비롯한 사회적 관계의 질이 삶의 만족도와 신체 건강에 결정적인 영향을 준다고 밝히고 있습니다. 이처럼 우리는 서로를 아끼고 배려하는 사회적 유대감을 경험함으로써 행복감을 느낍니다.

우리는 도덕적 실천을 통해 사회적 유대감을 쌓아 우리가 행복할 수 있는 여건을 튼튼하게 만들 필요가 있습니다. 이와 관련하여, '세계 행복 보고서(World Happiness Report, 2025)'는 사회적 유대감과 공동체에 대한 신뢰 수준이 높은 북유럽 국가들이 세계 행복 지수의 상위권에 속한다는 사실을 알려 줍니다. 또한, 친구나 가족과 함께하는 생활 빈도가 높을수록 행복 지수가 상승하는 반면, 혼밥이나 고립형 생활의 증가는 행복 지수를 하락시키는 원인으로 지목하고 있습니다.

유사한 관점에서 '사회적 자본' 개념으로 유명한 로버트 퍼트넘(Putnam, R. D.)은 사람들이 서로 신뢰하는 사회일수록 삶의 만족도가 높다고 주장합니다. 그가 제안한 사회적 자본(Social Capital)이란 '사람들 사이의 신뢰, 규범, 네트워크로 구성된 사회 조직이며, 이것은 공동의 행위를 더욱 원활히 만드는 요소'를 뜻합니다. 그에 따르면 사회적 참여를 많이 하는 사람일수록 고립감을 덜 느끼고 행복감은 더 크게 느낀다고 합니다.

이처럼 도덕적인 인간관계는 사회적 유대감을 키우고, 이는 우리의 행복감을 향상시킨다고 할 수 있습니다.

사회적 약자를 위한 배려와 행복

역지사지(易地思之)의 태도나 사회적 약자에 대한 배려는 도덕적인 삶을 실천하는 기본적인 태도 중 하나입니다. 역지사지는 말 그대로 다른 사람의 입장에 서서 상황을 바라볼 줄 아는 마음가짐을 의미합니다. 비슷한 말로는 다른 사람의 고통을 자신의 고통으로 생각한다는 뜻의 '인익기익(人溺己溺)', '인기기기(人飢己飢)' 등이 있습니다. 타인이 처한 어려움이나 상황을 헤아리는 가운데 어떤 말과 행동을 한다면, 불필요한 오해가 사라지고, 자신과 타인의 행복은 한층 고양될 수 있습니다.

TIP!

인익기익(人溺己溺)

남이 물에 빠지면 자신이 빠진 것처럼 생각한다는 뜻입니다.

인기기기(人飢己飢)

남이 굶주리면 자신이 굶주리게 만든 것처럼 생각한다는 뜻입니다.

사회적 약자에 대한 배려도 우리 시대에 필요한 도덕적인 태도입니다. 주변에 불행한 사람들이 많다면, 내 삶도 행복하기 어렵습니다. 그런데 우리 주변에는 여전히 빈곤이나 질병 등 여러 이유로 고통받는 사람들이 많습니다. 사회적 약자가 겪는 부당한 처우나 불행한 현실을 개선하는 기부나 봉사 활동은 사회 구성원 간 신뢰 수준을 높인다는 점에서 행복을 증진하는 방법이 됩니다.

　　　　다른 한편으로 사회적 약자를 배려하는 기부나 봉사와 같은 친사회적 활동은 자신의 행복감 향상에도 긍정적인 역할을 합니다. 관련 연구에 따르면, 기부는 특히 주관적인 삶의 만족과 우울감 극복에 긍정적인 영향을 미친다고 합니다.

기부자들 인터뷰를 보면 한결같이 "기부를 하니 행복하다."는 말이 빠지지 않는다. 기부는 남을 돕는 행위이지만 스스로에게 행복감과 만족감, 자부심을 준다. 노법래 세명대 사회복지학과 교수의 논문 「기부는 우리를 행복하게 만들까?」에 따르면 기부는 주관적인 삶의 만족과 우울감에 긍정적인 영향을 미친다. 한국복지패널 1~13차 연도(2006~2018년) 자료를 결합해 총 1만 8489명 사례를 분석한 결과다. 개인의 행복이나 효용이 타인의 효용 증대에 의해 일정한 영향을 받을 수 있다는 '따뜻한 빛(warm glow)'의 효과다. 그래서 이름을 밝히지 않는 기부가 가능할 것이다.

_《세계일보》(2023. 6. 29.), 박희준

　　　　이러한 사항을 고려할 때, 우리는 자신과 사회의 행복 증진을 위해 타인의 입장을 헤아리고, 불행한 처지에 있는 사람들을 적극적으로 돕는 도덕적인 삶을 실천하도록 노력해야 할 것입니다. 모한다스 간디(Gandhi, M., 1869~1948)가 '행복은 생각하고, 말하고, 행동하는 것이 조화를 이룰 때 얻을 수 있는 것'이라고 한 것처럼 말입니다.

1. 행복을 수치로 나타낼 수 있나요?

행복 지수는 개인이나 집단이 느끼는 삶의 만족과 행복을 측정한 지표입니다. 이는 다양한 요소를 반영해 사람들이 얼마나 행복하게 살고 있는지를 평가합니다. 행복 지수는 경제적 안정성, 사회적 관계, 건강, 교육 수준, 자유와 권리, 환경적 요인 등을 종합적으로 고려합니다. 국가별 행복 지수는 각국의 경제적 수준과 국민의 심리적, 사회적 만족도까지 포함하여 각 나라의 삶의 질을 비교하는 데 사용됩니다. 한편, 행복 지수는 국가가 사회적 복지 정책이나 삶의 질 향상 계획을 수립하는 데 중요한 참고 자료가 될 수 있습니다.

세계 행복 지수

국제 연합(UN)이 매년 발표하는 **세계 행복 지수**(World Happiness Index)는 '세계 행복 보고서(World Happiness Report)'로 불리기도 합니다. 이는 경제적 안정성, 사회적 지원, 기대 수명, 자유, 관용 등을 기준으로 각국의 행복도를 평가합니다. 우리나라는 2023년 조사 대상 137개국 중 57위, 2024년 조사 대상 143개국 중 52위로 평가되었습니다.

더 나은 삶 지수

경제협력개발기구(OECD)의 **더 나은 삶 지수**(BLI, Better Life Index)는 회원국을 대상으로 삶의 질을 평가하는 지표입니다. 소득, 주거, 일과 삶의 균형, 건강, 교육, 공동체 등의 항목을 고려하여 행복도를 측정합니다. 이 지수는 회원국의 상황과 정책이 삶에 어떤 영향을 미치는지 파악하고, 정책 방향 설정에 도움을 주는 데 활용됩니다. 우리나라는 여러 면에서 평균 이상을 기록하고, 특히 교육 분야에서는 높은 점수를 기록하고 있지만, 삶의 만족도와 일과 삶의 균형 면에서는 낮은 점수를 기록하고 있습니다. 2023년 기준 우리나라는 10점 만점에 5.951점으로 137개국 중에서 57위를 기록했습니다.

인간개발지수

국제연합개발계획(UNDP)이 발표하는 **인간개발지수**(HDI, Human Development-ment Index)는 국가의 전반적인 삶의 질과 발전 수준을 평가하기 위한 지표입니다. 이 지수는 경제적 지표만으로 삶의 질을 평가하기 어렵다는 점을 보완하기 위해 고안되었습니다. 국민의 수명과 건강을 확인하기 위한 기대 수명, 지식 접근성의 확인을 위한 평균 교육 기간과 기대 교육 기간, 생활 수준을 확인하기 위한 1인당 국민 소득이라는 세 가지 요소를 중심으로 각국의 삶의 질을 평가합니다. 2024년 조사 결과 우리나라는 전체 193개국 중 19위로, 이 결과는 이전 조사보다 한 단계 올랐습니다.

긍정 경험 지수와 부정 경험 지수

미국의 여론조사 기관 갤럽(Gallup)이 조사하는 **긍정 경험 지수**(Positive Experience Index)와 **부정 경험 지수**(Negative Experience Index)는 사람들의 일상 경험을 기반으로 즐거움, 웃음, 스트레스, 걱정 등의 감정적 반응을 수치화하여 행복도를 평가합니다. 이는 사람들이 어떤 감정을 경험하는지 파악하는 데 유용합니다. 우리나라는 2014년 이후 긍정 경험 지수가 하락 중이며, 2015년 조사 대상 국가 143개국 중 118위 수준이었습니다. 한편, 부정 경험 지수는 2021년 최고치를 기록했으나, 이후 다소 감소하는 추세를 보였습니다.

긍정 경험 지수 질문의 예	부정 경험 지수 질문의 예
전날 충분히 휴식을 취했는가?	전날 스트레스를 받았는가?
전날 미소를 지었거나 웃음을 터뜨렸는가?	전날 슬펐는가?
전날 존중받았다고 느꼈는가?	전날 화가 났는가?
전날 흥미로운 일을 했는가?	전날 걱정했는가?
전날 즐거운 일을 했는가?	전날 신체적 고통을 느꼈는가?

국민 총 행복 지수

부탄이 1970년대에 제시한 **국민 총 행복 지수**(GNH, Gross National Happiness)는 국민의 경제적 만족도뿐 아니라 문화 보전, 정신적 풍요, 환경 보호 등의 항목을 통해 행복도를 종합적으로 측정하는 지수입니다. 이 지수는 경제 성장만이 아니라 마음의 안정과 삶의 균형을 행복의 중요한 기준으로 삼는 특징이 있습니다. 우리나라는 세계 13위의 GDP를 기록하고 있지만, 국민 행복 지수는 상대적으로 낮아 2024년 기준으로 52위 수준입니다. 이는 OECD 국가 중 최하위권에 속합니다.

국민 삶의 질 지표(대한민국 통계청)

우리나라 통계청이 다양한 지표를 활용하여 대한민국 국민의 삶의 질을 측정하는 지표입니다. 11개 영역(가족·공동체, 건강, 교육, 고용·임금, 소득·소비·자산, 여가, 주거, 환경, 안전, 시민 참여, 주관적 웰빙)의 71개 지표로 구성되어 있으며, 매년 발표됩니다. 2023년 기준 우리나라 국민의 삶의 만족도는 10점 만점에 평균 6.5점으로 전년보다 0.2점 상승했지만, 여전히 OECD 회원국 중 최하위권에 머물렀습니다. 대체로 교육과 건강 부문에서는 높은 평가를 받았으나 삶의 만족도나 여가 부문에서는 낮은 평가를 받았습니다. 이는 한국 사회가 경제적 발전과 교육 수준의 향상에도 불구하고, 삶의 만족도나 여가 생활의 질 향상에는 아직 미흡한 수준임을 시사합니다.

측정 항목

심리적 안녕, 건강, 교육, 시간 사용, 문화 다양성과 회복력
좋은 거버넌스, 커뮤니티 활력, 생태 다양성과 회복력, 생활 수준

2. 민주주의가 행복과 관계가 있다고요?

민주주의는 행복과 밀접한 관계를 지니고 있습니다. 민주주의가 보장하는 정치적 자유, 사회적 신뢰와 경제적 안정, 심리적 안정 등은 시민의 행복도에 중요한 요소로 작용하기 때문입니다. 경제학자 아마르티아 센(Sen, A. K., 1933~)은 민주주의가 개인의 행복과 삶의 질 개선에 필수적인 역할을 한다고 했습니다. 특히 그는 민주주의가 단순한 정치 제도를 넘어 시민의 자유로운 선택과 잠재력을 실현할 수 있는 여건 마련을 위한 필수 조건이라고 했습니다. 이처럼 민주적인 제도는 시민의 복지와 평등을 보장하여 불안을 줄이고 행복 증진에 긍정적인 영향을 줍니다.

민주주의 국가에서 보장되는 정치적 자유와 참여, 표현의 자유, 권리의 보장 등은 행복에 긍정적인 영향을 줍니다. 정치적 자유와 자율성이 보장될 때 사람들은 개인적 선택을 존중받고 자신의 삶을 스스로 결정할 수 있다는 만족감을 느끼게 됩니다. 이러한 자율성은 심리적 안정을 주고 개인의 행복감을 높이는 데 중요한 역할을 합니다. 또한, 민주주의 제도가 잘 갖춰진 국가의 시민들은 정치적 권리를 실행하여 개인의 의견을 정책 등에 반영할 수 있고, 이러한 과정은 사회의 복지와 개인의 행복도 증진에 기여합니다.

한편, 민주주의 국가는 대체로 사회적 신뢰와 시민의 연대 형성을 위한 긍정적인 배경이 됩니다. 민주주의는 사회 구성원들의 다양한 의견과 요구를 수용하거나 조정하는 제도를 통해 사회 공정성에 대한 시민의 높은 신뢰도를 유

센코노믹스?

'경제학자의 양심'으로 불리는 아시아 최초의
노벨경제학상 수상자 아마르티아 센이 기아
와 빈곤의 극복 문제 그리고 인간의 안전 보장
에 관한 핵심적인 내용들을 모아서 엮은 『센코
노믹스』(1999)라는 책이 있습니다. '센코노믹스'는 아마르티아 센의 성['센
(Sen)']과 '경제학(Economics)'을 붙여 만든 말로, '센의 경제학'이라는 의
미입니다. 『센코노믹스』의 주요 주제는 '무엇이 사람을 진정으로 잘 살게 하
는가?'라는 질문에 대한 경제학적 답변이라고 할 수 있습니다. 센은 기존의
경제학이 지나치게 합리성과 효율성을 강조한 나머지 인간의 협력, 신뢰, 연
대의 가치를 간과해 왔다고 비판합니다. 그래서 센코노믹스는 결과와 수치
에만 집중하는 알맹이 없는 양적 성장을 경계합니다. 대신 그것은 '사람다운
삶'을 우위에 둔 양심적인 경제 관점을 지향합니다. 즉 인간의 행복을 반영
하는 경제 발전을 이루기 위해서는 민주주의의 근본적인 가치를 실현하고
인간의 잠재 능력을 개발하며, 동시에 인간의 생존과 존엄을 위협하는 모든
위해로부터 인간을 보호해야 한다는 것이 센코노믹스의 핵심입니다.

지할 수 있게 합니다. 이러한 사회적 신뢰는 공동체의 연대감을 높이고, 공동체
의 구성원들이 느끼는 행복감 증진에 기여합니다. 아울러 민주주의 국가는 대체
로 국가의 경제적 안정에 힘쓰며, 이를 통해 모든 시민이 안정적인 생활 수준을
유지할 수 있도록 합니다. 복지 제도와 같은 다양한 사회적 안전망이 확립되어

있으면, 시민들은 경제적 안정 속에서 더 큰 행복감을 누릴 수 있습니다.

　　민주주의 국가에서 시민들은 공정한 법 제도를 통해 자신이 차별받지 않고 동등하게 대우받을 수 있다는 사실에서 심리적 안정감을 느낍니다. 자신이 부당한 대우를 받지 않거나 부당한 상황을 교정할 수 있다고 기대하는 것은 개인의 정신 건강에도 긍정적 영향을 줍니다. 사회적 차별이 적고, 개인의 권리가 존중되는 환경은 사람들이 안정감과 만족감을 느끼는 중요한 기반이 되기 때문입니다. 또한 민주주의는 갈등을 평화적으로 해결하는 다양한 제도를 갖추고 있습니다. 토론과 협의 등을 통해 갈등을 조정하기 때문에 과도한 분쟁이 줄어들고, 이는 시민들의 스트레스를 완화하는 데 도움이 됩니다. 이처럼 평화롭고 분쟁이나 갈등이 적은 사회일수록 시민의 행복도는 상승할 가능성이 큽니다.

　　민주주의가 행복과 밀접한 관계를 지니고 있다는 사실을 다양한 행복 지수를 통해서도 확인할 수 있습니다. 국제 연합이 발표하는 '세계 행복 지수'와 국가별 민주주의의 관계를 보면 민주주의 수준이 높은 나라들이 상대적으로 높은 행복도를 보이는 경향이 있음을 확인할 수 있습니다. 특히 정치적 자유의 정도, 부패 수준, 사회적 지원 정도 등의 요소는 시민의 행복에 큰 영향을 줍니다. 대체로 북유럽 국가들은 매년 세계 행복 지수 평가에서 상위권을 유지합니다. 이러한 현상은 곧 높은 민주주의 수준을 유지하는 국가의 국민이 더욱 행복하다는 사실을 확인할 수 있게 합니다.

삶의 가치를 깨달을 때 진짜 삶이 시작된다!

영화 「라스트 홀리데이」 포스터.

영화 「라스트 홀리데이(Last Holiday)」(2006)는 1950년 제작된 「버드의 마지막 휴가」를 리메이크한 작품입니다. 이 영화는 백화점의 평범한 주방용품 코너 점원이었던 주인공 조지아가 어느 날 직장에서 머리를 세게 부딪쳐 병원에 실려 간 일로 시작합니다. 병원은 그녀가 심각한 병에 걸려 앞으로 살 수 있는 날이 몇 주 남지 않았다고 오진을 합니다. 병원에서는 그녀가 수술을 받아도 생존 확률은 매우 낮고, 수술 비용마저 천문학적이라 감당하기 어렵다고 설명합니다.

낙심한 조지아는 자신에게 남은 삶의 기간만큼은 지금까지 살아오면서 해 보지 못한 것을 하리라고 다짐합니다. 그녀는 자신이 꿈꿔 온 유럽의 호화 휴양지로 여행을 떠나기로 결심합니다. 그녀는 그간 빠듯하게 살면서 익숙했던 자신의 소극적인 태도를 떨쳐 버리고 비로소 당당한 모습으로 변신합니다. 그녀는 휴양지에서 가장 비싸서 유일하게 남은 방을 선택하고, 값비싼 옷도 사고, 호텔 식당에서는 그동안 먹어 보지 못했던 비싼 음식들을 맛봅니다. 이 과정에서 조지아는 평소 자신이 좋아했던 세계적인 요리사 디디에를 만나 즐거운 시간을 갖기도 합니다. 또한, 그녀는 마침 그곳으로 휴가를 온 그녀의 악덕 업주인 백화점 사장과 상원의원 등을 만나게 되는데, 이들은 그녀의 화려한 옷과 씀씀이를 보고 궁금증을 품습니다. 백화점 사장은 그녀가 자신의 백화점 점원이었다는 사실을 알게 되고, 이를 다른 VIP 손님들 앞에서 폭로합니다. 이에 조지아는 이를 순순히 인정하며 자신이 시한부라 죽기 전에 가진 돈을 모두 쓰고 그동안 하지 못했던 것을 하기 위해 이곳에 왔다는 사실을 담담히 말합니다. 이에 백화점 사장은 다른 손님들로부터 시한부 환자를 멸시한 것이냐며 비난을 받습니다. 그는 그녀가 시한부라는 사실까지는 몰랐고 그저 혼자 열등감에 그녀를 조롱하고 싶었다는 죄책감에 괴로워하며 호텔 난간에 섭니다. 이를 본 조지아는 인간의 탐욕을 버리면 행복한 사람이 될 수 있다며 그를 오히려 위로합니다. 그러던 중 과거 그녀를 진단했던 의사는 병원 CT 촬영 기계에 오류가 있음을 확인하게 되고, 그녀가 묵고 있는 호텔로 팩스를 보내 오진 사실을 알립니다.

　　　이 영화는 자신의 삶이 소중하다는 것을 깨달을 때 진짜 삶이 시작된다는 점을 알려 줍니다. 주인공은 평생 조심스럽고 억눌린 채 살아왔습니다. 주인공은 시한부 판정을 받고서야 비로소 이제 잃을 것이 없다고 생각하고 자신의 인생 모험을 시작하게 됩니다. 진짜 하고 싶었던 일, 먹고 싶었던 요리, 가고 싶었던 곳을 선택한 것입니다.

　　　우리는 자신의 삶과 죽음을 진지하게 의식하게 되었을 때 비로소 삶의 우선순위가 무엇인지 알게 됩니다. **행복**이 미래의 어느 날 얻는 것이 아니라 주어진 현재를 충만하게 대하는 자세에서 온다는 사실을 알 수 있습니다. 우리는 자신을 억압하는 편견과 고정관념에서 벗어날 때 스스로 자유로우면서도 타인에게도 긍정적인 존재가 될 수 있습니다.

삶의 진정한 행복은 마음의 풍요로움에서 비롯됩니다. 주인공은 부자도 사회적으로 유명한 인사도 아니었지만, 다른 사람들보다 더 배려심 깊고 따뜻하며 관대한 모습을 보입니다. 행복한 삶은 자기 **내면의 평온함**과 **타인에 대한 따듯한 배려**에서 만들어집니다.

주인공은 말기 암이라는 진단을 받은 뒤에도 타인들의 고민을 들어 주고 배려합니다. 오히려 삶이 얼마 남지 않았기 때문에 더욱 다른 사람과의 만남과 교류를 소중히 여깁니다. 이 영화에서 주인공은 매우 끔찍한 사건을 계기로 자신을 변화시킵니다. 그러나 우리는 그러한 경험을 하지 않고도 자신을 변화시킬 수 있습니다. 나에게 진짜 행복은 어디에서 오는지 한번 생각해 보시기 바랍니다.

3장. 자연환경과 인간

1. 자연환경이 인간 생활에 미치는 영향

자연환경과 인간의 생활 양식

여러분은 혹시 영화 「북극의 눈물」이나 「비포 투모로우(Before Tomo-rrow)」 같은 작품에서 북극권 지역의 모습을 본 적이 있나요? 이 작품들은 이누이트족이 영하 40℃가 넘는 극한의 추위 속에서도 독특한 의복과 주거 형태를 통해 수천 년간 생존해 왔음을 생생히 보여 줍니다. 특히 눈길을 끄는 것은 그들이 입고 있는 옷입니다. 그들은 동물 가죽과 모피로 만든 두꺼운 의복을 겹겹이 입고, 모피로 된 망토와 모자를 써서 추위를 견뎌 냅니다.

우리가 추운 겨울에 즐겨 입는 '파카(parka)'라는 말이 어디서 왔는지 아시나요? 이 단어는 러시아의 네네츠어로 '동물의 가죽'을 뜻하는 말에서 유래했습니다. 18세기 이후 영어에 유입되면서 큰 후드가 달린 방한용 외투를 가리키게 되었습니다. 두꺼운 모피 후드는 영하의 온도와 매서운 눈보라로부터 얼굴을 보호하는 중요한 역할을 했습니다.

모자가 달린 바람막이 재킷 중 하나인 '아노락(Anorak)'이라는 이름 역시 이누이트어 '아노라크(ánorâq)'에서 온 것입니다. 아노락은 일반 재킷과 달리 전면이 완전히 개방되지 않고 가슴 부위까지만 열고 달

전통 의상을 입고 있는 이누이트족.

는 독특한 구조가 특징입니다. 또한 앞부분에 커다란 주머니가 달려 있어 '캥거루 재킷'이라는 별명도 있습니다. 이 디자인은 북극의 혹독한 바람과 눈이 옷 안으로 들어오는 것을 최소화하고, 체온 손실을 막는 데 최적화되어 있습니다.

이누이트족은 캐나다 북부, 알래스카, 그린란드 등 북극 지방에 살면서 순록과 바다표범을 사냥하며 살아갑니다. 이들이 만든 독특한 방한복은 단순한 옷 이상의 의미를 가집니다. 동물의 가죽과 털로 만든 이 옷들은 북극의 혹독한 추위와 바람을 효과적으로 막아 주는데, 특히 털 사이사이에 생기는 공기층이 열을 가둬 몸을 따뜻하게 해 주는 과학적 원리를 담고 있습니다.

우리가 일상에서 당연하게 사용하는 많은 물건들이 사실은 특정 자연환경에 적응하기 위한 인류의 지혜가 담긴 결과물입니다. 우리

주변을 둘러싼 자연환경은 우리가 인식하지 못하는 사이에도 우리 삶의 방식을 형성해 왔습니다. 인류의 역사는 자연환경에 적응하고, 때로는 자연환경을 변화시키며 살아온 이야기라고 할 수 있습니다.

인류 역사를 돌아보면, 자연환경은 인간의 생활 방식을 결정하는 가장 강력한 요소였습니다. 기후는 우리가 입는 옷의 재질과 형태를 결정했고, 지형은 주거 양식과 교통수단을 만들어 냈으며, 토양과 강수량은 농업과 식문화를 형성했습니다.

현대에 들어 과학 기술이 발달하면서 자연환경의 제약은 상당 부분 완화되었습니다. 하지만 여전히 자연환경과 인간 생활의 관계는 계속되고 있으며, 오히려 새로운 방식으로 진화하고 있습니다. 기후 변화라는 새로운 도전 앞에서 우리는 다시 한번 자연환경과 인간의 관계를 진지하게 고민해야 할 시점에 서 있습니다. 여기에서는 기후와 지형을 중심으로 자연환경이 인간의 생활 양식에 어떤 영향을 미쳤는지 살펴봅시다.

기후는 어떻게 인간의 삶을 다르게 만들었을까?

기후와 생활 양식

지구상의 기후는 태양 에너지의 불균등한 분포에서 시작됩니다. 적도 지방은 태양 광선이 수직으로 내리쬐어 강한 일사량을 받는 반면, 극지방으로 갈수록 태양 광선이 비스듬히 들어와 단위 면적당 받는 에

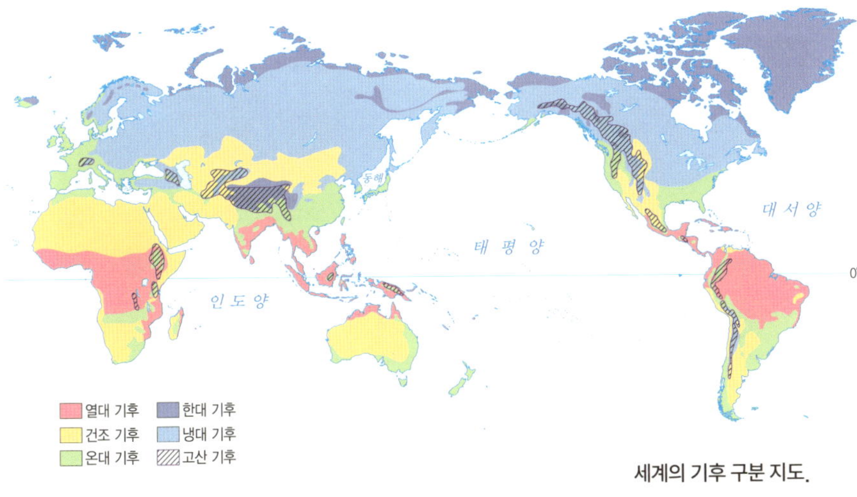

세계의 기후 구분 지도.

너지량이 급격히 줄어듭니다. 이러한 위도별 에너지 차이가 지구 기후 시스템의 근본 동력이 되어, 대기 순환과 해양 순환을 만들어 냅니다.

기후를 결정하는 주요 요인들(기후 인자)을 살펴보면, **위도가** 가장 기본적인 요소로, 저위도에서 고위도로 가면서 열대, 건조, 온대, 냉대, 한대 기후가 나타납니다. 하지만 같은 위도라도 **해발 고도**에 따라 기온이 달라지고(고도 100m 상승 시 약 0.6℃ 하강), **해양과 대륙의 분포**에 따라 기온의 연교차와 강수 패턴이 크게 달라집니다. 또한 **지형**의 영향으로 산맥의 바람받이 사면과 바람 그늘 사면의 강수량이 크게 차이가 나기도 합니다.

열대 기후(A)

적도 부근의 열대 기후 지역에서는 자연 통풍을 극대화하는 것이 주거 환경 형성의 핵심 조건입니다. 브라질의 아마존, 인도네시아, 말레

태국의 전통 가옥.

이시아 등지의 사람들은 연중 높은 기온과 습도에 적응하기 위해 독특한 생활 양식을 발달시켰습니다. 말레이시아의 바틱이나 인도네시아의 케바야 같은 전통 의상은 모두 밝은 색상으로 햇빛을 반사하고, 면이나 마 같은 천연 섬유로 만들어져 통풍이 잘됩니다.

태국의 전통 가옥은 높은 기둥 위에 지어져 홍수 시 피해를 줄이고, 바닥 아래로 바람이 통하게 하여 자연 냉방 효과를 만듭니다. 큰 처마와 베란다는 강한 햇빛을 차단하고 비도 막아 줍니다. 식생활에서는 쌀, 카사바, 바나나 등을 주식으로 하고, 망고, 파파야, 파인애플 같은 신선한 열대 과일을 많이 섭취합니다. 특히 향신료를 활용한 요리와 발효 식품이 발달했는데, 이는 높은 온도와 습도에서 음식이 쉽게 상하는 것을 방지하고 오래 보관하기 위함입니다.

건조 기후(B)

건조 기후 지역은 연강수량이 500mm에 못 미치는 지역으로, 증발량이 강수량보다 많아 항상 물 부족에 시달립니다. 이 지역의 가장 큰 특징은 극심한 일교차입니다. 낮에는 구름이 없어 기온이 40℃ 이상까지 오르지만, 밤에는 대기 중 수분이 적어 열이 우주로 빠져나가면서 10℃ 이하로 떨어지기도 합니다. 건조 기후는 강수량에 따라 사막 기후(연강수량 250mm 미만)와 스텝 기후(연강수량 250~500mm, 우기에 짧은 풀이 자라는 초원 형성)로 나뉩니다.

사막 기후(BW) 지역의 주민들은 극한 환경에 맞는 독특한 생활 양식을 발달시켰습니다. 의복은 온몸을 감싸는 헐렁한 옷을 입는데, 이는 강렬한 햇빛과 모래바람으로부터 피부를 보호하면서도 몸과 옷

모로코의 아이트 벤 하두의 크사르. 사라하 사막 인근의 전통 건축 양식을 잘 보여 주는 역사 유산으로 유네스코 세계유산으로 등재되었다.

사이의 공기층이 자연스럽게 통풍 역할을 하도록 설계된 것입니다. 주거는 두꺼운 진흙 벽과 작은 창문, 평평한 지붕을 가진 흙집이 특징입니다. 두꺼운 벽은 낮의 뜨거운 열을 흡수했다가 밤에 천천히 방출하여 실내 온도를 일정하게 유지하고, 건물들을 촘촘히 붙여 지어 그늘을 최대한 확보합니다. 농업은 지하수가 솟아나는 오아시스를 중심으로 한 소규모 농업이나 강물을 끌어와 사용하는 관개 농업이 발달했으며, 주로 가뭄에 강한 밀이나 대추야자를 재배합니다.

반면 스텝 기후(BS) 지역에서는 유목업이 주된 생업입니다. 계절에 따라 목초지를 찾아 이동하며 양, 염소, 말, 낙타 등을 기르는 유목민들은 게르나 유르트 같은 이동식 가옥에서 생활합니다. 이러한 천막은 해체와 조립이 쉬우면서도 추위와 바람을 막아 주는 기능적인 구조로 되어 있어, 유목 생활에 최적화된 주거 형태라 할 수 있습니다.

온대 기후(C)

온대 기후는 중위도 지역에 분포하며, 최한월 평균 기온이 -3°C에서 18°C 사이로 사계절의 변화가 뚜렷한 것이 특징입니다. 이러한 기후 조건은 농업에 매우 유리하여 세계 주요 농업 지대가 형성되었습니다. 온대 기후는 지역에 따라 세 가지로 나뉩니다. 서안 해양성 기후는 바다의 영향으로 기온의 연교차가 작고 연중 고른 강수를 보이며, 지중해성 기후는 여름철 고온 건조와 겨울철 온난 습윤이 특징입니다. 온대 계절풍 기후는 몬순의 영향으로 여름철에는 고온 다습, 겨울철에는 한랭 건조한 패턴을 보입니다.

지중해성 기후인 그리스의 산토리니.

각 기후 유형별로 독특한 생활 양식이 발달했습니다. 지중해성 기후 지역에서는 강한 여름 햇빛을 반사하는 흰색 벽과 두꺼운 벽, 작은 창문을 가진 주택이 특징적입니다. 농업 면에서는 서안 해양성 기후 지역에서 혼합 농업(농작물 재배와 가축 사육을 함께 하는 방식)이 발달했고, 지중해성 기후 지역에서는 건조한 여름 날씨에 견디는 올리브, 포도, 오렌지 등의 수목 농업이 번성했습니다. 온대 계절풍 기후 지역인 우리나라를 비롯한 동아시아에서는 여름철의 풍부한 강수를 이용한 벼농사가 주요 농업 형태로 자리 잡았습니다.

냉대 기후(D)

냉대 기후는 북반구의 고위도 지역에 분포하며, 최한월 평균 기온이

-3°C 미만, 최난월 평균 기온이 10°C 이상인 지역입니다. 이 지역의 가장 큰 특징은 겨울이 길고 매우 춥다는 점입니다. 겨울이 6개월 이상 지속되고 기온의 연교차가 40°C 이상으로 매우 크기 때문에, 주민들의 생활 양식은 철저히 추위에 대비한 방향으로 발달했습니다. 러시아의 시베리아, 캐나다의 북부, 미국의 알래스카 등이 대표적인 냉대 기후 지역입니다.

이 지역 주민들은 추위를 막는 폐쇄적 가옥 구조를 발달시켰습니다. 러시아의 이즈바와 같은 전통 통나무집은 두꺼운 목재로 벽을 만들고 창문을 작게 내어 열 손실을 최소화합니다. 농업은 짧은 여름과 서늘한 기후에도 잘 자라는 보리, 밀, 귀리, 호밀 등 내한성 곡물을 재배합니다. 특히 이 지역에는 세계 최대 규모의 타이가(침엽수림)가 펼쳐져 있어 임업이 크게 발달했습니다. 소나무, 가문비나무 등 침엽수는 가공이 쉬워 펄프 공업과 목재 산업의 중요한 원료가 되며, 러시아와 캐나다는 이를 바탕으로 세계 최대의 목재 수출국이 되었습니다.

한대 기후(E)

한대 기후는 지구상에서 인간이 살기에 가장 혹독한 환경으로, 최난월 평균 기온이 10°C도 되지 않아 나무가 자라기 어렵고 농업과 인간 거주에 매우 불리합니다. 이 기후는 툰드라 기후와 빙설 기후로 나뉩니다. 툰드라 기후(ET)는 최난월 평균 기온이 0~10°C로 2~3개월의 짧은 여름 동안만 땅이 녹아 이끼와 풀이 자라며, 빙설 기후(EF)는 최난월 평균 기온마저 0°C 미만으로 일 년 내내 얼음과 눈으로 덮여 있습니

그린란드의 고상 가옥. 그린란드는 한대 기후 지역으로, 여름철 영구 동토층 상부가 녹으면서
발생하는 지반 불안정을 방지하기 위해 영구 동토층 깊숙이 기둥을 박은 고상 가옥을 사용한다.

다. 그린란드, 남극 대륙, 시베리아 북부가 대표적인 한대 기후 지역입니다.

이 극한 환경에서 살아가는 주민들은 순록 유목과 수렵, 채집으로 생계를 유지합니다. 의복은 바다표범이나 순록의 털가죽으로 만든 두꺼운 옷을 여러 겹 입어 체온을 보존합니다. 주거는 상황에 따라 다양한데, 영구 거주지는 추위에 대비한 폐쇄적 구조로 짓고, 유목을 위해서는 해체와 조립이 쉬운 이동식 가옥을 사용합니다. 특히 지면으로부터 일정한 간격을 주고 지은 고상 가옥은 여름철 토양이 녹으면서 생기는 지반 불안정을 대비하는 지혜로운 건축 방식입니다. 하지만 최근 기후 변화와 석유, 천연가스 등의 자원 개발로 인해 이 지역의 거주 환경이 급격히 변화하고 있으며, 수천 년간 이어 온 원주민의 전통 문화도 큰 변화를 겪고 있습니다.

전통 의상을 입은 페루의 케추아족과 알파카.

고산 기후(H)

적도 부근의 저위도 열대 고산 지대는 지형이 기후를 극적으로 바꾼 대표적 사례입니다. 해발 2,000m 이상의 고산 지대는 위도상으로는 열대에 속하지만, 고도 100m 상승 시 약 0.6℃씩 기온이 하강하는 원리(환경기온감률)에 따라 연중 온화한 기후를 유지합니다. 일 년 내내 월평균 기온이 15℃ 내외로 항상 봄과 같은 날씨가 이어져 일찍부터 인간이 거주하기에 유리했습니다. 페루의 쿠스코(해발 약 3,400m)에서 발달한 잉카 문명, 볼리비아의 라파스(해발 약 3,600m), 멕시코의 멕시코시티(해발 약 2,240m) 등이 모두 이러한 열대 고산 지대에 위치합니다. 이들 도시는 온화한 기후, 풍부한 수자원, 외침으로부터의 자연 방어막 등의 장점을 갖추어 고대부터 큰 문명의 중심지가 되었고, 현재도 각국의 주요 도시로 번영하고 있습니다.

페루 안데스산맥 고산 지대(해발 3,000m 이상)에 거주하는 케추아족 여성들이 입는 다채로운 색상의 전통 의복은 강한 자외선과 일교차가 큰 고산 기후에 적응한 의복입니다. 특히 두꺼운 직물로 만든 망토와 모직 스커트는 고산 지대의 추위를 막아 주고, 넓은 챙의 모자는 강한 햇빛을 차단합니다. 알파카는 이 지역의 대표적인 가축으로, 고도 3,500m 이상의 높은 곳에서도 잘 자라며 케추아족에게 털(의복 재료), 고기(식량), 운반 수단을 제공하는 중요한 생활 자원입니다. 또한 계단식 농지는 가파른 산비탈을 농지로 개간한 안데스산맥 특유의 농업 방식을 보여 줍니다.

쾨펜의 기후 구분

독일의 지리학자이자 기상학자, 식물학자인 블라디미르 쾨펜(Köppen, W., 1846~1940)이 1884년에 개발한 기후 분류 체계입니다. 기온과 강수량을 기준으로 세계 기후를 체계적으로 분류하여, 현재까지도 가장 널리 사용되는 기후 구분법입니다.

분류 기준과 특징

쾨펜은 식생(식물의 집단) 분포가 기후를 가장 잘 반영한다고 보고, 나무가 자랄 수 있는지 여부를 1차 기준으로 삼았습니다.

- 수목 기후:　　나무가 자랄 수 있는 기후 (A, C, D)
- 무수목 기후:　나무가 자라기 어려운 기후 (B, E)

기호 체계는 각 기후를 다음과 같이 2~3차로 세분하였는데, 2~3개의 알파벳 조합으로 표현됩니다. f(연중 습윤), w(동계 건조), s(하계 건조), m(몬순 혹은 계절풍 기후)으로 구분하고, 최난월 평균 기온이 22℃ 이상이면 a(무더운 여름), 최난월 평균 기온이 22°C 미만이지만, 월평균 기온 10°C 이상인 달이 4개월 이상이면 b(서늘한 여름) 등과 같이 구분하였습니다.

- 1차 기호:　　대분류 (A, B, C, D, E)
- 2차 기호:　　강수 패턴 (f, w, s 등)
- 3차 기호:　　기온 세부 특성 (a, b, c 등)

예를 들어, 'Cfb'는 온대에 속하고, 연중 습윤하며, 서늘한 여름이 특징인 서안 해양성 기후를 의미합니다. 반면 무수목 기후인 E형과 B형의 기후는 ET·EF·BS·BW로 세분됩니다. 이때의 2차 기호는 강수의 계절적 패턴을 나타내는 기호가 아니라, 기후 유형 자체를 구분하는 기호입니다. 이 기호들은 모두 독일어 명사의 첫 글자에서 온 것으로, T는 Tundra(툰드라), F는 Frost(서리·빙설), S는 Steppe(스텝), W는 Wüste(사막)를 의미합니다.

	1차 기후 구분		2, 3차 기후 구분
수목 기후	열대 기후 (A)	최한월 평균 기온 18°C 이상	• 열대 우림 기후(Af) • 사바나 기후(Aw) • 열대 몬순 기후(Am)
	온대 기후 (C)	최한월 평균 기온 - 3°C~ 18°C	• 서안 해양성 기후(Cfb) • 지중해성 기후(Cs) • 온난 습윤 기후(Cfa) • 온대 겨울 건조 기후(Cw)
	냉대 기후 (D)	최한월 평균 기온 - 3°C 미만, 최난월 평균 기온 10°C 이상	• 냉대 습윤 기후(Df) • 냉대 겨울 건조 기후(Dw)
무수목 기후	한대 기후 (E)	최난월 평균 기온 10°C 미만	• 툰드라 기후(ET) • 빙설 기후(EF)
	건조 기후 (B)	연강수량 500mm 미만	• 스텝 기후(BS) • 사막 기후(BW)

기후 그래프로 읽는 세계의 기후와 생활 양식

기후 그래프란?

기후 그래프는 특정 지역의 월별 기온과 강수량을 하나의 그래프로 나타 낸 것입니다. 가로축은 1월부터 12월까지의 월별 시간, 세로축은 기온(꺾 은선 그래프)과 강수량(막대그래프)을 동시에 보여 줍니다. 이를 통해 한 눈에 그 지역의 기후 특성을 파악할 수 있습니다.

기후 그래프 읽는 법

1. 꺾은선 그래프는 연중 기온 변화를 나타냅니다.
 • 꺾은선 그래프가 높을수록 더운 기후, 낮을수록 추운 기후
 • 꺾은선의 기복이 클수록 계절 변화가 뚜렷함
2. 막대그래프는 월별 강수량을 보여 줍니다.
 • 막대의 높이가 클수록 비가 많이 내리는 달
 • 막대의 높낮이로 우기와 건기를 구분
3. 패턴 분석: 기온과 강수량의 조합으로 기후 특성을 파악합니다.
 • 연중 고온 + 많은 강수량 = 열대 우림 기후(Af)
 • 여름 고온 건조 + 겨울 온난 습윤 = 지중해성 기후(Cs)
4. 꺾은선 그래프로 북반구와 남반구 구분하기
 • 북반구와 남반구는 태양을 중심으로 지구가 공전하면서 생기는 계절이 정반대로 나타남.
 • 최고 기온 시기를 확인하여 여름 구분. 북반구: 7~8월에 기온이 최고점 (여름), 남반구: 1~2월에 기온이 최고점(여름)
 • 적도 부근 열대 지역은 계절 변화가 거의 없어 이 방법으로 구분하기 어 려우며, 이 경우 지리적 위치를 직접 확인해야 함.
5. 고산 기후 구분 방법
 • 고산 기후는 해발 고도에 의해 결정되지만, 기후 그래프는 위도의 영향

을 더 강하게 반영함. 즉, 같은 고산 지대라도 열대(적도 부근)와 온대, 한대 지역의 그래프는 완전히 다르게 나타남.

- 고산 기후는 기후 그래프만으로는 정확한 판단이 어려우므로, 해발 고도, 지형 정보, 위치 정보를 종합적으로 고려해야 정확히 구분할 수 있음.

기후별 생활 양식 탐구하기 (예시)

인도네시아 자카르타와 나시고랭

1) 기후 그래프로 읽는 기후 특성

- 연중 고온: 최한월 평균 기온이 18℃ 이상이므로 열대 기후(A)
- 풍부한 강수량: 연강수량 2,000mm 이상, 계절풍의 영향으로 11~4월에 강수가 집중되는 우기와 7~9월에는 짧은 건기가 나타나므로 몬순 기후(m).

2) 음식 문화에 미친 영향

- 자카르타는 남위 6도 정도에 위치하며, 전형적인 열대 몬순 기후를 보임. 이는 나시고랭 같은 향신료를 많이 사용하는 음식 문화가 발달하는 배경이 되었음.

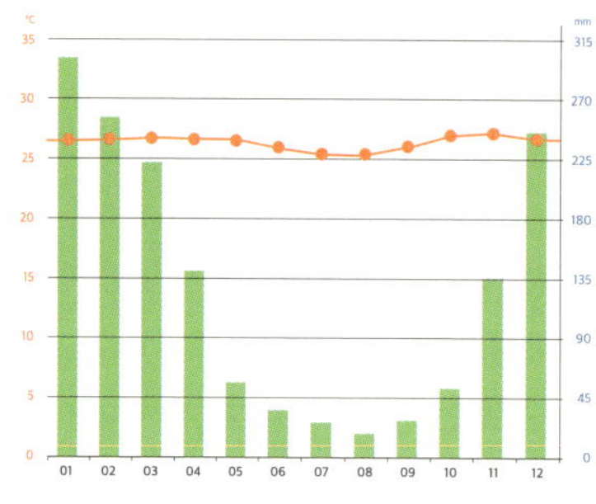

이집트 카이로의 전통 가옥 흙집과 대추야자

1) 기후 그래프로 읽는 기후 특성

- 최한월 평균 기온이 14°C(최한월 평균 기온이 –3~18°C이므로 온대 기후로 생각할 수 있으나 연강수량이 약 25mm로 매우 적음).
- 연강수량 250mm 미만이므로 사막 기후(BW)

2) 주거 문화에 미친 영향

- 카이로는 북위 30도에 위치하며, 사막 기후를 나타냄. 극도로 건조하고 일교차가 큰 사막 기후에 대한 수천 년간의 적응 결과로 두꺼운 벽, 작은 창문, 평평한 지붕을 가진 흙집의 주거 문화를 가지게 됨.

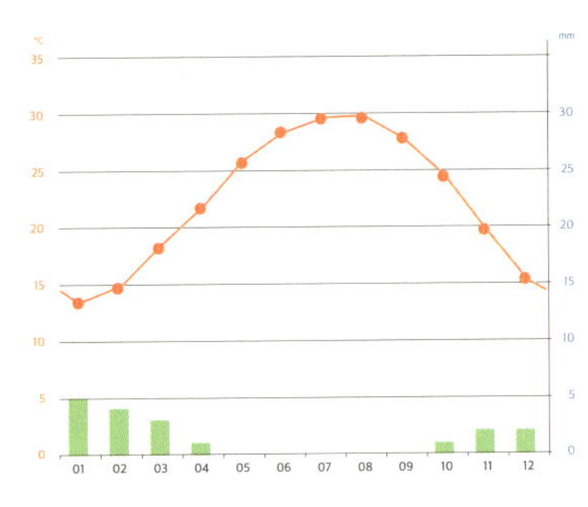

TIP!

최난월

일 년 중 월평균 기온이 가장 높은 달을 말합니다.

최한월

일 년 중 월평균 기온이 가장 낮은 달을 말합니다.

영구 동토층

월평균 기온이 영하인 달이 6개월 이상으로 땅속이 1년 내내 언 상태로 있는 지대를 말합니다.

지형은 어떻게 인간의 삶을 다르게 만들었을까?

지형은 기후와 함께 인간의 생활 양식을 결정하는 핵심 요소입니다. 지구 표면의 높낮이와 기울기, 그리고 육지와 바다의 분포는 인간이 정착하고 살아가는 방식에 큰 영향을 끼쳤습니다. 평야 지역은 평탄한 지형과 비옥한 토양으로 농업과 교통에 유리하여 일찍부터 큰 도시와 문명이 발달했습니다. 산지 지역은 험준한 지형으로 거주에는 불리하지만, 수직적 공간을 활용한 목축업과 계단식 농업, 그리고 풍부한 삼림 자원을 바탕으로 한 임업이 발달했습니다. 해안 지역은 육지와 바다가 만나는 곳으로 어업과 해상 교통의 거점이 되었으며, 교역의 중심지로 성장했습니다.

평야 지역

평야 지역은 인류 문명의 요람이 되어 왔습니다. 이는 하천 주변에 형성된 비옥한 충적 평야가 농업에 최적의 조건을 제공하기 때문입니다. 강물이 상류에서 운반해 온 미세한 토양 입자들이 쌓여 만들어진 충적토는 양분이 풍부하고 물 공급도 원활하여 농작물 재배에 매우 유리합니다. 평탄한 지형은 대규모 농업과 교통로 건설을 가능하게 하여 일찍부터 도시와 산업이 발달했습니다.

아시아의 벼농사 지대가 대표적인 사례입니다. 중국의 양쯔강 유역, 우리나라의 호남평야, 베트남의 메콩강 삼각주 등은 모두 하천 충적 평야에서 발달한 집약적 농업 지역입니다. 이들 지역은 물을 가둬 두는 논농사라는 독특한 농법을 발달시켜 같은 면적에서 밭농사보다 2~3

배 많은 인구를 부양할 수 있게 되었습니다. 이는 아시아 지역이 세계에서 가장 높은 인구밀도를 갖게 된 배경이기도 합니다.

해안 지역

해안 지역은 육지와 바다가 만나는 독특한 환경으로, 다양한 생업과 문화가 발달했습니다. 전통적으로 어업과 양식업이 주요 산업이었지만, 현대에는 해상 교통의 거점 역할이 더욱 중요해졌습니다. 싱가포르, 부산, 로테르담 같은 국제 항구들은 해상 무역의 중심지로 성장하여 항구를 중심으로 한 대규모 산업단지가 조성되었습니다.

수심이 얕고 조차가 큰 지역에서는 갯벌이라는 독특한 지형이 나타납니다. 캐나다 펀디만의 갯벌은 조차가 약 16m에 달해 세계에서

네덜란드 로테르담의 항구와 산업단지의 모습.

가장 큰 조수 간만의 차이를 보입니다. 우리나라 서해안의 갯벌은 염전과 양식장으로 활용되어 천일염 생산과 김, 굴 양식업이 발달했습니다. 갯벌은 단순한 경제적 가치를 넘어 철새들의 중간 기착지 역할을 하며 생태계 보전에도 중요한 의미를 갖습니다.

산지 지역

산지는 경사가 급하고 해발 고도가 높아 평야나 해안에 비해 인간 거주에는 불리한 조건을 갖고 있습니다. 하지만 인간은 이러한 제약을 창의적으로 극복하며 산지만의 독특한 생활 양식을 발달시켰습니다.

베트남의 계단식 논의 모습.

감자와 옥수수 같은 고랭지 작물 재배, 풍부한 삼림 자원을 활용한 임업, 그리고 초지를 이용한 목축업이 대표적입니다.

베트남 북부의 사파나 중국 광시성의 계단식 논은 가파른 산비탈을 수십 개의 계단으로 만들어 농지로 활용한 사례입니다. 스위스 알프스의 수직적 목축 이동도 흥미로운 적응 방식입니다. 여름에는 높은 고산 초원에서, 겨울에는 낮은 계곡에서 가축을 기르는 이목(移牧) 방식으로 계절에 따른 목초지 변화를 효율적으로 활용합니다.

지금도 자연환경은 여전히 인간 생활에 영향을 미칠까?

수천 년 동안 자연환경은 인간의 생활 양식을 결정하는 절대적 요인이었습니다. 하지만 과학 기술의 급속한 발달은 이러한 자연환경의 제약을 크게 완화시켰습니다. 현대에는 에어컨과 난방 시설로 기후의 영향을 줄이고, 터널과 교량으로 지형의 장벽을 뚫으며, 온실과 수경 재배로 토양과 기후의 한계를 극복하고 있습니다. 그 결과 지역 간 생활 양식의 차이가 과거보다 현저히 줄어들고 있습니다. 세계 어느 도시를 가더라도 비슷한 고층 건물과 쇼핑몰, 그리고 유사한 생활 패턴을 발견할 수 있는 것은 바로 이러한 변화의 결과입니다. 하지만 완전히 자연환경의 영향에서 벗어난 것은 아닙니다. 현대 기술이 발달했음에도 불구하고, 여전히 각 지역의 자연환경은 도시 설계와 생활 방식에 미묘하지만 중요한 영향을 미치고 있습니다.

건물과 건물을 잇는 다리

과학 기술의 발달로 인간은 기후의 제약에서 상당 부분 자유로워졌지만, 도시 경관 곳곳에는 여전히 기후 적응의 흔적이 남아 있습니다. 말레이시아 쿠알라룸푸르의 페트로나스 트윈 타워 주변이나 싱가포르 오차드 로드의 현대적인 상업 지구를 걸어 보면 이를 쉽게 확인할 수 있습니다. 최신 기술로 지어진 대형 쇼핑몰과 오피스 빌딩 들이 스카이브릿지나 연결 통로로 이어져 있는 것을 볼 수 있습니다. 이는 열대 기후의 특성인 갑작스러운 소나기(수콜)와 강한 햇빛에 대비한 설계입니다.

쿠알라룸푸르 컨벤션 센터(KLCC)에서 파빌리온 쇼핑몰 사이의 1km가 넘는 에어컨이 설치된 보행자 연결 통로, 싱가포르 시티홀에

말레이시아 쿠알라룸푸르의 컨벤션 센터 스카이브릿지 모습.

서 마리나 베이 샌즈까지 이어지는 2km가량의 지하 보도와 연결 통로의 네트워크는 단순한 편의 시설이 아니라 열대 기후에 대한 현대적 적응 방식입니다. 에어컨이 완비된 현대 건물 안에서도 자연 기후의 영향을 완전히 차단할 수는 없기 때문에, 도시 설계에서 기후를 고려하는 것은 여전히 필수 요소입니다.

대중교통이 된 케이블카

볼리비아의 라파스는 해발 약 3,600m의 고산 지대에 위치한 고산 도시입니다. 세계에서 가장 높은 곳에 위치한 행정 수도로 '구름의 도시'라는 별명을 가지고 있습니다. 도시는 절구 모양의 독특한 지형 속에 자리 잡고 있는데, 도시의 중심지(해발 3,600m)에는 고소득층이, 위

볼리비아 라파스의 대중교통 수단인 케이블카.

성도시 엘 알토(해발 4,150m)에는 저소득층이 거주하는 수직적 사회 구조를 이루고 있습니다.

좁은 골목과 무분별한 개발로 인한 극심한 교통 체증, 도심과 외곽 지역 간 약 700m의 고도 차이 등 교통 문제를 해결하기 위해 라파스는 혁신적인 해결책을 찾았습니다. 바로 '미 텔레페리코' 케이블카 시스템입니다. 현재 총 10개 노선이 운영되는 이 케이블카는 단순한 교통수단을 넘어 사회 계층 간 이동성을 높이는 도시 혁신의 상징이 되었습니다. 이 시스템은 험준한 산악 지형을 극복하고 도시 전체를 연결하는 지형 적응형 대중교통의 모범 사례로 평가받고 있으며, 현재 콜롬비아 메데인, 멕시코의 멕시코시티 등 다른 라틴 아메리카 산악 도시들로 확산되고 있습니다.

안전하고 쾌적한 환경에서 살아갈 시민의 권리

2025년 여름, 강릉에서 마주한 '물의 위기'

2025년 8월 30일, 강원도 강릉시에 우리나라 역사상 처음으로 가뭄으로 인한 '재난 사태'가 선포되었습니다. 자연 재난으로 재난 사태가 선포된 것은 이번이 사상 최초였습니다. 강릉 지역 식수원의 87%를 책임지는 오봉저수지의 저수율은 역대 최저치인 11.5%까지 떨어졌습니다. 바짝 메마른 바닥을 훤히 드러낸 저수지, 15% 선 붕괴와 동시에 수도 계량기를 75% 잠그는 제한 급수가 예고된 '최악의 물 부족' 사태였

바싹 말라붙어 바닥을 드러내고 있는 강릉 오봉저수지.

습니다.

"냄비부터 쓰레기통까지 물을 담을 수 있는 건 모두 들고 나왔다."
"하루아침에 난민이 된 것 같다."
"생수로 아기 씻기고, 화장실은 은행으로… 언제까지 버틸 수 있을지 모르
겠다."

빨래도 마음대로 할 수 없고, 샤워도 정해진 시간에만 짧게 해
야 했습니다. 식당에서는 물잔을 채워 주는 대신 생수를 내놓았고, 세차
는 상상도 할 수 없었습니다. 일상이 무너진 것입니다.

이 상황에서 우리는 질문하게 됩니다. 우리에게는 국가에 물을

달라고 할 권리가 있을까요? 우리는 안전하고 쾌적한 환경에서 살아갈 권리를 국가에 요구할 수 있을까요?

헌법이 보장하는 시민의 기본권: 안전권과 환경권

우리 헌법은 모든 국민에게 안전하고 쾌적한 환경에서 살 권리를 보장하고 있습니다.

헌법 제34조 제6항

"국가는 재해를 예방하고 그 위험으로부터 국민을 보호하기 위하여 노력하여야 한다."

헌법 제35조 제1항

"모든 국민은 건강하고 쾌적한 환경에서 생활할 권리를 가지며, 국가와 국민은 환경 보전을 위하여 노력하여야 한다."

이 조항들은 단순한 선언이 아닙니다. 국가가 시민의 안전을 지킬 '의무'가 있고, 시민은 안전하고 쾌적한 환경에서 살 '권리'가 있다는 것을 헌법에 명시하고 있는 것입니다. 강릉 가뭄 사태는 바로 이 헌법상 권리가 위협받는 상황이었습니다. 마실 물조차 부족한 상황, 일상생활이 불가능한 상황은 "건강하고 쾌적한 환경"이 아니었습니다. 그리고 이는 국가가 개입해야 할 문제였습니다.

전국에서 소방 물탱크차 70여 대와 급배수 지원차가 강릉으로 집결했습니다. 전국 각지에서 무상으로 1,000만 병 규모의 생수가 지원

되었고, 강릉시는 2차례에 걸쳐 전 시민에게 생수를 배부했습니다.

다행히 9월 중순 많은 비가 내리면서 9월 22일 재난 사태가 해제되었습니다. 하지만 이 사건은 우리에게 중요한 질문을 남겼습니다. 왜 이런 일이 일어났을까요? 우리는 이러한 재난으로부터 안전을 지키기 위해 무엇을 해야 할까요?

기후 위기와 가뭄

2025년 1월부터 8월까지 강릉에는 404.2mm의 비가 내렸습니다. 최근 6개월 강수량은 387.7mm로 평년 855mm의 절반도 안 되는 45.3%에 그쳤습니다. 강릉의 가뭄은 지난겨울부터 시작되었습니다. 2025년 2월 한 달간 영동 지역 평균 강수일수는 1.3일로 2024년 2월의 10분의 1 수준이었습니다. 겨울부터 이어진 가뭄은 폭염이 더해지며 '돌발 가뭄' 현상으로 이어졌습니다. 강릉 지역은 6월 19일 열대야가 처음 관측된 이후 9월 2일까지 92일 중 43일간 열대야가 발생할 정도로 무더웠습니다.

강릉 가뭄은 단순한 자연 현상이 아닙니다. 이는 우리가 직면한 기후 위기의 현실입니다. 기상청과 환경부가 발간한 《한국 기후 위기 평가보고서 2025》에 따르면, 여름철 '폭염형 급성 가뭄'이 뚜렷하게 증가하고 있으며, 금세기 후반에는 폭염일이 현재보다 최대 9배까지 늘어날 것으로 전망되었습니다. 이러한 기후 변화는 가뭄뿐만 아니라 다양한 자연재해의 빈도와 강도를 증가시키고 있습니다.

인간을 위협하는 자연재해

자연재해는 자연이 인간의 안전을 위협하고 피해를 주는 현상입니다. 기후 변화로 극단적 기상 현상과 이변이 증가하면서 자연재해 또한 자주 발생하고 규모도 점점 커지고 있습니다.

기후적 요인에 따른 자연재해

가뭄은 평균보다 적은 강수로 건조한 날이 계속되는 현상으로, 장기간 지속되면 대형 산불로 이어집니다. 2025년 1월 미국 로스앤젤레스에서는 2024년 가을부터 이어진 기록적인 가뭄과 최고 시속 160km의 강한 바람으로 대형 산불이 발생했습니다. 이 재해로 최소 16명이 사망하고 1만 2,000채 이상의 건물이 파괴되었으며, 경제적 손실은 약 220조 원에 달해 미국 역사상 최악의 산불 중 하나로 기록되었습니다. 전문가들은 기후 변화로 인한 가뭄과 고온이 산불의 강도를 더욱 심화시켰다고 분석했습니다.

폭염은 비정상적인 고온 현상이 계속되는 것으로, 온열 질환 발생과 가축·어패류의 집단 폐사 등 심각한 피해를 일으킵니다. 2025년 6월 유럽에서는 포르투갈이 46.6℃, 스페인이 46℃, 그리스가 43.2℃를 기록하며 역대 최고 기온을 경신했습니다. 우리나라도 2024년 여름 전국 평균 기온이 25.6℃로 역대 최고를 기록했고, 2025년 6월에는 22.9℃로 관측 이래 가장 높은 6월 기온을 보였습니다. 전문가들은 기후 변화로 인해 고기압이 뜨거운 공기를 지면에 가두는 '열돔 현상'이 더욱 빈번하고 강력해지고 있다고 경고했습니다.

홍수는 주거지와 농경지가 물에 잠기면서 인명 및 재산 피해를 발생시키는 재해입니다. 2024년 10월 스페인 발렌시아 지역에서는 8시간 동안 1년치 강수량에 해당하는 400mm의 비가 내려 217명 이상이 사망했습니다. 특히 2022~2023년 가뭄으로 건조했던 땅이 갑작스러운 폭우를 흡수하지 못하면서 피해가 더욱 커졌다고 밝혔습니다.

열대 저기압은 적도 주변에서 발생하여 온대 지방으로 이동하며 강풍과 많은 강수를 동반하는 강력한 기상 현상입니다. 지역에 따라 태풍(아시아), 허리케인(북미), 사이클론(인도양)으로 불리며, 강한 바람과 폭우로 인한 피해가 광범위하게 나타납니다.

지형적 요인에 따른 자연재해

지진은 지구 내부의 급격한 지각 변동으로 땅이 흔들리는 현상으로, 강한 지진은 건물과 도로를 붕괴시키며 해저에서 발생할 경우 지진해일을 일으킵니다. 2024년 4월 3일에는 대만 화롄에서 규모 7.2의 지진이 발생하여 일본 오키나와에서까지 지진해일 경보가 발령되었고, 세계 최대 반도체 파운드리(위탁 생산) 기업인 TSMC의 공장들이 일시 가동을 중단하면서 세계 반도체 공급망에도 타격을 주는 등 현대 기술 산업이 자연재해에 얼마나 취약한지를 보여 주었습니다.

화산 활동은 용암, 가스 등의 물질이 지표를 뚫고 분출하는 현상입니다. 화산재는 농작물을 덮어 농업에 피해를 주고, 상공으로 퍼져 항공기 운항을 마비시키기도 합니다. 인도네시아와 일본은 환태평양 조산대, 이른바 '불의 고리'에 포함되어 지진이나 화산 활동으로 인한 피해가 빈번합니다.

재난에 대비하는 국가와 시민의 자세

강릉 가뭄 사태에서 국가는 어떻게 대응했을까요?

대통령은 강릉을 방문해 가뭄 대책 회의를 주재하고, 강원도지사의 요청에 즉각 긴급 재난 사태 선포를 지시했습니다. 행정안전부는 2025년 8월 30일 오후 7시를 기해 강릉시 일원에 재난 사태를 선포했습니다. 재난 사태 선포는 피해가 발생한 뒤에 지정되는 '특별재난지역'과 달리, 심각한 피해가 예상될 경우 사전에 이루어집니다.

이에 따라 공무원 비상소집과 장비 동원 등 중앙 정부 차원의 긴급 지원이 가능해졌습니다. 인근 정수장의 물을 군·소방 보유 물탱크 차량 등을 활용해 적극적으로 운반했습니다. 전국에서 지원된 생수를 시민들에게 배부하고, 숙박 시설과 아파트 등에 직접 급수 지원을 했습니다. 또한, 바닷물 담수화 같은 장기 대책도 논의 중입니다.

속초의 물 부족 대책

강릉 가뭄 사태는 중요한 교훈을 남겼습니다. 긴급 대응도 필요하지만, 더 중요한 것은 재난이 발생하기 전에 미리 준비하는 것입니다. 헌법 제34조 제6항이 국가에게 재해를 "예방"할 의무를 부여한 이유입니다.

흥미로운 사실이 있습니다. 강릉에서 차로 50분 거리인 속초는 같은 영동 지역임에도 물 부족을 겪지 않았습니다. 속초 역시 7년 전까지만 해도 만성적인 물 부족 도시였고, 2018년에는 수차례 제한 급수가 단행되었습니다. 그렇다면 무엇이 달랐을까요? 속초시는 지하댐 건설, 노후 상수도 교체, 암반 개발 사업 등을 적극적으로 추진했고, 그 결과 물 부족 문제를 해결할 수 있었습니다. 같은 자연환경에 있어도 얼마나 미리 준비하느냐에 따라 결과가 완전히 달라집니다.

TIP!

재난 사태 선포

「재난 및 안전관리 기본법」에 의하여, 나라에 재난이 발생하거나 발생할 우려가 있는 경우 사람의 생명·신체 및 재산에 미치는 중대한 영향이나 피해를 줄이기 위하여 긴급한 조치가 필요하다고 인정될 때 행정안전부 장관이 선포합니다.

제한 급수

가뭄이나 재난, 시설 부족 등으로 수자원이 부족할 때 일정 시간 또는 비율로 수돗물 공급을 제한하는 조치입니다.

권리를 지키기 위한 시민의 실천

헌법 제35조 제1항은 "국가와 국민은 환경 보전을 위하여 노력하여야 한다."고 명시했습니다. 국가만의 책임이 아니라는 뜻입니다. 시민에게도 환경을 지킬 의무가 있고, 위기 상황에서 함께 협력할 책임이 있습니다.

강릉 시민들은 이를 실천으로 보여 주었습니다.

- **물 절약 실천** : 시민들은 자발적으로 물 사용을 줄이고 제한 급수에 적극 협조했습니다.

- **자원봉사 참여** : 380명이 넘는 자원봉사자가 생수 배부 현장을 도왔습니다. 특히 거동이 불편한 이웃에게는 직접 생수를 배달했습니다.

- **나눔 문화 확산** : 전국에서 지원을 온 소방관들을 위해 시민들과 단체들이 빵과 음료, 편의 시설을 제공하며 감사와 격려를 전했습니다.

위기는 시민의 진정한 힘을 보여 주는 순간이기도 합니다. 강릉 시민들의 연대와 협력은 헌법이 말하는 "국민의 노력"이 무엇인지 명확히 보여 주었습니다.

알고, 준비하고, 요구하기

안전하고 쾌적한 환경에서 살 권리는 헌법이 보장하는 권리입니다. 하지만 권리는 저절로 보장되지 않습니다. 시민 스스로 알고, 준비하고, 적극적으로 요구해야 합니다.

우리 정부는 '국민 재난 안전 포털(safekorea.go.kr)'과 '안전 디딤돌' 앱을 통해 각종 재난 상황 시 행동 요령, 대피소 위치 안내, 재난 피해 신고 등의 서비스를 제공하고 있습니다.

재난이 예상되거나 발생했을 때, 시민은 다음과 같은 권리를 행사할 수 있습니다.

- **예방 단계** : 재해 위험 지역에 대한 안전 조치 요청

정부에서 운영하는 '안전 디딤돌' 앱. 재난 발생 시 또는 일상생활에서 필요한 다양한 재난 안전 정보를 제공하고 있다.

- **발생 단계** : 신속한 대응과 지원 요구

- **복구 단계** : 피해 복구와 보상 신청

- **일상 단계** : 지역 방재 훈련 참여, 정부 재난 대응 정책 모니터링

  권리는 주어지는 것이 아니라, 지키고 요구하는 것입니다. 여러분이 사는 지역의 대피소가 어디에 있는지 알고 있나요? '안전 디딤돌' 앱을 설치해서 지금 바로 확인해 보세요.

2. 자연과 인간의 관계

인간 중심주의 관점

이 세상에서 가장 소중한 인간!_인간 중심주의의 의미와 특징

자연은 우리의 삶에 필요한 많은 것들을 제공합니다. 우리는 물과 공기를 포함해서 의식주와 인류 문명 발전을 위해 사용되는 수많은 자원을 자연에서 얻습니다. 자연이 없다면 인류의 생존은 불가능합니다. 그러나 때때로 발생하는 홍수나 가뭄, 지진이나 해일과 같은 자연재해는 인간의 생존을 어렵게 합니다. 맹수나 독성이 있는 벌레나 식물은 심지어 인간의 생명을 빼앗기도 합니다. 이처럼 자연은 인간에게 필수적이면서도 때때로 우리를 위협하는 이중적인 모습을 지닌 대상처럼 보입니다.

그래서 인류는 예로부터 자연재해를 극복하고 자연에 존재하는 다양한 동식물을 이해하기 위해 수많은 노력을 기울여 왔습니다. 이러한 과정에서 인류는 과학의 발전을 이루고 자연에 대한 이성적 이해를 향상시켜 과거보다 더 많은 자연을 이용할 수 있게 되었습니다. 그 결과 이전보다 안전하고 풍요로운 인간의 삶을 경험할 수 있게 되었습니다.

그러나 이러한 방식이 항상 긍정적인 것만은 아니었습니다. 인류 역사에서 근대 이후 전개된 물신주의적 태도는 인간의 삶에서 물질적 만족을 최고의 가치로 삼거나 자연을 인간의 필요 충족을 위한 도구로 삼는 인간 중심적인 관점을 강화해 왔습니다.

인간 중심주의를 간단히 정의하면, 인간을 자연에 속한 인간 이외의 다른 모든 존재보다 우위에 두는 관점이라고 할 수 있습니다. 그래서 인간을 지구상에서 그 어떤 대상보다 가장 우월한 존재로 봅니다. 반면에 인간 이외의 자연에 속한 대상들의 가치는 인간에게 이익을 주는 정도에 따라 평가됩니다.

이러한 인간 중심주의는 몇 가지 중요한 특징이 있습니다. 첫째, 인간을 다른 자연적 존재들보다 우월적인 존재로 간주합니다. 둘째, 도구적 자연관을 바탕으로 인간 이외에 자연의 대상들을 인간의 필요나 도구적 가치에 따라 평가합니다. 셋째, 도구적 자연관에 근거하여 인간과 자연을 분리하여 이해한다는 점에서 이분법적 세계관을 보입니다.

이러한 인간 중심주의의 주요 특징들은 자연에 대한 도덕적 인식에도 그대로 반영됩니다. 인간이 자연의 다른 그 어떤 존재보다 소중하다고 생각하는 인간 중심주의자들은 인간만이 지구상에서 유일하게 도덕적 행위를 실천할 수 있는 행위 주체가 될 수 있다고 강조합니다. 이러한 관점에서 볼 때, 인간은 지구상에서 최우선의 도덕적 고려 대상이자 유일한 도덕적 주체라고 할 수 있습니다. 그래서 이들은 자연

토마스 아퀴나스(왼쪽)와 르네 데카르트(오른쪽).

에 속한 인간 이외의 다른 존재들을 인간만큼 도덕적으로 대우할 이유가 없다고 봅니다. 이러한 관점은 다른 동식물과 자연에 대한 도덕적 성찰이 다소 부족한 것처럼 보입니다. 하지만 안타깝게도 많은 사람이 이러한 관점을 과거부터 지금까지 당연한 것으로 여겨 왔습니다.

인간 중심주의적인 태도는 아리스토텔레스나 토마스 아퀴나스와 같은 서양 고대와 중세 시대의 사상가들뿐 아니라 프랜시스 베이컨(Bacon, F., 1561~1626)과 르네 데카르트(Descartes, R., 1596~1650)와 같은 근대 사상가들을 통해서도 손쉽게 확인할 수 있습니다. 이들은 인간 중심주의적인 관점에서 다음과 같은 말들을 남겼습니다.

"식물은 동물의 생존을 위해, 동물은 인간의 생존을 위해서 존재한다."

- 아리스토텔레스

"야수를 죽이는 것이 죄라고 주장하는 사람은 오류를 범하고 있다."

- 아퀴나스

"방황하고 있는 자연을 사냥해서 노예로 만들어 인간의 이익에 봉사하도록 해야 한다."

- 베이컨

"인간은 자연의 지배자이자 소유자가 될 수 있다. 인간은 정신을 지닌 존재로서 인식의 주체이지만, 자연은 정신을 지니고 있지 않으며 인식의 대상일 뿐이다."

- 데카르트

인간 중심주의자들은 자연을 이용하여 인간의 삶을 개선하는 것이 우선이라고 강조합니다. 자연의 가치를 인간의 행복과 복지에 얼마나 도움이 되었는지에 따라 평가해야 하며 인간의 자연에 대한 그 어떤 행위도 이러한 관점에 따라서 정당화될 수 있다고 봅니다.

발전은 했는데, 환경 파괴도 심각하네!_인간 중심주의의 의의와 한계

인간 중심주의는 인간을 가장 가치 있는 존재로 여기고, 자연보다 인간의 이익과 행복을 우선시하는 관점입니다. 물론 이러한 인간 중심주의적 관점은 인류의 삶을 개선하는 데 긍정적인 역할을 했습니다. 우리는 동식물을 비롯한 다양한 자연 자원을 활용하여 인류의 문명을 발전시켜 왔기 때문입니다. 인간 중심주의가 인류의 삶을 개선하고 경제적 풍요를 일구는 데 중요한 원동력이 되었던 것만은 분명합니다.

그러나 인간 중심적인 관점에서 전개된 자연 개발 경쟁은 동식물의 서식 여건을 악화하고 환경을 파괴하는 문제를 지속적으로 낳아 왔습니다. 게다가 인간 중심적인 개발과 발전의 논리는 환경 파괴의 문제를 간과하거나 외면하는 경향을 강화해 왔습니다.

산업혁명 이후 전개된 도시화와 산업화를 비롯한 자본주의적인 삶의 양식은 물질적 풍요와 경제적 이익의 극대화를 칭송했습니다. 그러나 이러한 태도에서 전개된 자연의 남용 현상은 동식물의 멸종과 생태계를 파괴하는 결과를 가져왔습니다. 예를 들어, 화석 연료의 과도한 사용과 낭비는 온실가스 배출을 증가시켰으며, 이것은 오늘날 심각한 기후 변화의 원인이 되고 있습니다. 농업 생산성 향상을 위해 사용하는 농약, 살충제, 제초제의 남용은 생태계를 오염시켰고, 각종 개발을 위한 열대 우림 등 산림 파괴는 생물 다양성 감소와 생태계 불균형을 초래했습니다. 이 밖에도 주거지 확장과 산업화의 과정에서는 산, 갯벌, 습지와 같은 생태 환경을 개발함으로써 동식물의 서식지를 없애 왔습니다. 이에 따라 오늘날 자연은 회복 불가능할 정도로 심각하게 훼손되었고, 인간의 생존마저 위협하는 수준까지 이르게 되었습니다.

이러한 문제를 심각하게 인식한 사람들은 종래의 인간 중심주의적인 관점을 고수하지 말아야 한다고 주장합니다. 이들은 인간 중심주의가 자연에 대한 무분별한 개발과 환경 파괴를 용인하고 심지어 환경 파괴를 조장하는 어리석은 관점이라는 데 인식을 함께했습니다. 이러한 반성에서 인간 중심주의를 비판하는 사람들은 인간 중심주의를 오늘날 환경 위기의 근본 원인이라고 지적합니다. 또한 **도구적 자연관**과 자연과 인간에 대한 **이분법적 사고**를 특징으로 하는 인간 중심주의적 관점은 끊임없는 자연의 남용과 훼손을 정당화하는 불합리한 태도라고 비판합니다.

만약 인간 중심주의적 관점이 자연의 착취와 생태계 파괴의 주요 원인이라고 한다면, 여러분은 인간 중심주의적 관점을 지지하겠습니까? 인간이 과거처럼 인간 중심주의적인 태도를 고수한 채 앞으로도 환경 파괴를 묵인한다면, 나날이 악화하는 환경 문제는 어떻게 될까요? 미래의 어느 시점에 인류의 생존마저 위협하는 돌이킬 수 없는 상황에 이를 것입니다.

이러한 인간 중심주의의 한계를 극복하고자 하는 시도가 나타났습니다. 그것은 큰 틀에서는 인간 중심주의를 유지하면서 인간 중심주의의 문제를 해결해 보고자 하는 인간 중심주의 내부적인 반성, 그리고 인간 중심주의를 대체함으로써 현재의 환경 문제를 극복해 보고자 하는 시도로 전개되었습니다.

이들은 인간이 지구상에서 가장 가치가 있는 도덕적 대상인 것은 인정하지만, 자연의 남용과 환경 파괴가 진정으로 인간을 위한 것이 아니라고 생각합니다. 기존의 무분별한 환경 파괴의 원인으로 지적받는 인간 중심주의적 관점을 수정해서 진정으로 인간에게 유익한 방향으로 나아가야 한다고 주장합니다. 그래서 이들은 인간 중심주의를

레이첼 카슨, 『침묵의 봄(Silent Spring)』

이 책은 인간의 무분별한 살충제(DDT) 사용에 대한 위해성을 경고하며 자연과 인간 사이의 지속가능한 관계에 대한 성찰을 촉구하여 현대 환경운동의 출발점이 되었습니다 생물학자인 카슨은 살충제로 인해 죽은 새들이 울지 못하기 때문에 봄은 왔지만 '침묵하는 자연'을 상징적으로 제시했습니다. 그녀는 이 책을 통해 인간의 무분별한 화학 물질 남용의 문제를 고발하고 이러한 생태계 파괴가 인류 생존에도 위협이 되고 있음을 경고합니다.

『침묵의 봄』(1962) 표지.

"어느 날 아침, 새의 노래 하나 들리지 않았다. 봄은 왔지만, 소리는 없었다."–1장 (책 제목의 의미)

"인간은 자연을 지배하는 존재가 아니라, 자연의 일부일 뿐이다." –2장 (인간중심주의 비판)

"우리는 통제할 수 없는 힘들을 만들어 놓고도, 그것을 통제할 수 있다고 착각한다."– 3장 (과학의 남용이 자연에 미치는 영향 경고)

"살충제는 곧 생명 파괴제다."–7장 (생태계에 미치는 영향 경고)

유지하되, 그동안 환경 파괴와 자연 남용을 용인해 왔던 '강경한 인간 중심주의'를 버리고, 인간에게 진정으로 도움이 되는 방향을 모색하는 '온건한 인간 중심주의'가 바람직한 태도라고 주장합니다.

기존의 '**강경한 인간 중심주의**'는 자연의 가치를 인간의 욕망 충족 정도에 따라 평가하는 것이었다고 할 수 있습니다. 이러한 입장은, 특히 인간의 이익을 감각적인 선호나 욕구 해소 여부의 문제로 이해하기 때문에, 생태계의 훼손을 충분히 심사숙고하지 못한 한계를 지녔습니다. 이와 달리 '**온건한 인간 중심주의**'는 인간의 욕구나 필요를 사려 깊게 검토하여 이성적으로 채택된 세계관에 따라 자연과 조화로운 관계를 맺고자 하는 태도라고 할 수 있습니다. 그래서 온건한 인간 중심주의를 강조한 존 패스모어(Passmore, J. A., 1914~2004)와 같은 학자는 '우리는 환경을 오염시키고 생태계를 파괴하는 것이 미래 세대나 현세대의 인간에게 해로운 것임을 알게 되었다.'라고 하면서, 진정한 인간 중심주의자라면 생태계 보전과 조화를 고려하는 것이 합리적임을 강조했습니다.

탈인간 중심주의 관점

인간 중심주의를 수정하는 것만으로는 안 돼!

한편, 인간 중심주의를 수정하는 것만으로는 다양한 환경 문제를 궁극적으로 해결할 수 없다는 관점도 등장했습니다. 이들은 근본적으로 환경 파괴의 주범인 인간 중심주의적 관점을 벗어나야 한다는 데 동의합니다. 이것을 '탈인간 중심주의'라고 합니다.

탈인간 중심주의는 인간 중심주의와 달리 자연과 인간의 관계에 대한 도덕적 사고를 새롭게 재정립해야 한다고 주장합니다. 이 관점에서는 인간에게만 도덕적으로 우월한 지위를 부여하는 것이 부당하다고 봅니다.

이러한 탈인간 중심주의적인 관점에는 **개체론적 관점과 전체론적 관점**이 있습니다. 개체론적 관점은 인간 이외의 다른 생명체가 지닌 (감각이나 생명과 같은) 특성을 기준으로 그들의 도덕적 지위를 부여해야 한다는 태도입니다. 자연을 구성하는 개별적인 동물이나 식물과 같은 다른 생명체도 인간과 동등한 도덕적 고려의 대상이라고 봅니다. 이에 비해 전체론적 관점은 인간뿐 아니라 생태계를 구성하는 모든 존재의 가치를 인정해야 한다는 태도입니다. 인간을 생태계의 한 부분에 불과하다고 보고, 생명 공동체 전체의 관점에서 인간과 각종 동식물과 공기, 흙, 물과 같은 무생물까지 도덕적으로 고려할 가치가 있는 대상이 되어야 한다고 봅니다.

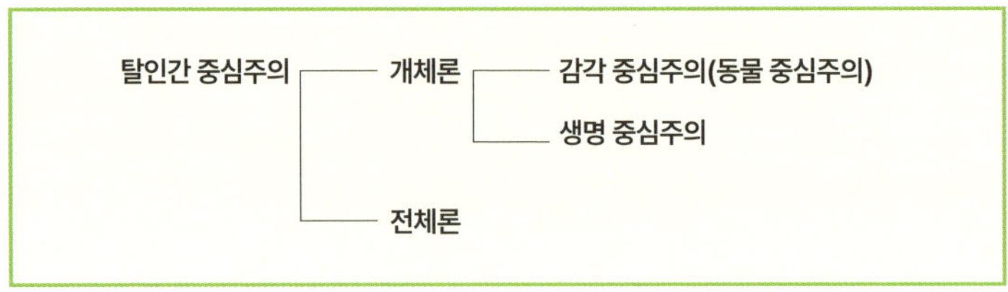

탈인간 중심주의적 관점에서는 계속해서 인간 중심주의적 관점을 유지한다면 자연에 대한 비윤리적인 문제를 해소할 수 없다고 봅니다. 인간 중심주의는 지구상에서 함께 살아가는 다양한 동식물과 생

탈인간 중심주의 인간을 중심으로 세계를 해석하거나 가치 판단을 내리는 관점을 벗어난 사상이나 철학.

개체론 개별적인 존재나 객체를 중점적으로 탐구하는 접근 방식.
- **감각 중심주의(동물 중심주의):** 감각 능력이 있는 개체를 도덕적 고려 대상으로 삼는 입장.
- **생명 중심주의:** 모든 생명체(예: 동물, 식물, 미생물 등)를 동등하게 고려하고 생명 자체를 도덕적 고려 대상으로 삼는 입장.

전체론 개별 존재가 아니라 전체 생태계를 중심으로 탐구하며, 자연 존재들의 상호 연결성을 중시하는 입장.

태계를 보호하는 데 근본적인 한계가 있다는 것입니다. 이러한 탈인간 중심주의적 관점 중에서 개체론적 관점의 지지자들은 인간과 다른 자연의 존재들이 공유하는 특성에 주목합니다. 그 특성이 무엇이냐에 따라서 감각 중심주의와 생명 중심주의로 구분해 볼 수 있습니다.

① 개체론_감각 중심주의(동물 중심주의)

고통을 느낀다면 도덕적 고려 대상이다!_감각 중심주의의 의미와 특징

개체론적 관점에 속하는 '감각 중심주의'는 인간뿐 아니라 동물도 감각 능력을 지닌다는 사실을 강조합니다. 인간과 동물이 감각적인 즐거움을 선호하지만 고통을 싫어한다는 점에서 서로 같다는 것입니다.

감각 중심주의적 입장의 선구자는 제러미 벤담입니다. 그는 저

공리주의 사상가 피터 싱어.

서 『도덕과 입법의 원리 서설』(1789)에서 '이성을 지니는지 말을 할 수 있는지가 아니라 고통을 느낄 수 있는지를 근거로, 동물에게 불필요한 고통을 가하는 것은 부당하다.'라고 했습니다. 동물에게 고통을 일으키는 것이 비도덕적이라는 것입니다.

이러한 벤담의 사상을 계승한 공리주의 사상가 **피터 싱어**(Singer, P., 1946~)는, 쾌락과 고통을 느끼는 능력, 즉 **쾌고 감수 능력**이 있는 동물이라면 모두 도덕적으로 대우하는 것이 합리적이라고 주장하였습니다. 고통을 느낄 수 있는 동물이라면 (인간과 마찬가지로) 고통을 싫어할 것이고, 인간이 그러한 동물에게 고통을 일으키는 것을 악으로 평가하는 것이 옳다는 것입니다. 달리 말해서, 인간과 동물은 고통을 회피하고 쾌락을 선호한다는 점에서 동등하며, 감각 능력이 있는 동물에게 불필요한 고통을 유발하는 것은 비도덕적 행위라는 것입니다.

싱어의 주장에서 알 수 있듯이, 우리는 감각 중심주의를 '감각 능력을 중심으로 도덕적 고려 대상을 분별하는 관점'으로 정의할 수 있습니다. 즉, 싱어는 쾌고 감수 능력이 있다면, 그 개체는 인간과 동등한 도덕적 고려의 대상이 되어야 하며, 이익 평등 고려의 원칙에 따라 대우해야 한다고 주장합니다. 인간종에 속하지 않는다고 해서 그들의 고통을 외면하는 것은 인종 차별과 마찬가지로 인간종의 다른 종에 대한 종 차별이라는 것입니다. 그래서 싱어는 "고통이나 쾌락을 느낄 수 있는 능력은 적어도 이익을 갖는다는 것의 전제 조건이다. 만약, 한 존재가 고통을 느낀다면 그와 같은 고통을 고려 대상으로 삼지 않는 태도를 옹호하는 도덕적 논증은 있을 수 없다."라고 말했던 것입니다.

감각이 없으면 보호받을 가치도 없는 걸까?_감각 중심주의의 의의와 한계

감각 중심주의자들은 인간도 다양한 동물 종 중의 하나라는 사실을 상기시킵니다. 감각 능력이 있는 동물이라면, 고통을 싫어한다는 것 또한 사실일 것입니다. 그런데 인간이나 동물이나 고통을 싫어한다는 사실은 다르지 않다는 것입니다.

인간이 이러한 동물들에게 불필요한 고통을 유발하는 것은 도덕적이라고 할 수 있을까요? 우리는 다른 사람의 고통을 외면하거나 다른 사람에게 고통을 일으키는 것이 도덕적인 것과 거리가 멀다는 것을 잘 알고 있습니다. 그런데 우리가 동물이 겪는 고통에 무관심하거나 이들에게 의도적으로 고통을 주는 것은 도덕적으로 올바른 태도가 아닐 것입니다. 그래서 감각 중심주의자들은 인간이 감각 능력이 있는 동물들에게 적어도 불필요한 고통을 일으켜서는 안 된다고 강조합니다. 만약 어쩔 수 없이 동물에게 고통을 일으키는 경우라고 해도 동물이 겪는 고통을 최소화하는 방향에서 주의를 기울여야 한다는 것입니다.

이처럼 감각 중심주의는, 동물의 고통을 적극적으로 덜어 내고 가능하면 동물에 대한 처우를 개선해야 한다는 점을 강조했다는 점에서, 사람들의 동물에 대한 도덕적 인식과 태도를 증진했다는 의의가 있습니다. 특히 감각 중심주의적 관점은 육식의 자제나 반려동물, 사육 동물, 동물원 동물, 실험동물, 야생 동물 등 다양한 동물의 복지 향상에도 많은 기여를 하였습니다.

그러나 감각 중심주의적 관점에도 아쉬운 점이 없는 것은 아닙니다. 감각 중심주의는 감각 능력이 있는 동물 개체에만 도덕적 관심을 집중함으로써 감각 능력이 없는 존재에 대한 도덕적 고려를 소홀히 할 가능성이 있기 때문입니다. 이처럼 감각 중심주의의 한계는 그것이 지닌 특성에서 원인을 찾을 수 있습니다. 이 점을 좀 더 구체적으로 이야기해 보겠습니다.

무엇보다 우리는 감각 중심주의가 감각 능력이 없는 존재에 대해서 어떤 태도를 지녀야 한다고 제안할지 합리적인 의문을 가질 수 있습니다. 감각 중심주의는 도덕적인 고려 대상의 기준을 감각 능력의 유무에서 찾기 때문에 고통을 못 느끼는 동물이나 식물은 도덕적 고려 대상에서 제외됩니다. 감각이 없다고 해서 도덕적으로 대우받을 가치가 없다면, 자연에 있는 감각이 없는 존재들은 여전히 보호될 필요가 없는 대상일까요? 식물인간처럼 감각 능력이 없는 인간에게 적용해 본다면 그 결과는 어떻게 될까요? 이러한 문제를 두고 감각 중심주의에 대한 고민은 더 깊어질 수 있을 것 같습니다.

또 감각 중심주의만으로 생태계 전반에서 일어나는 환경 파괴를 예방하기는 어려워 보입니다. 왜냐하면 감각 중심주의자들은 기본적으로 감각이 없는 자연 존재의 가치보다 감각이 있는 존재의 가치를 더 우월하게 보기 때문입니다. 비록 감각 중심주의 덕분에 감각 능력이 있는 동물의 복지 수준은 이전보다 훨씬 나아진 것은 사실이지만, 이들의 입장만으로 환경 문제를 해소하거나 자연과 인간의 관계를 조화롭게 설정하는 데에는 한계가 있는 것입니다.

② 개체론_생명 중심주의

인간 생명만 중요한 건 아니야_생명 중심주의의 의미와 특징

생명 중심주의는 자연의 모든 생명체를 도덕적 고려 대상으로 삼아야 한다는 관점입니다. 생명이 있는 존재라면 그 어떤 것도 도덕적으로 배려 받을 가치가 있다고 주장합니다. 인간뿐 아니라 모든 생명체는 소중한 생명을 지니고 있고, 생명체는 한결같이 자신의 생명을 지키고자 온갖 노력을 다하기 때문입니다. 생명 중심주의에 따르면, 인간과 다른 생명체는 생명을 지녔다는 점에서 차이가 없습니다. 그래서 이들

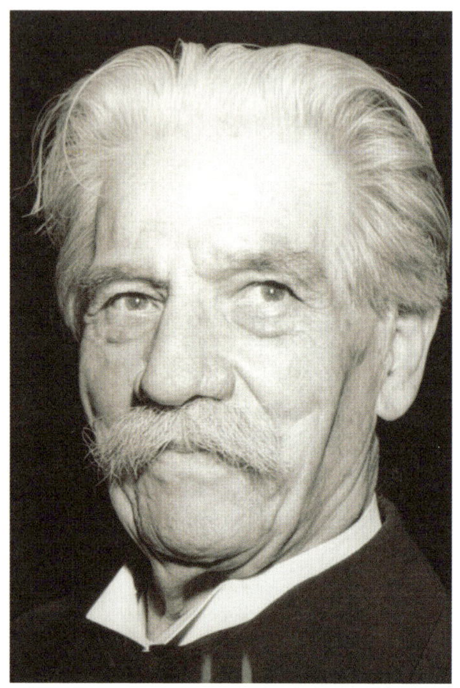

알베르트 슈바이처.

은 생명을 지닌 자연의 모든 존재, 즉 동물뿐 아니라 벌레나 식물까지도 도덕적 고려의 대상이 되어야 한다고 봅니다.

생명 중심주의적 관점에서는 생명을 보전하는 것이 옳은 일이므로 당연히 인간이 다른 생명체를 함부로 해치지 말아야 한다고 강조합니다. 생명 중심주의를 대표하는 학자로는 **생명에 대한 경외감**을 강조한 **알베르트 슈바이처**(Schweitzer, A., 1875~1965)를 꼽을 수 있습니다. 그에 따르면, 모든 생명은 살고자 하는 의지가 있으므로 도덕적으로 동등합니다. 그래서 그는 "나는 살려고 애쓰는 생명체들 속에서 살려고 애쓰는 생명체”라는 사실을 자각해야 한다고 강조하고, “생명을 유지하고 고양하는 것이 선이며, 생명을 파괴하고 훼손하는 것은 악”이라고 했습니다.

“생명에 대해 외경을 느끼는 사람에게는 생명 자체가 성스러운 것이다. 그는 나뭇잎 하나도 함부로 뜯지 않는다. 꽃 한 송이도 꺾지 않고, 곤충도 밟지 않도록 주의한다. 그는 여름밤 램프 옆에서 공부할 때 창문을 닫고 차라리 탁한 공기를 마신다. 곤충이 램프 불빛에 날개를 상하여 책상 위에 떨어지는 것을 보지 않기 위해서이다.”

_ 슈바이처 저, 정석해·안인길 역, 『문화와 윤리』

　　한편 **폴 테일러**(Taylor, P. W., 1923~2015)는 슈바이처가 주창한 생명 중심주의를 더욱 체계화하면서, “모든 생명체는 자기 보존과 자체적인 좋음을 향해 움직이는 목적 지향적 활동의 단일화된 체계라는 점에서 동등한 목적론적 삶의 중심”이라고 말했습니다. 특히 그는 모든 생명체가 인간의 필요와 관계없이 고유한 가치를 지닌다는 점을 강조합니다. 그 이유는 각각의 개별 생명체들이 자기의 생존을 유지하고, 성장하고, 종을 재생산하려는 목적을 추구하며, 이를 위해 환경에 적응하려고 애쓰는 존재, 즉 목적론적 삶의 중심에 있는 존재이기 때문이라는 것입니다.

　　이처럼 생명 중심주의적인 관점에서는, 어쩔 수 없는 상황이 아니라면, 다른 생명체를 해치지 말라고 제안합니다. 낚시나 사냥과 같이 단순히 즐거움이나 만족감을 얻기 위해서 다른 동물을 해치는 것은 바른 행동이 아니며, 일상에서 우리가 만나는 벌레나 식물도 보호받아야 할 대상에 포함됩니다. 물론 어떤 생명체도 자신의 생명을 유지하기 위해 다른 생명의 희생이 필요할 수는 있습니다. 생명 중심주의자들은 이러한 상황에서도 다른 생명에 대한 책임감을 느끼고 이들의 희생에 감사한 마음을 지녀야 한다고 강조합니다.

무생물은 어떻게 할 거야?_생명 중심주의의 의의와 한계

생명 중심주의는 인간 중심주의와 감각 중심주의가 주의 깊게 다루지 못했던 생명 그 자체의 소중함을 일깨워 줍니다. 인간을 비롯한 자연의 다양한 동식물 등 모든 생명체를 도덕적으로 대우하고 그들의 가치를 존중할 것을 강조합니다. 이러한 점에서 생명 중심주의는, 우리가 도덕적으로 고려해야 할 대상을 생명체 전체로 넓히고 생명 존중의 태도를 확산하는 점에서 의의가 크다고 할 수 있습니다.

생명 중심주의는 인간이 동식물을 남획하거나 무분별하게 생명을 해치는 일을 막고, 환경 보호의 중요성을 알리는 데도 중요한 역할을 하였다고 할 수 있습니다. 또한, 자연에 존재하는 생물 종의 다양성을 보호하고, 생명과 환경을 지키는 환경 정책의 확대에도 긍정적인 영향을 주었습니다. 그래서 우리가 친환경적인 제품을 구매하거나 동물 실험을 하지 않은 제품을 선택하는 것과 같이 윤리적 소비를 하는 것은 다른 생명체를 소중히 여기는 실천의 한 방법이라고 할 수 있습니다.

하지만 생명 중심주의 관점에도 한계는 있습니다. 무엇보다 생명 중심주의는 생명의 가치에 집중한 나머지 생태계 전반에 대한 고려에는 다소 소홀한 측면이 있습니다. 이러한 비판은 생명 중심주의가 지닌 개체론적인 성격에 그 원인이 있습니다. 감각 중심주의가 어떤 생명체가 지닌 감각 능력을 기준으로 도덕적 지위를 부여한 것처럼, 생명체인가 여부에 따라 그 대상의 도덕적 지위를 규정한다는 점에서 생명 중심주의는 생명체와 무생물의 도덕적 지위에 차등을 부여하기 때문입니다. 그런데 만약 우리가 생태계 일반으로 도덕적 고려의 범위를 넓힌다면, 자연에 존재하는 다른 무생물에게 도덕적 지위를 부여할 수 있을까요?

인간을 포함해서 자연의 모든 생명체는 산과 강 또는 맑은 물과 공기와 같은 소중한 자연에 의지해서 살아갑니다. 우리는 이들 생명체의 생존을 가능하게 해 주는 자연이 지닌 가치를 잊어서는 안 됩니다. 이러한 관점에서 등장한 것이 바로 **생태 중심주의**입니다.

③ 전체론_생태 중심주의

생태계의 조화와 균형을 생각하자!_생태 중심주의의 의미와 특징

생태 중심주의는 인간을 자연의 일부로 보고 생태계 전체의 조화와 안정을 강조하는 관점입니다. 인간뿐 아니라 동식물을 비롯한 무생물까지도 자연 생태계 전체의 소중한 부분이라고 봅니다. 전체로서 자연환경과 생태계에 초점을 맞춘 관점이라고 할 수 있습니다.

생태 중심주의는 인간과 자연이 상호 영향을 미친다는 점에 주목합니다. 먼저 인간은 자연으로부터 인류의 생존에 필요한 많은 것을 얻고 있습니다. 이러한 과정에서 인간은 자연에 수많은 인위적인 변형을 가져오거나 때에 따라서는 자연을 파괴하는 행위를 하였습니다. 인간의 무분별한 행위는 회복 불가능할 정도로 생태계의 안정을 위협하는 결과를 일으키고 있습니다. 이처럼 인간은 삶을 영위하기 위해 자연을 이용하는 과정에서 생태계에 많은 영향을 주었습니다.

한편, 자연도 인간의 삶에 많은 영향을 끼칩니다. 인간은 저마다 주어진 특수한 자연환경에 적응해야 잘 살 수 있습니다. 인간의 삶은 자연적 조건에 제약되는 경우가 많기 때문입니다. 예를 들어, 서로 다른 강수량, 일조량과 같은 조건은 지역마다 풍습과 생활 모습이 달라지는 주요한 원인이 됩니다. 지역마다 다른 자연적 특성은 인간에게 유용한 조건이 되기도 하지만, 인간의 삶 자체를 위협하는 상황을 만들기도 합니다. 때때로 발생하는 홍수, 가뭄, 지진과 같은 자연재해는 인간이 얼마나 자연 앞에 무력한 존재인가를 알려 주기도 합니다.

인간과 자연은 끊임없이 서로 영향을 주고받는 유기적인 관계에 있습니다. 우리는 자연이 인류의 생존을 위한 필수적인 조건임을 알고 있습니다. 그러나 이러한 자연은 인간의 환경 파괴로 인해 안정성을 잃어 가고 있습니다. 이러한 관점에서 생태 중심주의자들은 자연 그 자체의 소중함, 즉 자연이 없다면 인간도 존재할 수 없다는 사실을 강조합니다. 그래서 자연과 인간이 서로 조화와 안정을 추구해야 하는 관계를 갖는 것이 바람직하다고 주장합니다. 인간과 자연이 상호 의존하는 관계임을 고려할 때, 인간이 생태계 전체의 균형과 안정에 관심을 가져야 한다는 것입니다.

생태 중심주의는 자연을 그 자체로 **본래적 가치**를 지닌 대상으로 여겨야 한다고 주장합니다. 자연은 인간의 이해관계에 따라 부여받는 도구적인 가치만을 지닌 대상이 아니라 그 자체로 가치를 지닌 대상이라는 것입니다. 따라서 생태 중심주의는 인간 중심적인 사고에서 벗어나서 자연의 가치를 인정하고, 자연의 모든 존재를 평등한 가치를 지닌 자연의 구성원으로 볼 것을 제안합니다. 이러한 점에서 어떤 개체가 지닌 특징(예: 감각이나 생명)에 따라 그것의 도덕적 지위를 부여하는 개체론적 입장과 달리, 생태계 전체의 가치를 강조하는 전체론(전일론)적 입장이라고 할 수 있습니다.

알도 레오폴드(Leopold, A., 1887~1948)는 생태 중심주의를 대표하는 사상가입니다. 그는 생태계 전체를 하나의 유기체로 보고 생명 공

알도 레오폴드.

동체의 범위를 동식물과 무생물을 포함한 대지(토지)로까지 확대하는 대지 윤리를 주장했습니다. 그는 대지가 자연의 모든 존재가 어울려 공존하는 생명 공동체라고 보았습니다.

레오폴드는 인간이 자연을 단지 경제적 관점에서 평가하고 생태계 균형을 파괴하는 행위를 중단해야 하며, 생태계의 안정과 보전에 힘써야 한다고 했습니다.

생태 중심주의는 결국 지금까지 인간의 이익을 위한 수단으로 삼아 온 자연의 소중함을 깨닫고, 생태계의 균형과 안정을 추구하는 방향에서 인간과 자연의 공생을 추구해야 함을 강조하는 관점임을 알 수 있습니다.

생태 중심주의의 의의와 한계

무엇보다 생태 중심주의는 인간이 생태계를 보전해야 할 의무를 제시한다는 점에서 환경 문제 해소를 위한 바람직한 태도라고 할 수 있습니다. 생태계의 안정과 조화를 목표로 오늘날 생태계가 처한 각종 오염이나 동식물의 멸종 등 생태계 파괴 문제에 적극적으로 대처할 것을 요구합니다. 인간이 생태 공동체의 건강한 유지를 위해 도덕적 책임과 의무를 다해야 한다는 것입니다.

생태 중심주의는 그간 우리가 당연하게 생각했던 자연에 대한 무분별한 남용을 반성하고 성찰하게 해 줍니다. 자연에 대한 인간 중심적인 관점을 버리라고 제안합니다. 심지어 흙과 공기와 같은 것들도 지구 생명 공동체에 중요한 요소임을 깨달아야 한다고 주장합니다. 감각이나 생명의 특성을 따지지 않고 지구 공동체에 속하는 흙과 공기와 같은 무생물까지 도덕적 고려 대상의 범주로 포함해야 한다고 합니다. 이러한 관점은 우리에게 자연에 대한 세계관을 근본적으로 바꿀 것을 요구합니다.

이러한 의의에도 불구하고, 생태 중심주의도 한계는 있습니다.

먼저, 생태 중심주의는 자연의 가치를 우선시함으로써 인간의 복지와 발전을 저해할 수 있습니다. 환경이나 생태계 전체의 안정성과 인간(또는 다른 개체)의 이익이 심각하게 갈등을 빚는 상황을 가정해 봅시다. 만약 누군가가 여러분에게 생태계의 안정과 인간의 이익 중 하나만 선택할 수 있다고 한다면, 무엇을 선택하겠습니까?

일부 생태 중심주의자는 오늘날의 심각한 환경 문제의 주범이 바로 인간이라고 지적합니다. 인간으로 인해 환경이 파괴되었다는 주장은 사실인 것 같습니다. 그러나 그렇다고 해서 환경 파괴의 주범인 인간을 모두 없애야 한다고 주장할 사람은 없을 것입니다. 인간이 없는 자연은 가치가 있는 것일까요? 그렇지 않을 것입니다. 이처럼 생태 중심주의는 그 주장을 지나치게 강조하면 인간이나 다른 자연의 구성원보다 자연 전체의 가치를 우선하는 문제에 이르게 됩니다. 자연 전체의 가치를 위해 일부 자연의 개체를 희생하는 것은 정당할까요? 이러한 지나친 생태 중심주의적 태도는 '환경 파시즘' 또는 '생태 파시즘'이라는 비판을 받을 수 있습니다.

한편 생태 중심주의가 생명 공동체의 균형과 조화를 강조한다는 점에 대해 공감한다고 해도, 이를 어떻게 실천하느냐 하는 과제가 남습니다. 그런데 생태 중심주의는 전체로서 자연을 도덕적으로 고려하라고는 하지만, 감각 중심주의나 생명 중심주의와는 다르게 구체적인 실천 방안을 제시하는 데는 소홀한 점이 많습니다. 게다가 생태계의 균형을 유지하기 위해서 자연을 있는 그대로 두는 것이 맞는지, 자연에 불균형한 요소를 제거하기 위해 인간이 개입하는 게 맞는지 의문이 들 수도 있습니다. 이밖에도 생태 중심주의는 경제 성장과 산업 활동에 제약을 가할 수 있습니다. 그래서 선진국과 다르게 자연을 이용하거나 공해를 유발하는 산업 또는 경제 발전의 요구가 큰 국가나 지역에서는 생태 중심주의적 관점을 이행하기 어려운 문제가 있습니다.

인간과 자연의 바람직한 관계

인간은 자신의 욕구 충족을 위해 자연을 남용해 왔습니다. 이로 인해 발생한 다양한 환경 문제는 이미 회복 불가능한 수준에 이르고 있습니다. 이러한 문제를 해결하기 위해서는 인간과 자연의 바람직한 관계를 설정할 필요가 있습니다.

우리는 인간과 자연이 서로 영향을 주고받는 유기적 관계에 있다는 사실을 명심해야 합니다. 특히 인간과 자연이 공존해야 한다는 인식에서 출발하여 인간과 자연이 지속가능한 방식으로 상호 작용할 수 있도록 해야 합니다. 그러므로 인간과 자연을 대립적으로 보거나 어느 한쪽만을 우위에 두는 태도는 적절하지 않습니다. 자연을 단순히 이용이나 착취의 대상으로 여기는 것 역시 올바른 태도가 아닙니다. 지나친 개발이나 오염은 생태계 파괴를 초래하며, 이는 결국 인간에게도 부정적인 영향을 주기 때문입니다. 자연이 없다면 인간은 살 수 없고, 자연도 인간의 영향을 받을 수밖에 없습니다.

과거부터 동양에서는 인간과 자연의 **상호 의존성**과 **상생**을 추구하는 사상을 강조해 왔습니다. 예를 들어, 유교에서는 인간과 자연이 조화를 이루는 천인합일(天人合一)을 지향하였고, 불교에서는 이 세상 모든 존재가 서로 연결되어 있고 영향을 주고받는다고 하는 연기론(緣起論)을 강조합니다. 이밖에도 도가에서는 사람의 힘이 더해지지 않은 자연 그대로의 질서를 따르는 무위자연(無爲自然)을 추구하는 것이 바람직하다고 했습니다.

자연에 대한 인간 중심주의적 관점은 인간의 자연 이용을 정당화하고 환경 파괴를 묵인하고 조장했습니다. 분명 이러한 태도는 오늘날 환경 문제의 심각성을 키우는 데 주요한 원인이 되었습니다. 그러나 지나치게 생태 중심주의만을 지향하는 것도 바람직하지 않습니다. 인간의 삶보다 생태계를 우선시해야 한다는 주장을 지지할 사람은 거의 없기 때문입니다. 따라서 인간과 자연 중 어느 하나만을 중시하는 태도는 적절하지 않습니다. 이제 **유기적인 관계**에 있는 인간과 자연의 공존을 위한 구체적 방안을 생각해야 합니다.

무엇보다 우리는 자연이 없다면 인간이 생존할 수 없다는 사실을 명심해야 합니다. 환경 문제를 해결해야 하는 이유는 자연의 가치가 인간보다 우월해서가 아니라 인간 자신의 생존과 행복을 위한 조건이기 때문입니다. 인간 중심주의, 감각 중심주의, 생명 중심주의, 생태 중심주의는 모두 각자의 가치와 한계를 가지고 있습니다. 인간과 자연이 조화를 이루고 상생하는 관계를 만들기 위해서는 다양한 관점이 지닌 장점을 취하고 실천에 옮기는 것이 중요합니다.

앞으로도 인간은 경제 발전과 복지의 증진을 위해 자연을 이용할 것입니다. 다만, 우리는 그간 무분별하게 남용한 자연을 회복시켜 미래 세대에게 물려줄 책임이 있습니다. 그래서 우리는 자연에 미치는 다양한 영향을 검토하고 부정적인 결과를 최소화하도록 해야 합니다. 이러한 노력은 개인적 차원과 사회적 차원으로 구분하여 생각해 볼 수 있습니다.

먼저 개인적 차원에서 우리는 동식물을 포함하여 자연 보호에 힘써야 합니다. 개인의 편의를 위해 자연을 훼손하거나 다른 동물에게 불필요한 고통을 유발하거나 식물이나 곤충의 생명을 해치는 행위는 자제해야 합니다.

또한, 우리는 의식주 등의 소비를 통해 환경 친화적인 생활을 실천에 옮길 수 있습니다. 예를 들어, 자신이 소비하는 식품이 동물 복지 인증을 받은 것인지, 사용하는 화장품이 동물 실험을 한 것인지, 자신이 입는 옷에 동물의 가죽이나 털이 쓰였는지 등을 확인하며 환경 친화적인 선택을 할 수 있습니다. 아울러 집을 지을 때 열효율이 높은 건물로 짓거나 에너지 효율이 높은 운송 수단을 개발하거나 일회용품의 사용을 줄이는 것 등은 모두 생태계 보전에 도움이 되는 개인의 활동입니다.

한편, 사회적 차원에서도 우리는 인간과 자연의 공존을 도모

동물들이 차량을 피해 자유롭게 다닐 수 있는 생태통로의 모습.

조류 충돌 방지 필름이 붙어 있는 방음벽의 모습.

환경부 공식 통계에 따르면, 국내 멸종위기 야생동물은 매년 증가 추세에 있습니다. 2025년 2월 기준 멸종 위기 야생생물 1급은 즉각 멸종 위협에 처한 동물로, 반달가슴곰, 산양, 수달, 저어새 등 60종이며, 2급은 멸종 가능성이 있는 수준에 해당하는 동물로, 삵, 담비, 붉은점 모시나비 등입니다.

야생생물 1급인 산양의 모습.

하는 정책과 제도를 마련하고 실행할 수 있습니다. 정부나 사회는 이미 훼손된 자연환경을 복원하거나 멸종 위기에 처한 동식물을 보호하는 사업을 추진할 수 있습니다. 댐이나 도로를 비롯한 사회의 대규모 시설을 건설할 때는 동식물 등 자연에 미치는 영향을 충분히 평가하고 해당 지역을 서식지로 하는 동식물의 피해가 최소화할 수 있도록 해야 합니다.

　　이러한 노력은 현세대와 미래 세대가 자연과 조화로운 삶 속에서 생태계의 안정을 추구하는 지혜로운 방법이 될 것입니다.

3. 환경 문제 해결과 생태시민

환경 문제 해결을 위한 다양한 노력

여러분은 어떤 계절을 가장 좋아하나요? 최근 몇 년 사이 계절의 길이가 달라지고 있다는 것을 느껴 본 적 있나요? 여러분이 초등학교에 다닐 때와 지금을 비교해 보세요. 5월인데도 벌써 에어컨을 켜야 할 만큼 더운 날이 많아졌고, 10월에도 반팔을 입고 다니는 날이 늘어났습니다.

실제로 기상청이 1912년부터 2024년까지 113년간의 기후 변화를 분석한 결과, 우리나라의 각 계절별 길이가 뚜렷하게 변했습니다. 과거에는 여름이 평균 98일이었지만, 최근에는 평균 123일로 25일이나 늘어났습니다. 반면 겨울은 과거 109일에서 최근 87일로 22일이나 짧아졌으며, 봄은 길어지고 가을은 짧아지는 등 계절의 균형이 무너지고 있습니다. 온실가스를 저감하려는 노력 없이 현재 추세가 지속된다면 2100년에는 여름이 168일로 증가하고 겨울은 67일로 감소할 것으로 전망됩니다.

이것은 단순히 "날씨가 이상하네."로 넘길 수 있는 문제가 아닙니다. 최근 한 국제 공동연구에 따르면 2030년대부터 한반도의 여름철 폭염이 '뉴 노멀(새로운 일상)'에 도달할 것으로 예측했습니다. 앞으로

청소년기후행동의 기후를 위한 결석 시위를 알리는 웹자보.

여름마다 극심한 폭염이 당연한 일상이 될 수 있다는 뜻입니다. 운동장
에서 체육 수업을 하기 어려워지고, 여름방학 기간을 더 늘려야 할지도
모릅니다.

그렇다면 우리는 이 문제 앞에서 무력하게 기다리기만 해야
할까요?

2018년 스웨덴의 15세 소녀 그레타 툰베리는 "기후를 위한 등
교 거부"라는 문구가 적힌 피켓을 들고 의회 앞에 홀로 섰습니다. 한국
에서도 청소년들이 "돈도 권력도 없는 청소년/청년이지만 기후 위기
문제가 해결되기만 바라며 손 놓고 있을 순 없었다."며 행동에 나서기
시작했습니다. 그들은 거리로 나가 목소리를 냈고, 국회의원들에게 편

지를 보냈으며, 헌법재판소에 기후소송을 제기했습니다.

우리가 매일 사용하는 일회용 플라스틱 컵, 배달 음식을 주문할 때 함께 오는 비닐봉지, 교실의 냉난방기, 등하교할 때 타는 자동차… 이 모든 것들이 지구의 온도를 높이는 데 큰 역할을 하고 있습니다. 2012년부터 2021년까지 10년간 기후 변화와 연관된 자연재해로 인한 경제 손실은 3조 7,000억 원에 달하며, 복구 비용은 손실의 2~3배에 이른다고 합니다.

환경 문제는 더 이상 북극곰이나 먼 나라의 이야기가 아닙니다. 우리가 살아갈 미래, 우리의 일상과 좋아하는 계절이 사라질 수 있다는 절박한 현실입니다.

환경 문제의 특징

오늘날 우리가 직면한 환경 문제는 과거와는 다른 특징을 지니고 있습니다. 과학 기술의 발달과 경제 성장으로 인간의 삶은 풍요로워졌지만, 그 과정에서 인간이 자연을 무분별하게 소비하고 개발하면서 생태계의 자정 능력이 한계를 넘어섰습니다. 한번 훼손된 환경을 복구하는 데는 막대한 시간과 비용이 들며, 경우에 따라서는 완전한 복원이 불가능하기도 합니다.

무엇보다 현대의 환경 문제는 그 영향이 발생 지역이나 국가에 한정되지 않고 국경을 넘어 전 지구적으로 확산된다는 특징이 있습니다. 중국에서 발생한 황사가 한반도에 영향을 미치고, 북극의 빙하가 녹으면 저지대 섬나라가 침수 위기에 처하는 것처럼, 환경 문제는 광범

위한 영역에 걸쳐 복합적으로 나타납니다. 따라서 개별 지역이나 국가의 노력만으로는 근본적인 해결이 어려우며, 국제 사회 전체의 협력이 반드시 필요합니다.

환경 문제의 종류

현재 전 지구적으로 나타나고 있는 환경 문제는 매우 다양하지만, 그중에서도 가장 심각하고 광범위하게 영향을 미치는 것은 기후 변화입니다.

세계기상기구(WMO)는 2025년 3월 발간한 《2024 전 지구 기후 현황 보고서》에서 2024년은 관측 사상 가장 더운 해로 기록되었으며, 지구 평균 기온이 산업화 이전 대비 1.55°C 상승했다고 발표했습니

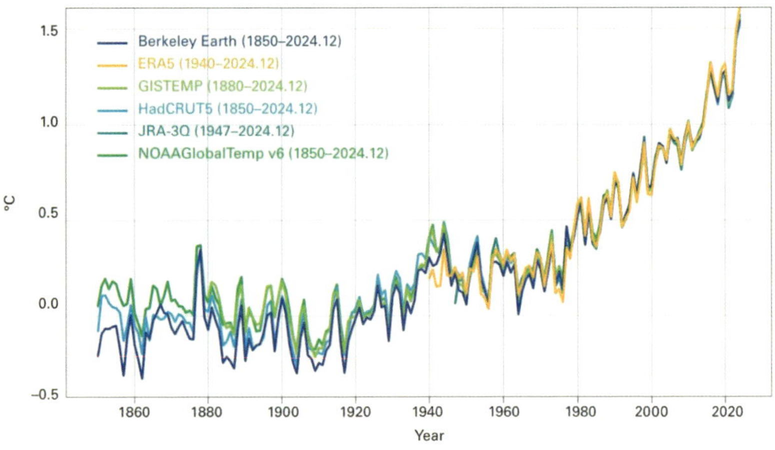

다양한 모델을 기반으로 한 지구 평균 기온 편차(1850~2024년). 산업화 이전(1850~1900년) 대비 전 지구 평균 기온이 20세기 후반 이후 가속적으로 상승하여 2024년에는 1.5°C 임계선에 근접하였음을 보여 준다. 《2024 전 지구 기후 현황 보고서》.

다. 이는 2015년 파리에서 열린 제21차 유엔 기후 변화 협약 당사국 총회(COP21) 당시 기후 변화의 최후 방어선으로 설정했던 기온 상승 폭 1.5°C를 넘어선 수치입니다.

기후 변화의 주된 원인은 화석 에너지의 소비 증가로 인한 온실가스 배출량의 증가입니다. 이산화탄소, 메탄 등의 온실가스가 대기 중에 축적되어 온실효과를 일으키면서 지구의 평균 기온이 계속 상승하고 있습니다. 기후 변화는 극지방의 빙하 면적 감소, 해수면 상승으로 인한 저지대 침수, 이상 기후 현상과 자연재해의 증가를 초래하며, **기후 난민** 발생, 동식물의 서식처 변동, 전염병 발생 증가 등 인간과 자연 모두에게 광범위한 영향을 미치고 있습니다.

TIP!

기후 난민

기후 변화로 인한 가뭄이나 홍수, 지진 해일, 지구 온난화 따위의 기상 변화로 인해 원래 살던 터전에서 더 이상 살지 못하고 이주를 해야 하는 사람들을 지칭합니다.

사막화 문제도 심각합니다. 사막화는 장기간의 가뭄과 과도한 가축 방목, 무분별한 토지 개간 등으로 인해 기존에 사막이 아니던 지역이 점차 사막으로 변해 가는 현상입니다. 아프리카 사하라 사막 남쪽의 사헬 지대가 대표적인 사례입니다. 사막화가 진행되면 식량 생산량이 감소하고 황사 현상이 심화되어 주변 지역에까지 영향을 미칩니다.

열대림 파괴는 생물 다양성과 지구 생태계 전체에 치명적인 문제입니다. 무분별한 벌목, 농경지와 목장의 확대, 자원 개발, 도로 건설 등으로 '지구의 허파'라 불리는 열대 우림이 빠르게 사라지고 있습니다. 열대림이 파괴되면 생물 종 다양성이 감소하고, 토양 침식이 심화되며, 이산화탄소를 흡수하는 나무가 줄어들면서 대기 중 이산화탄소 농도가 증가하여 기후 변화가 더욱 가속화됩니다.

대기 오염과 관련된 문제들도 우리의 건강을 직접적으로 위협하고 있습니다. 공장 매연과 자동차 배기가스에 함유된 황산화물과 질소 산화물이 비·눈·안개 등과 결합하면 산성비가 됩니다. **산성비**는 토양과 하천을 산성화시키고, 농작물과 삼림을 파괴하며, 건축물을 부식시킵니다. 중국과 몽골의 내륙 지역에서 발생한 모래 먼지가 편서풍을 타고 이동하는 **황사**는 호흡기 질환을 유발하고 반도체와 같은 정밀 산업에 피해를 줍니다. 특히 화석 연료의 연소와 배기가스 배출로 발생하는 **미세 먼지**는 입자가 매우 작아 우리 몸 깊숙이 침투하여 각종 질병을 유발합니다.

해양 오염 역시 간과할 수 없는 문제입니다. 선박에서 유출되는 원유, 바다로 버려지는 쓰레기와 플라스틱, 육지에서 흘러 들어가는 오·폐수 등으로 인해 수질이 악화되고 해양 생태계의 균형이 깨지고 있습니다. 특히 미세 플라스틱은 해양 생물의 체내에 축적되어 먹이사슬을 통해 결국 인간에게까지 영향을 미칩니다.

이러한 환경 문제들은 각각 독립적으로 발생하는 것이 아니라 서로 영향을 주고받으며 복합적으로 나타납니다. 따라서 이 문제들을 해결하기 위해서는 정부, 기업, 시민사회, 개인 등 모든 주체가 함께 노력해야 하며, 국제적 협력 체계를 구축하는 것이 무엇보다 중요합니다.

환경 문제 해결을 위한 다양한 주체의 노력

국제 사회의 노력

환경 문제는 한 국가의 노력만으로는 해결할 수 없는 전 지구적 과제입니다. 대기와 해양은 국경을 넘나들며, 한 지역에서 배출된 오염 물질이 다른 대륙에까지 영향을 미칩니다. 이러한 환경 문제의 특성상 국제 사회는 오래전부터 함께 협력하여 문제를 해결하기 위한 다양한 국제 협약을 체결해 왔습니다.

가장 성공적인 환경 협약 사례로 꼽히는 것은 1987년에 채택된 몬트리올 의정서입니다. 냉장고나 에어컨의 냉매제로 사용되던 염화 플루오린화 탄소(프레온 가스)가 오존층을 파괴한다는 사실이 밝혀지면서, 국제 사회는 신속하게 이 물질의 생산과 사용을 규제하는 협약을 맺었습니다. 2010년에는 국제 연합 196개 회원국 모두가 동의함으로써 전 세계적 합의를 이룬 최초의 국제 협약이 되었습니다. 그 결과 오존층 파괴 물질의 배출량이 크게 감소했고, 2050년에는 1980년 수준으로 오존층이 회복될 것으로 예상됩니다. 이는 국제적 협력이 실제로 환경 문제를 해결할 수 있다는 것을 보여 준 중요한 사례입니다.

생물 다양성을 보호하기 위한 노력도 계속되고 있습니다. 1992년에 채택된 **생물 다양성 협약**(CBD)은 지구상의 다양한 생물종을 보존하고, 생물 자원의 지속가능한 이용을 목적으로 합니다. 1994년 채택한 **사막화 방지 협약**(CCD)은 사막화가 진행되는 지역의 환경을 보호하고 주민들의 삶을 개선하기 위한 국제적 협력 체계를 마련했습니다.

환경 문제 중에서도 가장 시급하고 광범위한 영향을 미치는 기후 변화에 대응하기 위한 국제적 노력은 더욱 복잡한 과정을 거쳐 왔습니다. 1997년 **교토 의정서**가 채택되면서 처음으로 온실가스 감축에 대한 구속력 있는 국제 협약이 만들어졌습니다. 교토 의정서는 선진국들이 온실가스 배출을 1990년 대비 평균 5.2% 감축한다는 목표를 설정했습니다. 그러나 주요 선진국 37개국만이 감축 의무를 부담했고, 전 세계 온실가스 배출량의 22%만을 다루었기 때문에 한계가 있었습니다. 특히 세계 최대 온실가스 배출국인 미국이 참여하지 않았고, 중국과 인도 같은 개발도상국은 감축 의무에서 제외되어 실효성에 의문이 제기되었습니다.

이러한 한계를 극복하기 위해 2015년 프랑스 파리에서 열린 제21차 유엔 기후 변화 협약 당사국 총회(COP, Conference of the Parties)에서 **파리 협정**이 196개 당사국의 만장일치로 채택되었습니다. 파리 협정은 지구 평균 온도 상승을 산업화 이전 대비 2℃보다 훨씬 아래로 유지하고, 더 나아가 1.5℃ 이하로 제한하기 위해 노력한다는 명확한 목표를 제시했습니다. 교토 의정서와 달리 선진국과 개발도상국을 포함한 모든 국가가 참여하며, 각 국가가 스스로 온실가스 감축 목표(NDC)를 설정하고 이를 5년마다 점검하며 더 높은 수준으로 강화해야 한다는 내용을 담았다는 점에서 획기적입니다.

파리 협정 체제에서는 전 세계 온실가스 배출량의 95.7%를 다루게 되었으며, 감축뿐만 아니라 적응, 재원, 기술 이전, 투명성 등 다양

프랑스 파리에서 열린 제21차 유엔 기후 변화 협약 당사국 총회에 참석한 각국 정상들.

한 분야를 포괄합니다. 2016년 11월부터 정식 발효된 파리 협정은 미국의 일시적 탈퇴와 재가입이라는 우여곡절을 겪었지만, 현재 대부분의 국가가 이 협정을 이행하고 있습니다.

우리나라는 2015년 6월 '2030년 온실가스 배출 전망 대비 37% 감축'이라는 목표를 제출했으며, 이후 2018년과 2019년을 거쳐 목표를 수정했습니다. 2020년에는 절대량 방식으로 전환하여 '2018년 대비 26.3% 감축'이라는 새로운 국가 온실가스 감축 목표를 제출했고, 2021년에는 이를 다시 상향 조정하여 '2018년 대비 40% 감축'이라는 더욱 강화된 목표를 발표했습니다.

이처럼 국제 사회는 환경 문제의 심각성을 인식하고 함께 해결하기 위한 다양한 협약을 체결하고 이행해 왔습니다. 그러나 협약을 맺는 것만으로는 충분하지 않습니다. 각 국가가 약속을 지키고 실제로 온실가스를 감축하며 환경을 보호하기 위한 구체적인 정책을 시행해야 합니다. 또한 정부뿐만 아니라 기업, 시민사회, 그리고 개개인의 노력이 함께할 때 비로소 환경 문제를 극복하고 지속가능한 미래를 만들어 갈 수 있습니다.

정부의 노력

환경 문제 해결을 위해 정부는 법률 제정, 정책 시행, 제도 마련 등 다양한 방식으로 역할을 수행합니다. 우리나라 정부는 「환경정책기본법」과 「자연환경보전법」 등을 통해 환경 보호의 법적 기반을 마련하고, 이를 바탕으로 구체적인 환경 정책을 시행하고 있습니다.

특히 2020년 정부는 '2050 탄소중립' 목표를 선언했으며, 2021년에는 2018년 온실가스 배출량 대비 40% 감축이라는 '2030 국가 온실가스 감축 목표(NDC)'를 설정했습니다.

탄소중립이란 인간 활동에 의한 온실가스 배출량을 감소시키고 흡수량을 증가시켜 순 배출량이 '0'이 되는 것을 의미하며, 이를 넷 제로(Net-Zero)라고 합니다. 2025년부터는 배출권 거래제 시장 참여자가 확대되어 기관 투자자도 배출권 시장에 참여할 수 있게 되었으며, 공공 부문 바이오가스 생산 목표제가 본격 시행되고 있습니다.

정부는 신재생 에너지 정책도 적극적으로 추진하고 있습니다. 2030년 신재생 에너지 발전 비중을 30.2%, 2050년 재생 에너지 70% 달성을 목표로 입지 및 인허가 혁신, 수용성 제고 등 전방위적으로 재생 에너지 보급을 확대하고 있습니다. 또한 분리 배출 표시 제도를 통해 소비자들이 쉽게 재활용품을 구분할 수 있도록 하고, 환경 교육 사업을 통해 국민들의 환경 의식을 높이고 있습니다.

환경 영향 평가 제도는 정부의 중요한 환경 보호 수단입니다. 대규모 개발 사업을 시행하기 전에 환경에 미칠 영향을 사전에 예측하고 평가하여, 환경에 끼칠 부정적 영향을 최소화하는 방안을 마련하도록 하는 제도입니다. 이를 통해 개발과 환경 보전 사이의 균형을 맞추려는 노력이 계속되고 있습니다.

기업의 노력

최근 기업들은 환경 문제를 단순한 사회적 책임이 아니라 기업의 생존과 경쟁력에 직결된 핵심 과제로 인식하고 있습니다. 특히 **ESG 경영**이 글로벌 경영의 새로운 기준으로 자리 잡으면서, 친환경 경영은 선택이 아닌 필수가 되었습니다. ESG 경영은 간략하게 말하면 환경 문제 대응(Environment)과 사회적 책임(Social), 지배 구조 개선(Governance)을 중시하는 경영 전략으로, 기업의 지속가능성과 신뢰도를 높입니다.

RE100은 기업이 사용하는 전력의 100%를 재생 에너지(Renewable Energy)로 충당하겠다는 자발적 목표를 선언하고 실천하는 국제 이니셔티브로, 세계 시장에서 기업 경쟁력을 유지하기 위한 전략적 수단이자 최소한의 자격증으로 인식되고 있습니다. 2025년 3월 기준 전 세계 445개 기업이 참여하고 있으며, 이 중에서 80여 개 기업들은 이미 사용 전력의 100%를 재생 에너지로 전환했습니다. 국내에서도

SK 그룹, 삼성전자, 현대자동차 등 36개 기업이 RE100 참여를 선언했습니다.

아모레퍼시픽은 2021년 3월 국내 화장품업계 최초로 RE100에 가입했으며, 2025년까지 사용 전력 전부를 재생 에너지로 전환한다는 계획을 세웠습니다. 이는 금융 기업을 제외하면 국내에서 가장 빠른 일정입니다. LG에너지솔루션은 2030년 전 사업장 RE100 달성을 목표로 국내외 사업장에 PPA(전력 구매 계약) 제도를 도입하는 등 적극적으로 재생 에너지로의 전환을 추진하고 있습니다.

기업들은 자원 재활용과 기술 혁신을 통한 친환경 제품 개발에도 힘쓰고 있습니다. 에너지 고효율 제품 생산, 신재생 에너지 개발, 전기자동차 보급 확대 등이 대표적입니다. 환경 보호를 위해 오염 방지 시설을 설치하고, 노후 시설을 정비하며, 유통 과정을 간소화하고 과대 포장을 지양하는 노력을 기울이고 있습니다.

그러나 일부 기업들은 '그린워싱(Green Washing)' 논란에 휩싸이기도 합니다. 그린워싱(Greenwashing)은 녹색(Green)과 세탁(Washing)의 합성어로 기업이 실제로는 환경에 악영향을 미치는 제품을 생산하는 등 친환경 활동을 하지 않으면서 겉으로는 오히려 친환경 이미지를 내세우는 행위를 말합니다. 이는 환경에 대한 소비자들의 관심이 높아지면서 나타나는 부작용으로, 기업들의 진정성 있는 노력이 더욱 중요해지고 있습니다.

그린워싱을 방지하고 소비자의 친환경적 소비를 촉진하기 위해 한국환경산업기술원이 운영하는 제도가 바로 환경성적 표지 인증

환경성적 표지 인증 마크.

입니다. 이는 제품의 생산부터 폐기까지의 전 과정에서 발생하는 환경 영향을 정량적으로 평가하고 공개하는 제도입니다. 1차 농수축산물 및 임산물, 의약품 및 의료 기기를 제외한 모든 제품 및 서비스를 대상으로 탄소발자국, 물발자국 등 총 7대 환경 영향 범주에 대해 환경성적 표지, 저탄소 제품 인증의 2단계 인증으로 운영됩니다.

시민사회의 노력

시민사회와 환경 단체는 정부와 기업의 환경 정책을 감시하고, 시민들의 자발적 참여를 이끌어 내는 중요한 역할을 합니다. 환경 단체들은 크게 세 가지 기능을 수행합니다.

첫째, 감시 기능입니다. 환경 오염을 유발하는 행위에 대해 견제하고 현장 조사를 실시하며, 환경 정책 결정 과정에서 여론을 형성하여 영향력을 행사합니다. 둘째, 지원 기능입니다. 다양한 환경 보호 활동을 기획하고 시민들의 참여를 유도합니다. 셋째, 대안 제시 기능입니다. 환경 문제에 대한 실질적인 해결 방안을 연구하고 제안합니다.

대표적인 국제 환경 단체로는 그린피스(Greenpeace)와 세계자

그린피스의 핵 실험 반대 시위 모습.

연기금(WWF)이 있습니다. 그린피스는 1971년 캐나다에서 핵 실험 반대 운동으로 시작된 국제 환경 단체로, 기후 변화 방지, 원시림 보호, 해양 보호, 고래잡이 방지, 유전자 조작 반대, 핵 위협 저지 등의 활동을 펼치고 있습니다.

그린피스의 성과는 상당합니다. 프랑스가 남태평양에서 진행하던 핵 실험을 중단시켰고, 10년에 걸친 캠페인 결과 국제포경위원회가 상업적 포경(고래잡이)의 중단을 결정했으며, 오존층 파괴를 막기 위해 개발한 친환경 냉매 기술인 '그린프리즈'를 전 세계가 무료로 사용할 수 있도록 공개했습니다. 또한 '쿨 아이티(Cool IT)' 캠페인을 통해 애플, 구글, 페이스북 등 세계적 IT 기업들이 100% 재생 에너지 사용을 선언하도록 했습니다.

세계자연기금은 1961년 스위스에서 설립된 세계 최대 규모의 국제 비정부 자연보전 기구로, 100여 개국에서 500만 명 이상의 회원이 활동하고 있습니다. 생물다양성 보전과 생태발자국 감축을 목표로 기후 변화, 해양, 식량 및 농업, 숲, 물, 시장의 변화와 같은 분야에서 전략적인 보전 활동을 진행하고 있습니다. 매년 세계적으로 진행되는 '어스아워(지구촌 전등 끄기)' 캠페인이 세계자연기금의 대표적인 활동입니다.

이처럼 정부, 기업, 시민사회는 각자의 위치에서 환경 문제 해결을 위해 노력하고 있습니다. 중요한 것은 이들이 서로 영향을 주고받으며 협력한다는 점입니다. 정부가 환경 규제를 강화하면 기업들이 친환경 기술을 개발하고, 시민사회가 문제를 제기하면 정부가 정책을 수정합니다. 환경 문제는 어느 한 주체만의 노력으로는 해결할 수 없으며, 모든 주체가 함께 협력할 때 비로소 지속가능한 미래를 만들어 갈 수 있습니다.

생태시민 : 지구와 함께 살아가는 새로운 시민의 모습

인류세 : 인간이 만든 새로운 지질 시대

후세의 지질학자들은 우리 시대를 어떻게 기억할까요? 우리가 공룡 뼈를 보며 중생대를 연구하듯, 그들은 닭뼈를 보며 우리 시대를 규정할지도 모릅니다. 공장식 양계로 한 해에 무려 600억 마리가 소비되는 닭의 뼈가 전 세계 지층에 쌓여 가고 있기 때문입니다. 이는 단순한 상상이 아니라, 인류가 지구에 남긴 흔적이 얼마나 거대한지를 보여 주는 상징적 사례입니다. 과학자들은 이러한 시대를 '인류세(人類世, Anthropocene)'라고 부릅니다. 이는 인간 활동이 지구 환경을 근본적으로 변화시켜 새로운 지질 시대를 만들었다는 주장으로 2000년 노벨화학상을 받은 대기과학자 파울 크뤼천(Crutzen, P., 1933~2021) 등이 제안하면서 학계에 논쟁을 불러일으키고 대중의 관심을 받게 되었습니다. 이후, 영국의 지질학자 얀 잘라시에비치(Jan Zalasiewicz)를 중심으로 한 국제층서학회(ICS) 인류세워킹그룹(AWG)이 이를 공식 지질 시대로 인정받기 위한 다양한 연구를 진행해 왔습니다.

인류세란 무엇인가?

인류세는 인간의 영향이 지구 기후와 생태계를 넘어 지층에 영구적 흔적으로 남을 만큼 거대해진 시대를 의미합니다. 얀 잘라시에비치는 그의 저서 『지질학(Geology)』에서 신생대 제4기 홀로세 이후 인류세를 별도의 지질 시대로 구분할 수 있다고 주장했습니다.

인류세의 주요 특징

- 지구 기후 변화: 대규모 산업 활동으로 인한 온실가스 배출로 지구 온난화가 가속화되고 기후 위기가 도래했습니다.
- 생물 다양성 손실: 대량 멸종이 진행되면서 생물 다양성이 급격히 감소하고 있습니다.
- 지층 오염: 핵 실험으로 인한 방사성 물질, 플라스틱, 그리고 공장식 양

계로 인한 닭뼈 등 인공 물질들이 지구 지층에 새로운 흔적을 남기고 있습니다.

- 지형 변화: 도시화, 채굴, 대규모 농업 등으로 토양과 지형이 대대적으로 변화했습니다.

시작 시점을 둘러싼 논쟁

인류세의 시작 시점에 대해서는 다양한 의견이 존재합니다. 인류세워킹그룹은 1950년대 중반을 제안했습니다. 이 시기는 핵 실험으로 인한 방사성 낙진이 전 세계로 퍼지고 플라스틱 생산이 폭발적으로 증가한 때입니다. 반면 일부 학자들은 산업혁명 시기(18세기 후반)를, 또 다른 학자들은 약 6,000년 전 농경의 시작을 인류세의 출발점으로 봅니다.

새 지질 시대 '인류세' 공식 도입 불발… 학계 "아직 성급"

2024년 3월, 국제지질학연합(IUG) 산하 제4기 층서 소위원회는 인류세를 공식 지질 시대로 지정하는 제안을 6주 동안 논의한 끝에 반대 66%로 부결했습니다. 인류세의 역사가 너무 짧고 지층 흔적이 얇다는 것이 주된 이유였습니다. 공식 지정은 무산되었지만 인류세의 중요성은 여전합니다. 이 개념은 인류 활동이 지구 전체에 미치는 영향의 심각성을 일깨우고, 인류와 지구의 관계를 근본적으로 재고하게 만듭니다. 지질학을 넘어 환경사회학, 정책학 등 다양한 분야에서 인간과 지구의 관계를 재조명하는 중요한 틀로 활용되고 있습니다.

인류세의 새로운 시민상, 생태시민

기후 변화, 플라스틱 오염, 생물 다양성 감소 같은 환경 문제는 더 이상 먼 나라의 이야기가 아닙니다. 우리가 아침에 마시는 커피 한 잔, 온라인으로 주문한 옷 한 벌이 지구 반대편 누군가의 삶과 미래 세대의 환경에 영향을 미칩니다. 인류세라는 새로운 시대에 우리에게는 새로운 시민의 모습이 필요합니다.

영국의 정치학자 앤드루 돕슨(Dobson, A.)은 2003년 저서 『시민권과 환경』에서 바로 이러한 시대에 걸맞은 시민상으로 '생태시민'을 제시했습니다. 생태시민이란 자신의 행동과 선택이 자연과 다른 사람들, 비인간 생물들에게 미치는 영향을 인식하고, 지구 생태계의 지속 가능성을 위해 책임 있게 행동하는 사람입니다. 기존의 시민 개념이 국가에 대한 권리를 강조했다면, 생태시민은 지구 생태계에 대한 의무와 책임을 더욱 중요하게 여깁니다.

이 책의 표지는 이러한 관점의 변화를 상징적으로 보여 줍니다. 잘 알려진 들라크루아의 그림 「민중을 이끄는 자유의 여신」을 변형한 작품으로, 원본은 자유의 여신이 프랑스 혁명의 상징인 삼색기를 들고 있는데, 이 그림에는 국기 대신 뿌리가 드러난 나무를 들고 있습니다. 이는 기존의 국민 국가(nation-state)가 아닌, 모든 생명체를 아우르는 '생태 공동체'를 상징한다고 해석할 수 있습니다. 돕슨의 '생태시민권' 개념은 국가의 경계를 넘어 지구적 차원의 시민 공동체를 강조하기 때문입니다.

또한, 원본 그림은 절대왕정에 저항하고 자유를 쟁취하기 위한 민중의 투쟁을 보여 줍니다. 여기서의 자유는 정치적 자유와 인권의 확립을 의미합니다. 반면, 이 표지의 그림에서 나무는 자연과 생태계를 상징합니다. 따라서 이 이미지는 인간의 정치적 자유와 권리뿐만 아니라, 자연과 환경에 대한 책임과 의무를 강조하는 돕슨의 생태시민 개념을 시각적으로 나타낸다고 볼 수 있습니다.

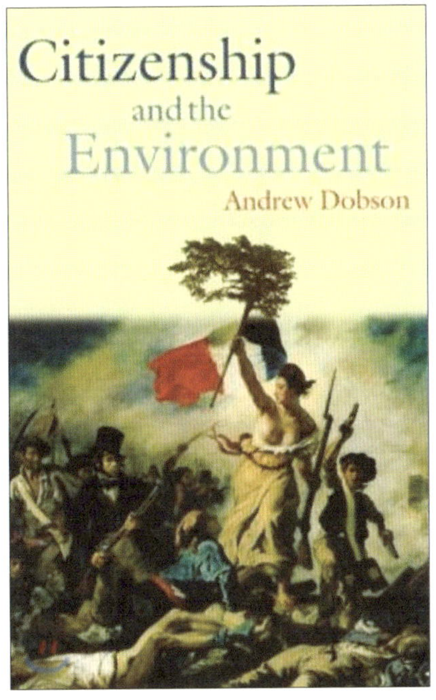

『시민권과 환경』 표지.

이 표지 이미지는 「민중을 이끄는 자유의 여신」이 상징하는 기존의 자유주의적 시민권 개념을 재해석하고 있습니다. 즉, 인간 사회 내부의 정치적 문제를 넘어서서, 인류와 자연이 공존해야 하는 생태적 위기라는 더 큰 차원의 문제에 직면해 있음을 상기시킵니다. 돕슨의 생태시민 개념에서 시민의 의무는 단순히 국가에 대한 충성을 넘어, 생태발자국을 줄이고 환경적 불평등을 해결하는 것으로 확장됩니다. 이때 중요한 것은 '비호혜적 의무', 즉 대가를 바라지 않고 환경에 대한 책임을 지는 것입니다. 또한 '후기 코스모폴리탄적' 관점, 즉 환경을 더 많이 훼손한 국가나 사람이 더 큰 책임을 져야 한다는 원칙을 제시했습니다.

생태시민성의 특징

돕슨은 생태시민성을 설명하면서 다음과 같은 네 가지 핵심적인 특징을 제시했습니다.

① 탈영역화

생태시민의 책임은 국가의 경계를 넘어섭니다. 기후 변화나 해양 오염 같은 환경 문제는 국경과 무관하게 전 지구적으로 영향을 미치기 때문입니다. 시간적으로도 현재 세대뿐 아니라 미래 세대까지 고려해야 하는 개념입니다. 예를 들어, 우리나라에서 배출한 온실가스가 태평양의 작은 섬나라 투발루의 해수면 상승에 영향을 미치고, 오늘 우리가 사용하는 플라스틱이 100년 후 바다 생태계에 영향을 줄 수 있다는 사실입니다.

② 비대칭적 책임과 의무

생태시민의 의무는 상호 관계가 없는 '멀리 있는 낯선 존재들'에게까지 확장되므로 중요한 것은 생태발자국이 큰 사람일수록 더 큰 책임을 져야 한다는 점입니다. 이런 비대칭적인 책임은 유엔 기후 변화 협약의 '공동의 그러나 차별된 책임' 원칙과도 연결됩니다. 즉, 선진국이 개발도상국보다 더 많은 온실가스를 배출했으므로, 기후 변화 대응에서 더 큰 책임을 져야 한다는 것입니다.

구분	전통적 시민성	생태시민성
주요 강조점	권리	의무
활동 영역	공적 영역	공적, 사적 영역 (가정 내 에너지 소비 등)
공동체 범위	국가	지구 생태계, 미래 세대 포함
호혜성	상호 호혜적 관계에 기반	비상호적 관계 (멀리 있는 타인, 미래 세대)

③ 덕성의 강조

생태시민성의 또 다른 특징은 기존의 시민성에서 강조한 충실하고 복종적인 덕성이 아닌 정의, 책임, 배려나 공감 등의 덕성입니다. 돕슨은 생태시민에게 필요한 제1의 덕성으로 '정의'를 꼽았습니다. 이는 생태 공간(ecological space)의 이용과 그로 인한 환경적 부담이 개인·사회·세대 간에 공정하게 배분되어야 함을 의미합니다. 그리고 이를 실천하기 위한 제2의 덕성으로 '배려'와 '공감'을 제시했습니다. 생태시민의 행동은 법적 규제나 경제적 이득 때문이 아니라, 이러한 내면의 덕성에서 우러나와 내부적 동기에 의해 발현되는 것이라고 할 수 있습니다.

④ 사적 영역의 중요성

전통적 시민성은 주로 공적 영역(투표, 정치 참여 등)에서의 행동을 강조했지만 생태시민성은 일상생활 속 사적 영역에서의 실천도 함께 중시합니다. 집에서 쓰레기 재활용, 분리배출 철저히 하기, 일회용품 대신 다회용품 사용하기, 로컬 푸드 선택하기 같은 개인의 일상적 선택이 모두 생태시민으로서의 책임 있는 행동입니다.

생태시민으로 살아가기

생태시민 개념이 우리에게 시사하는 바는 명확합니다. 환경 문제는 정부나 기업만의 책임이 아니라 우리 모두의 책임이며, 특히 더 많은 자원을 사용하는 사람일수록 더 큰 책임을 져야 한다는 것입니다.

우리는 일상에서 생태시민으로서의 삶을 실천할 수 있습니다. SNS에서 유행하는 '고고 챌린지'(플라스틱 거절하기)나 '제로 웨이스트'(쓰레기 없애기) 실천에 참여해 보면 어떨까요? 학교에서 친구들과 함께 환경 동아리를 만들어 캠페인을 진행하거나, 지역의 환경 단체 활동에 참여하는 것도 좋은 방법입니다.

중요한 것은 내가 사용하는 물건 하나하나, 선택하는 행동 하나하나가 지구 어딘가의 누군가, 그리고 미래 세대에게 영향을 미친다는 것을 인식하는 것이고, 생태시민은 지구라는 하나의 공동체 안에서 모두가 공정하게 생태 공간을 나누어 쓰고, 책임감을 가지고 행동하는 사람입니다.

1. 동물에게도 권리가 있을까요?

지금까지 자연환경이 우리 삶에 미치는 영향, 인간과 자연이 맺어 온 복잡한 관계, 그리고 환경 문제 해결을 위한 다양한 노력들을 살펴보면서, 무엇보다 "안전하고 쾌적한 환경에서 살아가는 것이 시민의 권리"라는 중요한 깨달음을 얻었을 것입니다. 그런데 여기서 한 걸음 더 나아가 생각해 볼 문제가 있습니다. 우리 인간에게 이런 권리가 있다면, 우리와 함께 이 지구에서 살아가는 동물들에게도 권리가 있을까요? 이 질문은 단순히 동물을 좋아하느냐의 문제가 아닙니다. 우리가 자연과 어떤 관계를 맺으며 살아가는지, 그리고 인간 외 존재들의 삶을 어떻게 대할 것인지에 대한 중요한 물음입니다.

『동물 해방』 표지.

1975년, 오스트레일리아의 철학자 피터 싱어는 『동물 해방(Animal Liberation)』이라는 책을 통해 전 세계에 충격을 던졌습니다. 이 책은 동물권 운동의 철학적 기반을 마련한 획기적인 저서로 평가받고 있습니다. 싱어는 아주 간단하면서도 강력한 논증을 제시했습니다.

"동물도 고통을 느낄 수 있다면, 우리는 왜 그들의 고통을 인간의 고통보다 덜 중요하게 여기는가?"

그는 이를 '종 차별주의'라고 불렀습니다. 인종이나 성별을 이유로 차별하는 것이 부당한 것처럼, 단지 종이 다르다는 이유만으로 동물의 이익을 무시하는 것 역시 부당하다는 주장이었습니다. 이는 인간 중심적 사고에 익숙했던 많은 사람들에게 근본적인 성찰을 요구하는 도전이었습니다.

싱어의 이론은 단순히 책상 위의 철학에 그치지 않았습니다. 이후 전 세계적으로 동물 보호법이 강화되고, 동물실험에 대한 규제가 늘어나는 등 실질적인 변화를 이끌어 냈습니다. 그의 질문은 여전히 유효합니다.

"고통을 느끼는 존재라면, 그 고통은 누구의 것이든 똑같이 중요하지 않을까?"

우리나라 민법 제98조는 여전히 동물을 물건으로 규정하고 있습니다. 하지만 최근에는 법적으로 동물의 권리를 인정해야 한다는 목소리가 높아지고 있습니다. 제주도 연안에 사는 큰돌고래처럼 생태적 가치가 높은 존재들을 '생태법인'으로 지정하여, 스스로 권리를 주장할 수 있도록 하자는 논의도 진행 중입니다. 생태법인은 사람 외에 생태적 가치가 중한 자연환경이나 동식물에 법적 권리를 부여하는 제도입니다. 이는 단순히 동물을 보호하자는 주장이 아닙니다. 인간 중심적인 사고에서 벗어나, 자연 전체를 존중하는 삶의 방식으로 전환하자는 움직임입니다. 자연과 인간이 함께 살아가는 공동체를 지향하는 것입니다.

생태시민으로서 우리는 어떤 선택을 할 수 있을까요? 동물실험을 하지 않는 화장품을 사용하거나, 공장식 축산업에 반대하는 소비를 하는 것부터 시작할 수 있습니다. 길에서 만나는 길고양이를 함부로 대하지 않는 것도 중요한 실천입니다.

2. 단 1유로의 배상 판결에도
'기후 정의'가 존재할까요?

2021년 2월, 프랑스 파리행정법원은 그린피스 프랑스, 옥스팜 프랑스 등 4개 환경 단체들이 제기한 소송에서 프랑스 정부가 약속한 온실가스 감축 목표를 달성하지 못한 것에 대해 유죄를 선고하고, 청구된 1유로를 배상하라고 판결했습니다. 금액은 작지만, 이 판결의 의미는 매우 큽니다. 정부의 소극적인 기후 변화 대응이 국민의 기본권을 침해한 것으로 인정받은 사례로, 기후 정의의 첫걸음을 내딛은 사건이기 때문입니다.

230만 명 이상이 이 청원에 동참하여 '세기의 소송'이라 불렸는데, 환경 단체들은 상징적인 의미로 단 1유로의 배상금을 청구했습니다. 금전적 보상이 아니라 정부에게 기후 변화 대응 의무가 있음을 법적으로 확인받는 것이 목적이었기 때문입니다. 법원은 "프랑스 정부가 2015년부터 2018년까지 약속한 감축 목표를 달성하지 못해 생태계 피해가 발생했다."고 인정했습니다. 이는 앞으로 정부가 기후 변화 대응에 더 적극적으로 나서야 할 법적 근거가 되었습니다.

한국에서도 2020년 태아와 아이 들이 "현재의 온실가스 감축 목표가 너무 약해서 우리 세대와 미래 세대의 기본권을 침해한다."고 헌법소원을 제기했습니다. 5살 이하 아기 40명, 6~10살 어린이 22명이 참여했고, 대표 청구인은 당시 20주차 태아 딱따구리(태명)였습니다.

프랑스 환경 단체의 소송 판결이 중요한 이유는?

- **국가 책임의 인정**: 기후 변화 대응이 선택이 아닌 의무라는 점을 법원이 명확히 했습니다. 국가가 온실가스 감축 목표를 세웠다면 반드시 이행해야 하며, 이행하지 않으면 책임을 물을 수 있다는 것입니다. 또한, 2015년 파리 협정은 기후 변화 소송의 법적 근거가 되었으며, 각국은 법적 권리를 기반으로 정부의 기후 정책을 검토하고 개선할 필요성을 느끼게 되었습니다.
- **기본권 침해 인정**: 정부의 소극적인 기후 정책이 국민의 환경권과 건강권을 침해한다는 점을 인정했습니다. 우리 헌법 제35조에도 "모든 국민은 건강하고 쾌적한 환경에서 생활할 권리를 가진다."고 명시되어 있습니다.
- **전 세계적 영향**: 이 판결 이후 유럽과 아시아 여러 나라에서 비슷한 기후소송이 증가했습니다. 네덜란드, 독일, 한국에서도 정부를 상대로 한 기후소송이 진행되고 있습니다.

청구인 딱따구리와 최지아 어린이의 어머니는 세계 최초의 '아기 기후소송' 취지를 이렇게 밝혔습니다.

"이 소송의 핵심은 기후 위기가 안고 있는 세대 간 불평등이다. 미래세대는 이전 세대가 배출한 탄소로 기후 위기를 고스란히 겪어야 한다. 아직 탄소를 단 1g도 배출한 적 없는 딱따구리도 마찬가지다."

2024년 8월 29일 헌법재판소는 「탄소중립 · 녹색성장 기본법」에 대해 헌법 불합치 결정을 내리며, 법 개정 시한을 2026년 2월 28일까지로 뒀습니다. 이 판결은 아시아 최초로 기후소송에서 국가의 책임을 인정하고, 미래 세대의 손을 들어준 판결이라는 의의가 있습니다. 다음은 헌법재판소가 내린 기후소송(「탄소중립 · 녹색성장 기본법」 관련) 결정문의 일부를 발췌한 것입니다.

헌법재판소 결정

"기후 변화의 주요 원인인 지구 평균 기온의 상승이 온실가스의 대기 중 축적 수준에 거의 비례한다는 과학적 사실로 인하여, 현재의 온실가스 감축 노력이 불충분하면 그만큼 미래의 부담이 가중된다. 이것은 기후 위기라는 위험 상황의 중요한 특성이다.

국가가 기후 위기의 위험 상황에 대응하는 보호 조치를 마련함에 있어 미래에 과중한 부담이 이전되지 않도록 하는 것은, 미래의 국민의 자유 보장을 위하여 필요할 뿐만 아니라, 현재 세대와 미래 세대 사이의 평등한 기본권 보장을 위해서도 필요하다.

따라서 기후 위기에 대한 대응으로서 국가가 온실가스 감축의 목표를 설정하고 이행할 때에는 미래의 환경적 조건에 대한 책임을 고려하는 것이 헌법적으로 요청된다."

경계를 넘어 공존으로
_『고양이 손님』이 주는 메시지

일본의 시인이자 소설가인 히라이데 다카시의 『고양이 손님』은 2001년 발표 이후 전 세계 24개국에 번역 출간되며 많은 독자들의 사랑을 받았습니다. 이 소설이 특별한 이유는 인간과 동물이 서로의 경계를 존중하면서 공존하는 모습을 섬세하게 그려 내기 때문입니다.

소설 속 고양이 '치비'는 누구의 소유물도 아닙니다. 그저 이웃집과 주인공 부부의 집을 오가며 자신만의 방식으로 관계를 맺습니다. 인간들은 고양이를 억지로 소유하거나 통제하려 하지 않고, 고양이 역시 인간에게 완전히 의존하지도, 완전히 거부하지도 않습니다. 서로의 존재를 인정하고 존중하면서도 적절한 거리를 유지하는 아름다운 관계가 펼쳐집니다.

이 소설 속 주인공 부부는 우리가 동물과, 더 나아가 자연과 맺어야 할 이상적인 관계의 모습을 보여 줍니다. 지배하거나 소유하려 하지 않으면서도, 무관심하게 외면하지도 않는 관계. 서로의 차이를 인정하고 각자의 삶의 방식을 존

『고양이 손님』 표지.

중하는 관계 말입니다.

　　“동물에게도 권리가 있을까?”라는 질문은 결국 “나는 자연과 어떤 관계를 맺고 있는가?”라는 질문으로 이어집니다. 생태시민으로 살아가는 길은 거창하지 않습니다. 자연과 다른 생명을 존중하고, 그 존중을 행동으로 옮기는 순간부터 우리는 변화를 만들어 갈 수 있습니다. 작은 실천이 모여 큰 변화를 만듭니다. 동물과 자연에 대한 질문이, 우리 모두의 삶을 더 풍요롭고 따뜻하게 만들 수 있지 않을까요?

4장. 문화와 다양성

'문화가 있는 날'이 있으면 '문화가 없는 날'도 있나요?

여러분은 '문화가 있는 날'이라는 말을 들어 본 적이 있나요? 매주 수요일로, 이날에는 많은 공연장과 박물관을 무료 또는 할인된 가격으로 이용할 수 있습니다. 그런데 문화가 있는 날이 따로 있다면, 문화가 없는 날도 있을까요?

문화는 우리가 의식하든 의식하지 못하든 늘 우리 곁에 있습니다. 아침에 밥을 먹는지 빵을 먹는지, 어떤 옷을 입는지, 어떻게 인사하는지 등 이 모든 것이 문화입니다. 문화는 특별한 날 공연장에서만 만나는 것이 아니라, 우리 삶의 모든 순간에 녹아 있는 '생활 양식'입니다.

문화체육관광부의 '문화가 있는 날' 로고.

최근 한국 대중문화가 세계를 휩쓸고 있습니다. 2025년 6월 애니메이션 「케이팝 데몬 헌터스」는 넷플릭스에 공개된 지 2주 만에 전 세

「케이팝 데몬 헌터스」의 흥행으로 주목받고 있는 국립중앙박물관.

계 41개국에서 1위를 차지했고, 93개국에서 10위권 안에 진입하는 이례적인 기록을 세웠습니다. 서울을 배경으로 케이팝(K-POP) 걸그룹이 낮에는 아이돌로, 밤에는 악령을 사냥하는 헌터로 활동하는 이야기를 담은 이 작품은 누적 시청자 수 3억 명을 돌파하며 전 세계적 신드롬을 일으켰습니다. 영화 속 삽입곡들은 빌보드 차트(미국의 대표적인 음악 순위표) 최상위권에 올랐고, 작품에 담긴 갓, 노리개, 호작도 같은 한국 전통문화 요소들이 세계적 관심을 받으며 전통문화 확산으로 이어지고 있습니다.

「케이팝 데몬 헌터스」의 인기는 뜻밖의 곳에도 영향을 미쳤습니다. 작품 속에 등장한 한국 전통문화 요소들이 화제가 되면서, 국립중앙박물관을 찾는 사람들이 급증한 것입니다. 특히 해외 팬들 사이에서 "애니메이션에서 본 그 전통 의복과 장신구를 직접 보고 싶다."는 반응이 쏟아지면서, 박물관은 새로운 '한류 명소'로 떠올랐습니다. 전통 갓과 노리개를 모티브로 한 박물관 굿즈는 품절 대란을 일으켰고, SNS에는 박물관을 방문한 전 세계 팬들의 인증 숏이 넘쳐났습니다.

이처럼 케이팝이라는 현대 대중문화가 우리의 전통문화에 대한 관심으로 이어지는 현상은, 문화가 고정된 것이 아니라 끊임없이 변화하고 융합하며 새로운 의미를 만들어 낸다는 것을 보여 줍니다. 그렇다면 '문화'란 정확히 무엇이고, 우리는 왜 문화를 이해해야 할까요? 그리고 세계 곳곳의 서로 다른 문화들은 어떤 특징을 가지고 있을까요?

문화와 문화권 : 우리가 사는 세계를 이해하는 열쇠

문화와 문화권의 개념

문화(culture)라는 단어는 원래 라틴어 '쿨투스(cultus)'에서 유래했습니다. 이 말은 '밭을 갈아 경작한다'는 뜻으로, 자연에 노동을 가하여 무언가를 수확한다는 의미를 담고 있습니다. 시간이 흐르면서 이 단어는 '가치를 창조한다'는 뜻으로 확장되었고, 오늘날에는 '사회 구성원이 공유하는 생활 전반의 양식'을 의미하게 되었습니다. 문화란 인간이 환경과 상호작용하면서 만들어 낸 옷, 음식, 집, 종교, 언어 등과 같은 사회 전반의 생활 양식을 의미합니다. 쉽게 말해, 우리가 어떻게 살아가는가에 대한 모든 것이 문화인 셈입니다.

이렇게 형성된 문화가 비슷한 지역을 묶어 놓은 것을 문화권이라고 합니다. 문화권은 문화적 특성이 유사하게 나타나는 공간 범위로, 기후나 지형 같은 자연환경과 종교, 언어, 산업 같은 인문환경의 영향을 받아 형성됩니다. 하지만 문화권의 경계는 명확하게 선을 그을 수 있는 것이 아닙니다. 문화는 끊임없이 변화하고 다른 문화와 만나 새로운 모습으로 진화하기 때문에, 문화권 역시 고정된 것이 아니라 시간에 따라 변화하는 역동적인 개념입니다.

문화 경관과 점이 지대

문화 경관(cultural landscape)은 인간이 한 장소에 오랫동안 거주하며 자연환경과 상호 작용하는 과정에서 형성된 가시적 경관을 의미합니다. 이는 해당 사회의 생활 양식과 가치관이 공간에 투영된 문화의 흔

이스탄불의 독특한 문화 경관.

적입니다. 유럽의 웅장한 성당, 이슬람 지역의 둥근 돔과 첨탑을 갖춘 모스크, 동남아시아의 화려한 불교 사원은 각 문화권의 종교적 특성을 드러내는 대표적 문화 경관입니다.

서로 다른 문화권이 만나는 경계 지역에서는 독특한 현상이 나타납니다. 이를 **점이지대**(transition zone)라고 하며, 이곳에서는 두 문화권의 특성이 함께 나타납니다. 튀르키예의 이스탄불은 유럽 문화권과 건조 문화권(이슬람 문화권)의 특성이 중첩되는 대표적인 점이지대입니다.

학자들은 문화를 어떻게 정의할까요?

19세기 영국의 문화인류학자 에드워드 타일러(Tylor, E. B.)는 문화를 "사회 구성원으로서 인간이 습득한 지식, 신앙, 예술, 법률, 도덕, 관습 등 모든 능력과 습관을 포함하는 복합적 총체"라고 정의했습니다. 여기서 중요한 단어는 '습득한'입니다. 문화는 타고난 본능이 아니라, 살아가면서 배우고 익히는 것입니다.

미국의 인류학자 마빈 해리스(Harris, M.)도 문화를 "특정한 인구 집단의 생활 양식 또는 적응 양식"이라고 표현했습니다. 결국 문화란 인간이 자연 환경과 사회 환경에 적응하며 만들어 낸 삶의 방식이며, 한 사회의 구성원들이 함께 공유하고 다음 세대로 전승하는 "학습된 행동의 총체"입니다.

문화의 다양한 의미와 범위

문화는 크게 좁은 의미와 넓은 의미로 구분할 수 있습니다.
좁은 의미의 문화는 교양 있거나 세련된 상태를 의미하며, 가치 판단이 개입된 개념입니다. '문화가 있는 날', '문화생활', '문화 센터' 같은 표현이 여기에 해당합니다.

넓은 의미의 문화는 어떤 사회 전체의 생활 양식을 말합니다. 젓가락으로 밥을 먹는 것, 명절에 세배를 하는 것, 학교에 가는 것 모두 문화입니다. 이 책에서는 넓은 의미의 문화, 즉 생활 양식으로서의 문화를 다룹니다.

문화의 다층성과 다양성: 주류 문화, 하위문화

한 사회 안에서도 모든 구성원이 똑같은 방식으로 살지 않습니다. 이러한 문화적 다양성을 이해하기 위해 주류 문화와 하위문화 개념을 사용합니다.

주류 문화는 한 사회에서 가장 보편적이고 지배적인 위치를 차지하는 문화로, 대다수 구성원들이 공유하고 당연하게 여기는 생활 양식입니다. 한국 사회에서는 한국어 사용, 밥을 주식으로 먹기, 법 준수, 학교 교육, 연장자 공경 등이 주류 문화에 해당합니다.

하위문화는 한 사회 내 특정 집단이 공유하는 독특한 가치관과 행동 양식을 의미합니다. '하위'는 열등하다는 뜻이 아니라, 사회 전체보다 작은 집단의 문화라는 의미입니다. 하위문화는 연령(청소년 문화), 직업(의사 문화), 지역(제주 문화), 취미(게임 문화) 등으로 구분됩니다.

문화권 형성에 영향을 주는 요인

문화권은 왜 서로 다르고, 어떻게 다를까요? 이 질문에 답하기 위해서는 크게 자연환경과 인문환경이라는 두 가지 요인을 살펴보아야 합니다. **자연환경**은 기후와 지형, 식생, 토양 등을 포함하며, **인문환경**은 종교와 산업, 언어, 인종 등을 포함합니다. 앞 장에서는 자연환경이 인간 생활에 미치는 영향을 배웠는데, 여기서는 자연환경과 인문환경이 어떻게 문화권을 형성하는지 살펴보겠습니다. 기후와 지형, 종교와 산업 등 다양한 요인이 복합적으로 작용하여 각 지역의 독특한 문화를 만들어 내는 것입니다.

① 자연환경의 영향

기후가 만드는 문화의 차이

기후는 인간의 생활 방식에 가장 직접적인 영향을 미치는 요소입니다. 특히 의복, 음식, 주거 문화에서 기후의 영향을 명확하게 볼 수 있습니다.

의복 문화: 열대 기후 지역 사람들은 통풍이 잘되는 가벼운 옷을 입고, 건조 기후 지역에서는 강한 햇빛과 모래바람을 차단하기 위해 얇은 천으로 온몸을 감쌉니다. 한대 기후 지역에서는 동물의 가죽이나 털로 만든 두꺼운 옷을 입어 추위로부터 체온을 보호합니다.

음식 문화: 고온다습한 아시아 계절풍 기후 지역에서는 벼농

아시아 계절풍 기후 지역의 쌀국수.

밀농사 지역의 빵.　남아메리카의 옥수수를 주 재료로 하는 타코.

사가 발달하여 쌀이 주식이 되었습니다. 건조 기후 지역과 유럽에서는 밀 재배와 목축업이 유리하여 빵과 고기가 주식이 되었고, 남아메리카 고산 지대에서는 감자와 옥수수가 주식으로 자리 잡았습니다.

　　주거 문화: 열대 기후 지역에서는 습기와 벌레를 방지하기 위해 고상 가옥이 나타나고, 건조 기후 지역에서는 작은 창이 있는 흙집에 평평한 지붕을 올립니다. 냉대 기후 지역에서는 통나무로 집을 짓고 난방과 보온을 중시하는 폐쇄적 가옥 구조가 발달했습니다.

지형이 만드는 생활의 차이

지형 역시 인간의 생활 방식을 결정하는 중요한 요소입니다. 산지, 평야, 해안은 각각 다른 특성을 가지고 있으며, 그곳에 사는 사람들의 삶도 다르게 전개됩니다. 산지는 급한 경사와 높은 해발 고도 때문에 인간이 거주하기에 불리한 조건을 가지고 사람들은 계단식 논을 만들거나 이목을 발달시켰습니다. 평야는 농경에 유리하며 교통로 건설과 산업 시설 입지에 용이하여 도시가 발달하기 좋습니다. 해안은 어업이 발달하고 항구 도시가 형성되어 무역과 문화 교류의 중심지가 됩니다.

② 인문환경의 영향

종교_삶의 방식을 결정하는 강력한 힘

종교는 단순히 개인의 믿음에 그치는 것이 아닙니다. 종교는 사람들이 무엇을 먹고, 어떤 옷을 입고, 어떤 건물을 짓고, 심지어 어떤 법을 만드는지에까지 영향을 미치는 강력한 문화 형성 요인입니다. 세계의 주요 종교들은 각각 독특한 문화권을 형성하고 있습니다.

크리스트교(기독교)는 유럽, 아메리카, 오세아니아 문화권에서 우세하며, 일요일을 휴일로 정하고 크리스마스와 부활절을 지키는 문화를 만들었습니다. 유럽의 웅장한 고딕 성당들은 대표적인 크리스트교 문화 경관입니다.

이슬람교는 하루 다섯 번 메카를 향한 기도, 라마단 금식, 메

크리스트교의 한 종파인 가톨릭교에서 성직자가 미사를 집전하는 장면.

모스크에서 기도하는 모습. 이슬람에서는 메카를 향해
하루 다섯 번 기도하는 것이 신앙인의 기본 의무 중 하나다.

라오스 루앙프라방에서 볼 수 있는 새벽 탁발 행렬.

갠지스강에서 목욕하는 힌두교인들. 힌두교인들은 갠지스강에서
목욕을 하면 죄를 씻고 영적인 정화를 얻는다고 믿는다.

카 순례 등 엄격한 종교적 의무를 지키며, 돼지고기와 술을 금기시하고 할랄 문화가 발달했습니다. 둥근 돔과 첨탑이 특징인 모스크가 대표적 문화 경관입니다.

불교는 자비를 강조하고 살생을 금지하기 때문에 채식 문화가 발달했으며, 사찰, 탑, 불상이 대표적 문화 경관입니다. 동남아시아에서는 수도승들이 집집마다 다니며 음식을 받는 탁발 전통이 있습니다.

힌두교는 인도의 민족 종교로 수많은 신을 숭배하며, 소를 신성시하여 소고기를 먹지 않고, 갠지스강에서 몸을 담그며 기도하는 의식이 특징입니다.

TIP!

이목

목축 방식의 하나로, 가축을 여름에는 산에 놓아 기르고, 겨울에는 평지에서 건초로 기르는 방식입니다.

할랄

이슬람교도들이 먹고 쓰는 것을 통틀어 이르는 말입니다.

산업_ 먹고사는 방법이 문화를 만든다

사람들이 생계를 유지하는 방법, 즉 산업의 형태도 문화권을 형성하는 중요한 요소입니다. 농경 문화권, 유목 문화권, 상공업 중심의 문화권은 각각 다른 생활 양식과 가치관을 발전시켰습니다.

농경 문화권에서는 정착 생활이 이루어지면서 마을 공동체가 형성되었고, 계절에 따른 농사 의례와 축제가 발달했습니다. 한국의 단

몽골의 이동식 천막집인 게르와 말. 유목민들은 말을 타고 넓은 초원을 이동하며 생활했기 때문에 말은 단순한 가축을 넘어 문화의 중심이 되었다.

오나 추석처럼 씨 뿌리기와 수확의 시기에 맞춘 명절이 만들어졌으며, 농사에 필요한 협력을 통해 집단주의적 가치관이 발달했습니다.

유목 문화권에서는 물과 풀을 찾아 가축과 함께 이동하는 생활 방식이 나타났습니다. 몽골의 게르처럼 이동에 적합한 주거가 발달했고, 말은 이동 수단이자 문화의 중심이 되었습니다. 자연환경 변화에 빠르게 적응해야 했기 때문에 유연성과 강인함이 중요한 가치로 자리 잡았습니다.

상공업 중심의 문화권에서는 도시가 발달하고 다양한 문화 교류가 활발하게 이루어졌습니다. 베네치아나 피렌체 같은 교역 도시에서는 여러 지역에서 사람들이 모여들었고, 이들 간의 교류를 통해 문화가 빠르게 변화하고 발전했습니다. 물질적 풍요가 증가하면서 개인주의적 가치관이 발달했고, 예술과 학문도 함께 발전했습니다. 상공업 도시는 혁신과 변화의 중심지가 되어 왔습니다.

세계의 다양한 문화권: 모자이크 세계

세계는 여러 개의 문화권으로 구분되어 있습니다. 동아시아 문화권, 동남아시아 문화권, 남부 아시아 문화권, 유럽 문화권, 건조 문화권, 아프리카 문화권 등 마치 색색의 조각들이 모여 하나의 모자이크를 이루듯이, 세계는 다양한 문화권이 모여 형성된 '모자이크 세계'입니다.

기후와 지형 같은 자연환경, 그리고 종교와 산업 같은 인문환

세계의 문화권 지도.

경이 오랜 시간 동안 복합적으로 작용하여 각 지역만의 독특한 문화를 만들어 냈습니다. 계절풍이 부는 지역에서는 벼농사 중심의 농경 문화가, 건조한 사막 지역에서는 유목 문화가 발달한 것처럼 말입니다.

각 문화권은 고유한 특징과 가치를 지니고 있으며, 문화 경관을 통해 그 모습을 생생하게 드러냅니다. 힌두교 사원의 화려한 조각, 이슬람 문화권의 모스크, 유럽의 고딕 성당 같은 문화 경관은 각 문화권을 이해하는 중요한 열쇠입니다. 중요한 것은 문화의 다양성을 인정하고 존중하는 태도입니다. 어떤 문화가 우월하거나 열등한 것이 아니라, 각자의 환경과 역사 속에서 형성된 고유한 생활 방식일 뿐입니다.

세계의 다양한 문화권을 이해하는 것은 더 넓은 세상을 바라보고, 서로 다른 사람들과 공존하는 법을 배우는 첫걸음입니다. 여기서는 모자이크의 각 조각처럼 세계 곳곳에 자리한 문화권들의 독특한 색깔을 함께 살펴보겠습니다.

아시아 문화권

아시아 문화권은 세계에서 가장 넓고 인구가 많은 문화권으로, 크게 동아시아, 동남아시아, 남부 아시아로 구분됩니다.

동아시아 문화권은 중국, 한국, 일본을 중심으로 형성되었으며, 문화적 유사성이 매우 높습니다. 이 지역의 가장 큰 특징은 유교와 불교 문화가 깊이 뿌리내렸다는 점입니다. 유교는 공자의 가르침을 바탕으로 한 사상 체계로, 부모에 대한 효도, 어른에 대한 공경, 사회 질서와 예의를 매우 중시합니다.

인도네시아 사람들이 농사짓는 모습.

동남아시아 문화권은 세계적인 벼농사 지역이자 커피, 고무 등 플랜테이션 농업의 중심지입니다. 말라카 해협을 비롯해 아시아 대륙과 인도양, 태평양을 잇는 교통 요지로, 예로부터 중국, 인도, 이슬람 문화가 유입되어 고유문화와 혼합되었습니다. 불교, 이슬람교, 크리스트교가 공존하는 종교적 다양성이 특징입니다.

남부 아시아 문화권은 인도를 중심으로 파키스탄, 방글라데시, 스리랑카, 네팔 등을 포함합니다. 인도는 연방 공용어 2개(힌디어와 영어)와 헌법이 인정한 언어만 22개나 있을 정도로 언어적 다양성이 크며, 힌두교와 카스트 제도가 사회 전반에 영향을 미치고 있습니다. 파키스탄과 방글라데시는 이슬람 국가이며, 인도에도 약 2억 명으로 추정되는 무슬림이 살고 있습니다.

유럽 문화권

유럽 문화권은 세계 역사에서 매우 중요한 역할을 해 온 지역으로, 크게 북서 유럽, 남부 유럽, 동부 유럽으로 구분됩니다.

북서 유럽 문화권은 영국, 프랑스, 독일, 네덜란드, 벨기에, 스칸디나비아 국가들을 포함하며, 산업 혁명의 발상지입니다. 석탄과 철 자원, 식민지를 통한 시장 확보로 공업화가 빠르게 진행되어 오늘날 자동차, 화학, 금융 산업이 발달했습니다. 기후적으로는 서안 해양성 기후가 나타나는데, 이는 대서양에서 불어오는 따뜻하고 습한 편서풍의 영향을 받기 때문입니다. 연중 기온 변화가 크지 않고 비가 고르게 내려 농업에 유리합니다. 이러한 기후 조건 덕분에 곡물 재배와 가축 사육을

산업혁명 당시 영국 맨체스터 면방직 공장의 모습, 1834년경.

함께 하는 혼합 농업이 발달했습니다. 종교적으로는 크리스트교의 비율이 높은 것이 특징입니다. 민족적으로는 게르만족의 비율이 높으며, 영어, 독일어, 네덜란드어, 스칸디나비아 언어들은 모두 게르만 어족에 속합니다.

남부 유럽 문화권은 이탈리아, 스페인, 포르투갈, 그리스 등을 포함하며, 고대 유럽 문명의 발상지입니다. 기후적으로는 지중해성 기후가 나타나는데, 여름에는 덥고 건조하며 겨울에는 온난하고 비가 내립니다. 올리브, 포도 등 수목 농업과 관광 산업이 발달했으며, 가톨릭교 영향이 절대적이고 라틴족이 많습니다.

동부 유럽 문화권은 폴란드, 체코, 헝가리, 루마니아, 불가리아, 우크라이나, 러시아 서부 등을 포함합니다. 이 지역의 가장 큰 특징은 20세기 대부분을 사회주의 국가로 보냈다는 점입니다. 제2차 세계대전 이후 소련의 영향 아래 사회주의 체제가 수립되었고, 국가가 모든 경제 활동을 통제하는 계획경제가 실시되었습니다. 1989년 베를린 장벽이 무너지고 1991년 소련이 해체되면서 대부분의 동유럽 국가들이 민주주의와 시장경제로 전환했지만, 사회주의 시대의 영향은 여전히 남아 있습니다. 정교회 비율이 높고 슬라브 언어가 주로 사용됩니다.

아메리카 문화권

아메리카 문화권은 북아메리카와 남아메리카 대륙 전체를 아우르는 광대한 지역으로, 크게 앵글로아메리카와 라틴 아메리카로 구분됩니다. 이 두 지역을 나누는 경계는 미국과 멕시코의 국경을 이루는 리오그란데강입니다. 아메리카 문화권 전체의 가장 큰 공통점은 유럽의 식민 지배를 받았다는 역사적 경험입니다. 15세기 말 콜럼버스가 아메리카 대륙에 도착한 이후, 유럽 국가들은 약 400년간 이 지역을 식민지로 지배하면서 원주민 문화를 파괴하고 유럽 문화를 강제로 이식했습니다. 그 결과 오늘날 아메리카 대륙에서는 유럽에서 유래한 언어가 공용어로 사용되고, 크리스트교가 주요 종교로 자리 잡게 되었습니다. 다만 식민 지배를 한 유럽 국가가 달랐기 때문에 북쪽과 남쪽의 문화는 서로 다른 특징을 보입니다. 또한 유럽인들이 들어오기 전부터 이 땅에 살았던 원주민들과 노예로 끌려온 아프리카인들의 문화가 혼합되면서 독특한 신대륙 문화가 형성되었습니다.

앵글로아메리카 문화권은 리오그란데강 북쪽 지역으로, 미국과 캐나다를 포함합니다. '앵글로'라는 이름은 영국계를 뜻하는 '앵글로색슨'에서 유래했습니다. 이 지역은 주로 영국, 프랑스, 네덜란드 등 북서 유럽 국가들의 식민 지배를 받았습니다. 특히 영국의 영향이 가장 컸기 때문에 영어가 공용어로 사용되며, 영국의 법률 체계, 의회 민주주의, 시장경제 제도가 자리 잡았습니다.

청교도의 이주로 건국된 미국은 개신교 윤리가 사회 전반에 깊이 뿌리내렸으며, 유럽계, 아프리카계, 히스패닉, 아시아계 등 다양한 민족이 함께 사는 다문화 사회를 형성했습니다. 특히 미국은 풍부한 자원과 발달한 기술을 바탕으로 세계 최대 경제 대국이 되었으며, 월가의 금융업, 실리콘밸리의 첨단 기술, 할리우드 문화 등으로 세계를 선도하고 있습니다.

미국 월가의 뉴욕 증권거래소 빌딩 모습.

TIP!

히스패닉

미국에서 라틴 아메리카 출신 중 스페인어권 출신을 지칭하는 말입니다.

월가

미국 뉴욕시 맨해튼섬 남쪽 끝에 있는 지역으로, 금융 기관이 몰려 있어 미국 금융 시장을 이르는 말로 쓰입니다. '월스트리트'라고도 합니다.

플랜테이션 농업

열대 또는 아열대 지역에서 자본과 기술을 가진 외부 세력이 현지인의 값싼 노동력을 활용하여 쌀, 고무, 면화, 담배 등 특정 농산물을 대량으로 생산하는 농업 경영 형태를 말합니다.

라틴 아메리카 문화권의 가장 큰 특징은 유럽인, 원주민, 아프리카계가 혼합된 인구 구성과 문화적 융합입니다. 이러한 인종적·문화적 혼합은 음악, 춤, 축제와 같은 생활문화에 잘 드러나며, 브라질의 리우 카니발은 그 대표적인 사례입니다. 서로 다른 문화 요소들이 결합하여 다채롭고 역동적인 문화를 형성한 지역으로, 앵글로아메리카와 대비되는 독자적인 문화적 성격을 지니고 있습니다.

건조 문화권

건조 문화권은 서남아시아, 중앙아시아, 북부 아프리카에 걸쳐 있습니다. 사하라 사막, 아라비아 사막 등 세계에서 가장 넓은 사막들이 이 지역에 펼쳐져 있으며, 사막 주변으로는 초원 지대가 이어집니다. 연평균 강수량이 250mm도 채 되지 않고, 낮에는 뜨거운 햇볕으로 기온이 50℃까지 올라가지만 밤에는 급격히 떨어지는 큰 일교차가 나타납니다. 물이 귀하고 나무가 자라기 어려운 환경입니다. 이러한 혹독한 자연환경 속에서 사람들은 오랜 세월 독특한 생활 방식과 문화를 발전시켜 왔습니다.

이슬람교와 아랍 문화가 건조 문화권의 가장 큰 공통점입니다. 7세기 초 아라비아 반도에서 시작된 이슬람교는 빠르게 확산되어 서남아시아, 중앙아시아, 북부 아프리카를 하나의 문화권으로 묶었습니다. 하루 다섯 번 메카를 향한 기도, 라마단 금식, 메카 순례 등 엄격한 종교적 의무를 지키며, 이슬람교는 일상생활, 법률, 정치, 예술을 지배하는 강력한 문화적 힘입니다. 경전인 코란을 기록한 언어인 아랍어는 종교와 밀접하게 연결되어 있으며, 아랍어 서예와 기하학적 무늬의 장식, 독특한 아치형 건축은 이 지역 예술의 특징입니다.

20세기 초 '검은 황금'으로 불리는 석유의 발견으로 급격한 현대화가 이루어져 사막에 초고층 빌딩과 현대 도시가 건설되었습니다. 그러나 새로운 과제도 있습니다. 석유 고갈에 대비한 경제 다각화, 과도한 지하수 사용으로 인한 물 부족 심화, 전통 문화 보존과 현대화 사이의 균형이 주요 고민입니다.

아프리카 문화권

사하라 사막 이남 아프리카 지역은 적도를 중심으로 열대 기후가 나타나며, 울창한 열대 우림과 넓은 사바나 초원, 그리고 사막 주변의 건조지대 등 다양한 자연환경이 펼쳐져 있습니다. 나일강, 콩고강, 니제르강 같은 큰 강들이 흐르고, 킬리만자로산, 빅토리아 호수 등 장엄한 자연 경관을 자랑합니다.

인류가 최초로 탄생한 곳으로 알려진 아프리카는 오랜 역사를 가지고 있지만, 근대 이후 유럽의 식민 지배를 받으면서 많은 고난을 겪었고, 그 영향이 오늘날까지 이어지고 있습니다. 1884년 베를린 회의에서 유럽 열강들이 아프리카를 나누고 자원을 약탈했습니다. 부족 분포를 무시한 채 국경선을 정함으로써 같은 부족이 여러 나라로 나뉘거나 적대 부족이 한 국가로 묶이는 일이 벌어졌습니다. 이는 아프리카 각국이 독립한 이후 르완다 대학살, 수단 내전 등 끊임없는 분쟁의 원인이 되었습니다.

오늘날 아프리카는 여전히 많은 도전에 직면해 있습니다. 식민 지배의 유산, 부족 간 갈등, 빈곤, 질병, 교육 부족, 정치적 불안정 등이 복합적으로 얽혀 발전을 가로막고 있습니다. 그러나 동시에 희망의

싹도 보이고 있습니다. 풍부한 천연자원과 젊은 인구, 정보통신 기술의 발달, 민주주의의 확산 등을 바탕으로 많은 아프리카 국가들이 경제 성장을 이루고 있습니다. 케냐의 모바일 결제 시스템인 엠페사(M-Pesa)는 세계적인 혁신 사례로 주목받고 있으며, 르완다는 과거의 비극을 딛고 빠른 경제 발전을 이루고 있습니다. 나이지리아의 영화 산업 놀리우드(Nollywood)는 인도의 발리우드(Bollywood)에 이어 세계 2위의 영화 제작량을 자랑합니다. 아프리카의 젊은 세대는 교육을 받고 기술을 익히며 새로운 미래를 만들어 가고 있습니다.

오세아니아 문화권

오세아니아 문화권은 태평양에 위치한 오스트레일리아, 뉴질랜드, 그리고 남태평양의 수많은 섬들을 포함하는 지역입니다. '오세아니아'라는 이름은 '바다'를 뜻하는 단어 '오션(ocean)'에서 유래했으며, 말 그대로 광활한 태평양에 흩어져 있는 대륙과 섬 들의 문화권입니다. 이 지역은 온화한 기후와 아름다운 자연 경관을 가지고 있으며, 지리적으로 다른 대륙과 멀리 떨어져 있어 독특한 생태계와 문화가 발달했습니다. 코알라, 캥거루 같은 유대류 동물들은 오스트레일리아를 대표하는 동물이며, 키위새는 뉴질랜드의 상징입니다.

18세기 후반부터 영국이 이 지역을 식민지로 만들었고, 1788년 오스트레일리아는 죄수의 유배지로, 1840년 뉴질랜드는 와이탕이 조약으로 영국 식민지가 되었습니다. 오늘날 두 나라는 영연방 국가로 영어가 공용어이며 크리스트교가 주요 종교입니다. 지리적으로는 아시아와

울룰루. 오스트레일리아 노던 준주에 있는 거대한 사암 암반. 원주민에게 매우 신성한 장소임을
존중하는 조치로 2019년 10월 26일부터 울룰루 등반이 영구적으로 금지되었다.

가깝지만 문화적으로는 '남반구의 유럽'입니다.

원주민 문화의 소멸 위기는 심각한 문제입니다. 유럽인이 들어오며 전염병으로 원주민이 대량 사망했고, 토지를 빼앗기고 차별받았습니다. 오늘날 오스트레일리아 원주민인 애버리지니는 전체 인구의 약 3%에 불과하며 수백 개 언어가 사라졌거나 위기에 처했습니다. 최근

와이탕이 조약

1840년 2월 뉴질랜드 북섬 와이탕이에서 당시 무력 충돌이 끊이지 않았던 원주민 마오리족과 영국 국왕이 맺은 조약으로, 3개 항으로 이루어져 있습니다. 이 조약으로 뉴질랜드는 주권을 영국에게 넘겨주었습니다.

영연방

영국 본국과 과거에 영국의 식민지였던 여러 나라로 구성된 연합체를 이르는 말입니다.

원주민 권리 회복 노력이 이루어지고 있습니다. 오스트레일리아 정부는 2008년 공식 사과했고, 뉴질랜드는 마오리어를 공용어로 인정했으며 럭비 국가 대표팀은 마오리족의 전통 전투 춤인 하카(Haka)를 경기 시작 전에 추며 마오리 문화를 세계에 알리고 있습니다.

북극 문화권

북극 문화권은 지구의 최북단, 북극해를 중심으로 형성된 문화권입니다. 툰드라 기후를 포함하는 한대 기후 지역으로, 세계에서 가장 추운 곳 중 하나입니다. 북극권은 북위 66.5℃ 이상의 지역을 말하며, 캐나다 북부, 알래스카, 그린란드, 아이슬란드, 노르웨이, 스웨덴, 핀란드, 러시아의 북부 지역이 해당됩니다. 툰드라 기후 지역은 나무가 자라지 못하고 이끼, 지의류 같은 식물만 자라며, 땅속은 1년 내내 얼어 있는 영구 동토층입니다. 이러한 극한의 환경에서 살아가기 위해 북극 사람들은 놀라운 적응력과 생존 지혜를 발전시켜 왔습니다.

전통 생활 방식은 **순록 유목**과 **수렵, 어로**였습니다. 이누이트족은 바다표범과 고래를 사냥하고 얼음으로 이글루를 만들었으며, 사미족은 순록 떼를 이끌고 계절에 따라 이동했습니다. 원주민들은 샤머니즘 신앙을 가지고 자연과 조화를 이루며 살았습니다. 그러나 현대화로 전통 생활 방식이 급격히 변화하여 정착촌의 주택에서 살고 스노모빌을 타며, 원주민 언어를 구사하는 사람이 줄어들고 있습니다.

북극은 지구 온난화의 영향을 가장 빠르게 받는 지역입니다. 얼음이 녹으면 온난화가 더욱 가속화되는 악순환이 일어나고, 자원 개

연결된 세계, 네트워크 관점

세계를 모자이크로만 보면 충분할까요? 모자이크 관점은 각 문화권의 고유성을 이해하는 데 유용하지만, 세계화가 가속화된 21세기 세계를 설명하기에는 한계가 있습니다.

네트워크 세계란?

세계를 서로 고립된 문화권의 집합이 아니라, 복잡하게 연결된 하나의 거대한 그물망으로 보는 관점입니다. 국가뿐만 아니라 다국적 기업, 국제기구, 비정부 기구(NGO), 글로벌 도시들이 국경을 넘어 끊임없이 상호작용하며 서로 영향을 주고받습니다. 정보와 자본이 국경을 자유롭게 넘나들고, 한 지역의 변화가 네트워크를 통해 전 세계로 즉각 파급됩니다. 2008년 미국 금융 위기는 곧바로 전 세계적인 경제 위기가 되었고, 2011년 일본 후쿠시마에서 발생한 원전 사고는 전 세계 에너지 정책에 영향을 미쳤으며, 코로나19는 전 인류의 일상을 바꾸어 놓았던 것처럼요.

통합적 이해의 필요성

현대 지리학은 모자이크와 네트워크 중 어느 하나만으로는 복잡한 세계를 설명할 수 없다고 봅니다. 세계는 여전히 고유한 정체성을 가진 문화권들로 구성되어 있지만(**모자이크 관점**), 동시에 그들은 초국가적 네트워크로 긴밀하게 연결되어 있기도 합니다(**네트워크 관점**). 이 두 관점을 함께 활용할 때 비로소 세계화 시대의 다양한 현상을 통합적으로 이해할 수 있습니다.

발로 인한 석유 시추는 해양 오염의 위험을 안고 있으며, 증가하는 선박 운항은 해양 생물에 피해를 줍니다. 무엇보다 수천 년간 북극에서 살아온 원주민들의 사냥터가 사라지고 전통 생활이 위협받고 있습니다. 원

주민들은 개발의 혜택은 받지 못한 채 환경 파괴의 피해만 떠안을 위험
에 처해 있습니다.

다양성 속에서 서로를 이해하기

세계의 문화권은 자연환경과 인문환경이라는 두 개의 큰 붓으로 그려
진 다채로운 그림과 같습니다. 기후와 지형은 문화의 기본 틀을 제공
하고, 종교와 산업은 그 위에 고유한 색깔을 더합니다. 우리가 사는 21
세기는 서로 다른 문화권의 사람들이 그 어느 때보다 자주 만나는 시
대입니다. 비행기를 타면 몇 시간 만에 지구 반대편으로 갈 수 있고, 인
터넷을 통해 실시간으로 다른 나라의 소식을 접할 수 있습니다.

다른 문화를 접했을 때, 우리는 종종 그것이 낯설고 이상하게
느껴질 수 있습니다. 그러나 그 낯섦은 단지 우리가 익숙하지 않기 때문
일 뿐입니다. 그들에게는 우리의 문화가 낯설고 이상할 수 있습니다. 중
요한 것은 서로의 차이를 인정하고, 그 차이가 생겨난 이유를 이해하려
고 노력하는 것입니다.

세계의 다양한 문화권을 이해하는 것은 단순히 지식을 쌓는
것을 넘어섭니다. 그것은 더 넓은 세상을 보는 눈을 갖는 것이며, 서로
다른 사람들과 평화롭게 공존하는 법을 배우는 것입니다. 다양성은 인
류의 자산입니다. 세계가 하나의 획일적인 문화로 통일된다면, 우리는
인류가 오랜 시간 쌓아 온 풍부한 지혜와 아름다움을 잃게 될 것입니다.
따라서 우리는 각 문화권의 고유한 특성을 존중하고 보존하려는 노력
을 계속해야 합니다.

자연환경과 인간의 상호 작용에 대한 학문, 문화 지리

문화 지리란?

문화 지리(Cultural Geography)는 인간이 자연환경 속에서 만들어 낸 문화적 특성과 그 공간적 분포를 연구하는 학문입니다. 즉, 우리가 어디에 살고, 어떻게 살며, 어떤 문화를 형성해 왔는지를 공간적으로 분석합니다.

자연환경과 인간의 상호 작용

과거에는 자연이 인간 생활을 결정한다는 '자연결정론'이 강했지만, 오늘날에는 인간과 자연이 서로 영향을 주고받는다고 봅니다. 예를 들어, 캘리포니아 델타 지역은 중국계 이민자들이 제방을 쌓고 농지를 개간해 자연환경을 바꾸었고, 동시에 자연의 조건에 맞춰 벼농사 등 동아시아 농업 문화를 도입했습니다.

문화 경관 이론

문화 경관 이론은 인간이 자연환경에 문화를 입혀서 만들어 낸 경관을 분석합니다. 칼 사우어(Sauer, C.)는 문화는 행위자, 자연환경은 매개체, 문화 경관은 그 결과라고 주장했습니다. 즉, 같은 자연환경에서도 문화에 따라 서로 다른 경관이 형성된다는 것입니다.

실제 사례

캘리포니아 삼각주 지역의 락(Locke) 마을은 문화 경관 이론을 보여 주는 대표적 사례입니다. 1848년 캘리포니아 골드러시 소식이 중국에 전해지자 수천 명의 중국인 금광 탐사자들이 일확천금을 꿈꾸며 캘리포니아로 몰려들었습니다. 초기에 성공을 거둔 이들도 있었으나 1850년 캘리포니아 주 정부는 중국인 금광 탐사자들을 겨냥한 고액의 외국인 광부세를 부과했고, 결국 많은 중국인 노동자들은 농업이나 대륙횡단 철도 건설과 같은 다른 일자리로 눈을 돌렸습니다.

1861년 캘리포니아 습지법(California Swamp and Overflow Act)이 제정되면서 습지 개간이 가능해지자, 광둥성 주장강 삼각주 출신 이민자들은 고향에서 익힌 제방 건설과 습지 개간 기술을 활용했습니다. 1860년부터 1880년 사이 중국인 노동자들은 8만 8,000에이커에 달하는 삼각주 토양을 개간하여 캘리포니아를 농업 중심지로 탈바꿈시켰습니다.

락 마을은 당시 토지 소유가 불가능한 상황에서도 중국 전통의 농업 기술, 마을 공간 구조, 공동체 문화를 이식하여 독특한 문화 경관을 창출했습니다. 제방 건설 기술, 농업 방식, 중국식 건축 양식과 거리 구조는 자연환경을 매개로 한 문화적 행위의 결과물로, 오늘날까지 미국 내에서 유일하게 중국인에 의해 건설된 농촌 정착지로서 문화 경관의 가치를 보존하고 있습니다.

문화 지리는 인간과 자연이 만들어 낸 '문화의 흔적'을 연구합니다. 자연은 단지 배경이 아니라, 인간의 선택과 문화가 함께 어우러져 만들어지는 공간입니다. 문화 경관을 통해 우리는 환경과 인간 사이의 깊은 관계를 이해할 수 있습니다.

문화는 어디에나 있고 끊임없이 변화한다

지민이의 아침은 늘상 분주하다. 오늘도 몇 번이나 울리는 알람에 겨우 잠을 깬다. 어젯밤 늦게까지 친구들과 톡방에서 학교 과제며 요즘 인기 있는 예능 프로그램이며 이런저런 얘기를 나누느라 취침 시간이 늦어졌다. 식탁에서 아침을 먹는 둥 마는 둥 후다닥 교복을 챙겨 입고 키링이 주렁주렁 달린 가방을 매고 버스 정류장으로 향한다. 오늘은 사회 시간에 발표가 있는 날이라서 마음이 바쁘다. 그래도 좋아하는 아이돌 그룹이 공개한 신곡의 댄스 챌린지 영상이 인기를 얻고 있다는 소식에 마치 내 일처럼 기분이 좋다. 버스를 타고 가면서도 핸드폰으로 관련 소식을 검색하느라 손가락이 바쁘다. 등굣길에 차가 막혀 걱정했는데, 다행히 지각하지 않고 교문을 통과했다. 수업 시간 50분은 항상 길게 느껴진다. 그래도 사회 수업에서 태블릿으로 자료를 찾아 모둠별 프로젝트 활동을 하다 보니 시간이 금세 지나갔다. 학교 식당에서 급식을 먹는 중에도 역시 최애 아이돌 댄스 챌린지 영상이 단연 화제다. 하교 후 학원에 가기 전 친구들과 편의점에 들러 간식을 먹으며 수다를 떤다. 학원을 마치고 스터디 카페에서 공부하기 전

문구점에서 산 스티커로 다이어리를 꾸민다. 또 이렇게 지민이의 하루는 지나간다.

한 고등학생의 일상을 스케치한 글입니다. 우리는 한 학생의 일상을 통해서도 요즘 우리 사회의 학교 문화와 소통 문화를 엿볼 수 있습니다. 우리가 살아가는 매일매일의 일상 속에는 다양한 문화 요소들이 숨어 있습니다. **문화 요소**란 한 사회의 문화를 구성하는 가장 작은 단위를 의미합니다. 문화 요소에는 교복, 태블릿, 핸드폰 등과 같은 물질적 요소도 있고, 가치, 규범, 관행, 신념이나 지식 등과 같은 비물질적 요소도 있습니다. 이러한 문화 요소들이 복합적으로 하나의 문화 체계를 이룹니다. 이런 문화는 고정된 형태가 아니라 끊임없이 변화한다는 특징이 있습니다.

문화 변동이란 한 사회의 문화가 고정되어 있지 않고 끊임없이 변화하는 현상을 말합니다. 공간에 따라 문화가 다양하게 나타나는 것처럼 시간의 흐름에 따라서도 문화는 달라집니다. 1990년대 서울 거리를 오가는 시민들과 인터뷰한 뉴스 방송 장면을 보면 같은 한국인데도 사람들의 말투나 옷차림 등이 지금과는 사뭇 달라 낯설게 느껴질 때가 있습니다.

과거 한국 사회의 문화는 지금과 얼마나 비슷하고 또 달라졌을까요? 2012년부터 방영되어 큰 인기를 끌었던 텔레비전 드라마 ‘응답하라’ 시리즈는 1980년대와 1990년대의 부산과 서울의 한 동네를 무대로 하여 그 당시 사람들이 살아가는 모습을 생생하게 보여 줍니다. 드라

「응답하라 1988」 포스터.

마 속 고등학생들과 대학생들이 어울리고 소통하는 모습을 통해 그 시대 학생 문화를 엿볼 수 있습니다. 친구들이 한 집에 모여 만화책을 보거나 휴대용 카세트로 음악을 듣는 모습, 공중전화 앞에 길게 늘어선 줄이나 무선 호출기(일명 '삐삐')로 연락을 주고받는 모습은 지금은 보기 어려운 장면들입니다. 학생들의 옷차림이나 헤어스타일, 소통하고 만남을 갖는 방식이 지금과는 많이 달랐습니다.

이처럼 기존의 문화 요소가 사라지거나 새로운 문화 요소가 등장하면서 한 사회의 문화가 끊임없이 변화하는 현상을 **문화 변동**이라고 합니다. 문화 변동은 사회 구성원들의 삶에 커다란 영향을 미친다는 점에서 인간과 세상을 이해하는 데 중요한 개념입니다. 문화 변동은 내재적 요인과 외재적 요인에 의해 일어날 수 있습니다.

문화 변동의 내재적 요인: 발명과 발견

문화 변동의 내재적 요인이란 한 사회 내에서 새로운 문화 요소를 발명하거나 발견하는 경우를 말합니다.

미국의 발명가 토머스 에디슨(Edison, T. A., 1847~1931)이 1879년 전구를 발명한 이후, 사람들의 일상생활은 크게 달라졌습니다. 사람들이 어두운 밤에도 활동할 수 있게 되면서 가정이나 집 바깥에서의 야외 활동이나 공연 관람 등 야간 문화가 발달했을 뿐 아니라 일터에서의 근무 시간도 늘어났습니다. 이처럼 발명이란 기존에 없었던 새로운 문화 요소를 만들어 내는 것입니다. 문화 변동에 영향을 미치는 발명에는 종이나 플라스틱 같은 물질적인 것도 있지만, 인쇄술과 같은 기술, 불교, 크리스트교, 이슬람교와 같은 종교나 민주주의, 복지국가와 같은 사상처럼 비물질적인 것도 포함됩니다.

이와 달리 발견은 이미 존재하고 있었지만 알려지지 않았던 새로운 문화 요소를 찾아내는 것을 말합니다. 푸른곰팡이에서 생성된 항생 물질 페니실린, 유리를 통과하는 광선인 엑스선, 유전 물질 DNA의 이중 나선 구조, 그리고 배터리의 소재인 리튬과 같은 새로운 광물의 발견 등은 의학이나 산업 분야의 발전에 지대한 공헌을 하며 사람들의 삶에 커다란 변화를 가져왔습니다.

문화 변동의 외재적 요인: 문화 전파

문화 변동은 다른 사회로부터 전파된 **외재적 요인**에 의해서도 일어날 수 있습니다. 한 사회가 다른 사회와 접촉하는 과정에서 새로운 문화 요소가 전해지는 것을 **문화 전파**라고 합니다. 문화 전파에는 직접 전파, 간접 전파, 자극 전파가 있습니다.

직접 전파는 다른 사회와의 교류나 교역, 전쟁이나 식민 지배 등을 통해 서로 다른 문화가 직접 접촉하는 과정에서 새로운 문화 요소들이 전해지는 것을 말합니다. 인도가 원산지로 알려져 있는 목화는 고려 공민왕 시기인 1363년경에 중국으로부터 우리나라에 전파되었습니다. 원나라에 사신으로 갔던 고려 말기의 학자인 문익점이 목화씨를 붓두껍에 몰래 숨겨서 가져왔다는 일화는 유명합니다. 덕분에 목화솜이 보급되어 따뜻하고 질긴 옷을 만들어 입을 수 있게 되면서 당시 백성들의 생활에 큰 도움을 주었습니다. 오늘날 많은 사람들이 즐겨 마시는 커피도 19세기 말 서양인을 통해서 우리나라에 전파되었습니다. 이처럼 서로 다른 문화가 직접 접촉하는 과정에서 새로운 문화 요소들이 전해지는 경우가 많습니다.

간접 전파는 인쇄물, 영화, 인터넷 등의 매체를 통해 간접적으로 새로운 문화 요소가 전해지는 것입니다. 예전에도 다른 문화와 직접 접촉하지 않더라도 책을 통해 다른 나라의 문물과 새로운 학문, 종교 등을 접할 수 있었습니다. 최근에는 인터넷, 유튜브, 사회 관계망 서비스(SNS)를 통해 다른 문화를 더 빠른 속도로 접할 수 있습니다. 미디어를 통해 한국 드라마나 예능 프로그램이 세계적인 인기를 끌면서 드라마

크리켓은 18세기 중반 인도에 식민지를 경영하기 위해 온 영국인들에 의해 소개되었습니다. 당시 크리켓은 중상류층 영국인들이 선호하던 스포츠로 영국 식민 정부의 관료나 선원 들끼리 경기를 진행하던 스포츠였습니다. 동시에 크리켓은 인도에서 영국인들의 '문명'을 전파하기 위한 수단으로 인식되어 당시 피지배자였던 인도인들에게 크리켓을 도입하려는 비공식·간접적인 노력이 존재했습니다. 인도 서부에서 파르시(조로아스터교 신도)를 중심으로 최초의 인도인 크리켓 클럽이 창설되고, 이후 힌두와 무슬림 등 여러 종교의 신도들이 클럽을 형성해 크리켓 경기를 열며 인기를 얻었습니다. 콜카타(이전 명칭은 캘커타)가 있는 인도 동부에서 크리켓은 영국 제국주의에 저항하는 수단으로 비춰지기도 했습니다. 벵골인 남성의 신체적인 우월성을 보여 주고 영국 제국주의에 도전한다는 의미에서 크리켓이 부상하기 시작했고, 이후 다양한 벵골인 크리켓 클럽이 형성되고 교육기관에서도 교육과정에 크리켓을 도입했습니다. 시간이 지나며 크리켓은 인도 전반에 여가 스포츠로 자리 잡아 현재까지도 인기가 많은 스포츠입니다.

에 나왔던 떡볶이, 김밥 등의 음식을 먹거나 한국 젊은이들의 패션이나 화장법을 따라 하는 외국인들이 늘어나는 것도 그 예입니다.

외부로부터의 문화 전파는 새로운 문화 요소를 만들어 내기도 합니다. 신라 시대의 이두 문자는 중국 한자의 음과 뜻을 빌려 우리말을 기록한 표기법입니다. 북아메리카 원주민인 체로키족의 언어학자인 세쿼야(Sequoyah)가 만든 체로키 알파벳도 백인과 접촉하면서 알게 된 영어 알파벳에서 아이디어를 얻어 만들어졌습니다. 이렇게 다른 사회에서 전파된 문화 요소에서 아이디어를 얻어서 새로운 문화 요소를 만들어 내는 것을 자극 전파라고 합니다.

문화 변동의 다양한 양상

한 사회의 문화 변동은 다양한 방식으로 이루어질 수 있습니다. 서로 다른 문화가 장기간에 걸쳐 접촉하면서 한 사회의 문화 요소가 다른 사회로 전파되어 발생하는 문화 변동을 문화 접변이라고 합니다. 문화 접변은 강제적으로 이루어지기도 하고 자발적으로 이루어지기도 합니다.

① 강제적 문화 접변

강제적 문화 접변은 한 나라가 다른 나라를 정복하거나 식민지로 삼아 지배하는 상황에서 지배 사회의 문화 요소를 피지배 사회에 강제적으로 이식할 때 나타납니다. 16세기에 중남미 지역을 정복한 스페인은 원주민들에게 전통 신앙을 포기하고 가톨릭 신앙을 갖도록 강요했으며, 청나라를 세운 만주족은 한족 남자들에게 변발을 강요했습니다. 일제 강점기에 일본은 조선 사람들의 뜻과 상관없이 창씨개명을 단행하고 일본어 사용과 신사 참배 등을 강제했습니다. 강제적 문화 접변은 피지배 사회 구성원으로부터 강한 저항을 불러일으킬 수 있습니다.

1940년 경성부청 민원국 호적과에 찾아가 창씨개명을 신청하는
경성부(서울시) 주민들.

② 자발적 문화 접변

이와 달리 **자발적 문화 접변**은 인적, 물적 교류의 과정에서 다른 사
회의 문화 요소를 자발적으로 수용할 때 나타납니다. 아메리카 원주민
부족인 나바호족은 스페인 사람들과 접촉하면서 은세공 기술을 적극
적으로 습득했습니다.

문화 병존

이처럼 두 문화가 접촉하여 나타나는 문화 변동의 양상은 다양합니다.
우선 기존 사회의 문화 요소를 유지하면서 새롭게 전파된 문화 요소를
받아들여 함께 존재하는 경우가 있습니다. 미국 뉴욕의 맨해튼 남쪽에

미국 뉴욕의 코리아타운 모습.

는 차이나타운과 길 하나를 사이에 두고 리틀 이탈리아라고 불리는 곳이 있습니다. 이탈리아 이민자들이 모여 살면서 형성된 이곳에는 골목마다 이탈리안 레스토랑이 즐비해 이탈리아 음식과 문화를 즐길 수 있습니다. 우리나라에서는 설날이나 추석 같은 고유의 명절을 지키면서도 크리스마스, 핼러윈데이, 밸런타인데이처럼 서구 사회에서 유입된 다양한 기념일들을 즐기는 모습을 볼 수 있습니다. 이렇게 기존 문화 요소와 전파된 문화 요소가 고유의 정체성을 유지하면서 서로 공존하는 현상을 **문화 병존**이라고 합니다.

세계 곳곳에서 다양한 종교, 언어, 문화가 공존하는 문화 병존

현상을 찾아볼 수 있습니다. 국교인 이슬람교와 함께 불교, 힌두교, 크리스트교 등의 종교가 공존하는 말레이시아 말라카의 하모니 거리, 미국 뉴욕의 차이나타운과 코리아타운, 로스앤젤레스의 리틀 도쿄처럼 문화 병존으로 인해 독특한 문화 경관이 나타나기도 합니다. 이처럼 문화 병존은 기존 문화의 정체성을 보존하면서도 문화적 다양성을 증진할 수 있다는 장점이 있습니다.

문화 동화

두 문화가 접촉하는 과정에서 두 문화 중 하나가 다른 문화로 흡수되어 사라지는 경우도 있습니다. 1492년 아메리카 대륙을 신대륙 발견으로 여기고 이주해 온 유럽인들에 의해 아메리카 원주민들은 자신들의 고유 언어와 신앙을 상실하고 백인 문화에 완전히 흡수되고 말았습니다. 북아메리카 원주민 공동체가 백인의 문화를 받아들이기도 했지만, 미국과 캐나다 등 정부에서 기숙학교를 운영하면서 아메리카 원주민 자녀들에게 고유 언어의 사용을 금지하고 서구식 교육과 사상을 주입하기도 했습니다. 오스트레일리아에서도 18세기 말 유럽 이주민이 식민지 건설을 통해 원주민을 지배하면서 원주민 언어 사용 금지 정책을 시행했습니다. 그 결과 250개 이상의 원주민 언어가 소멸되었습니다. 이처럼 지배적인 문화에 기존 문화가 흡수되는 것을 문화 동화라고 합니다. 문화 동화는 아메리카 원주민처럼 고유문화가 소멸된 사회 공동체의 문화적 정체성이 상실되거나 사회 전체적인 문화 다양성이 훼손될 수 있다는 문제점이 있습니다.

강화도 온수리의 대한성공회 성당.

문화 융합

두 개의 이질적인 문화가 접촉할 때 두 문화가 서로 결합하여 기존의 문화 요소와는 전혀 다른 새로운 문화 요소를 만들어 내는 경우도 있습니다. 이를 문화 융합이라고 합니다. 멕시코 과달루페섬의 성모상은 검은 머리와 갈색 피부에 남아메리카 전통 의상을 입은 원주민의 모습을 한 것으로 유명합니다. 이 성모상은 16세기 초 스페인과 포르투갈의 지배를 받으며 전파된 서양 종교와 멕시코의 토착 문화가 융합된 사례로 자주 언급됩니다. 우리나라 강화도에 있는 대한성공회 성당 역시 한국의 전통적인 건축 양식에 서양의 기독교식 건축 양식이 결합된 모습입니다. 1900년대 지어진 성당의 겉모양은 한옥이지만 내부 구조는 바실리카 양식을 따르고 있습니다. 성당 종과 기와지붕에 십자가가 새겨진 모습도 독특합니다.

오늘날 한국의 대표적인 주거 양식인 아파트를 살펴보면, 소파, 침대, 식탁, 싱크대, 샤워 시설 등 입식 문화를 반영하는 서구식 주거 문화에 바닥 난방이 가능한 전통적인 온돌 문화가 결합되어 있습니다. 이처럼 문화 접촉을 통해 서로 다른 사회의 문화 요소가 결합하여 새로운 문화가 만들어진 예는 정말 많습니다. 유럽 음악과 아프리카 흑인 음악이 결합하여 탄생한 재즈와 같은 새로운 음악 장르, 프랑스 바게트와 베트남식 전통 소스가 결합된 반미와 같은 음식들처럼, 문화 융합은 서로 다른 문화의 기존 문화 요소들이 창조적으로 결합하여 새로운 문화를 만들어 냅니다.

전통문화의 창조적 계승과 발전

서울 용산에 위치한 국립중앙박물관에 가면 관람객의 발길이 끊이지 않는 전시관이 있습니다. 바로 국보로 지정된 반가사유상 두 점이 놓인 '사유의 방'입니다. 그런데 사유의 방 못지않게 인기 있는 곳이 바로 반가사유상을 포함하여 다양한 국립박물관 소장품을 문구류, 패션용품, 생활용품, 인테리어 소품 등으로 만들어 판매하는 뮤지엄 숍입니다. 10가지 색상으로 재탄생한 반가사유상 미니어처는 품절 대란이 일

국립박물관 뮤지엄 숍 홈페이지.

어날 정도로 큰 호응을 이끌어 냈습니다.

앞서 살펴본 것처럼 한 사회의 문화는 사회 내부적 요인이나 외부 문화 요소들과의 접촉을 통해 끊임없이 변화합니다. 같은 사회라도 과거의 사람들과 만나면 언어나 가치관 등의 차이로 소통하기 어려운 것도 이런 이유 때문이지요. 그럼에도 한 사회의 문화적 동질성을 유지하게 해 주는 문화 요소들이 있습니다. 한 사회에서 과거부터 현재까지 전해 내려오는 고유한 문화를 **전통문화**라고 합니다. 한글, 한복, 김장, 한옥, 판소리, 탈춤, 씨름 등은 우리나라의 고유한 가치를 반영하는 대표적인 전통문화입니다. 그런데 과거의 문화를 모두 전통문화로 인정하는 것은 아닙니다. 신분제에 기반한 잘못된 사고나 여성 차별적 관습들은 전통문화로 인정받기 어렵습니다.

전통문화는 그 사회만의 독특한 문화적 정체성을 형성하는 데 기여합니다. 우리가 멕시코 하면 판초를 떠올리고 스페인 하면 플라멩코를 떠올릴 수 있는 것도 그 예입니다. 한 사회 구성원들이 오랫동안 공유해 온 문화는 그 사회 구성원들을 하나로 묶어 냄으로써 사회 유지와 통합에 도움을 줍니다. 또한 여러 사회들이 자신의 고유한 전통문화를 잘 유지함으로써 세계 문화의 다양성을 증진하는 데도 기여합니다. 따라서 오늘날의 변화된 사회에 맞게 새로운 문화를 수용하고 만들어 내기 위한 노력 못지않게 전통문화를 잘 보존하기 위한 노력도 중요합니다.

문제는 전통문화를 어떻게 창조적으로 계승하느냐입니다. 문화가 변화하듯 전통문화의 가치도 새롭게 평가될 수 있습니다. 인권 침해적이거나 차별적인 관습 등 변화하는 사회의 가치에 맞지 않은 과거의 문화에 대한 성찰이 필요한 이유입니다. 또한 전통문화라고 하여 과거의 모습 그대로 유지하는 것만으로는 오늘날 구성원들에게 의미 있는 문화 요소로 다가가기 어려울 수 있습니다. 따라서 고유의 가치 있는 전통문화를 오래 유지하기 위해서는 시대적 변화를 반영하여 창조적으로 계승하기 위한 노력이 필요합니다. 비록 우리나라에서 제작된 것은 아니지만, 전 세계적으로 인기를 끈 「케이팝 데몬 헌터스」라는 애니메이션에서 한국의 다양한 전통문화 요소들을 스토리에 잘 녹여내 큰 호응을 얻은 것도 그 예입니다.

유네스코의 〈문화 다양성 선언〉에서는 오늘날 여러 사회의 전

유네스코 〈문화 다양성 선언〉
제7조, '창의성의 원천으로서의 문화 유산'

창조는 문화적 전통에 의존하는 동시에, 다른 문화와의 접촉을 통해서 풍성해진다. 그러한 이유에서, 우리는 인간의 경험과 염원의 기록인 모든 형태의 유산을 보존 및 강화하고 미래 세대에게 전달함으로써 다양성을 지닌 창의성을 고양하고 문화 간 진정한 대화를 고무할 수 있다.

통문화를 보존하는 의미가, 각 사회의 고유성을 유지하는 것을 넘어 서로 다른 문화 간의 대화를 통해 새롭게 문화를 창조함으로써 인류 전체의 문화적 유산을 더 풍부하게 하는 데 있다는 점을 분명히 하고 있습니다. 따라서 우리의 전통문화가 새롭게 탄생하여 오늘날의 사회에서도 그 가치를 인정받고 더 널리 사랑받을 수 있는 방법에 대해 끊임없이 모색할 필요가 있습니다.

3. 문화 상대주의적 태도와 보편 윤리

문화의 다양성에 대한 이해

똑같은 몸짓이 문화권에 따라 서로 다른 의미로 쓰이는 경우가 많습니다. 그래서 우리는 다른 문화권 사람의 몸짓을 오해할 수도 있고, 반대로 오해를 살 수도 있습니다. 아래의 예들은 문화권마다 다른 의미로 사용되는 서로 같은 몸짓들입니다.

우리는 엄지를 세우면 '최고', '좋다'라는 뜻으로 이해합니다. 하지만, 오스트레일리아에서는 거절이나 무례함을 나타냅니다. 한편, 이것은 독일에서 숫자 1을 뜻하고, 일본에서는 숫자 5를 의미합니다.

많은 나라에서 'V'는 승리나 평화와 같은 좋은 의미로 사용됩니다. 하지만, 영국과 오스트레일리아에서 손바닥이 보이는 'V'는 우리와 같은 의미를 뜻하며, 손등을 보이는 'V'는 큰 모욕을 주는 동작이라고 합니다.

우리나라에서 어린이에게 '예쁜 짓'이라고 말하면, 어린이들은 흔히 볼에 집게손가락을 대는 동작을 취합니다. 그러나 이탈리아에서 이 동작은 '음식이 맛있다'라는 의미로 사용됩니다.

우리는 '그렇다'라는 의미로 고개를 끄덕이며 대답합니다. 그러나 인도에서는 우리와 같은 의미로 고개를 끄덕일 때는 고개를 살짝 기울이고 갸우뚱하게 꺾어야 합니다.

　　최근 세계화와 정보화의 영향으로 외국인과 교류가 많아지면서 다른 문화를 접할 기회도 많아졌습니다. 그 과정에서 우리는 다른 문화나 관습에 놀라기도 하고 호기심에 찬 눈으로 신기하게 바라보기도 합니다.

　　그렇다면 사회마다 문화의 차이가 생기는 원인은 무엇일까요? 각각의 사회는 서로 다른 자연환경에 적응하며 나름의 생활 방식을 형성하고, 사회 구성원이 공유하는 인문환경과 역사적 전통에 따라 고유한 문화를 갖습니다. 따라서 사회마다 문화가 다른 것은 어쩌면 자연스러운 현상이라고 할 수 있습니다.

　　그런데 서로 다른 문화를 자기 문화의 관점으로 바라보고 평가한다면 어떤 일이 발생할까요? 먼저 우리는 다른 문화의 의미나 특징을 제대로 이해하기 어렵게 됩니다. 이와 반대로 다른 문화권의 사람들도 그들의 관점에서 우리를 평가한다면 그들에게 우리의 문화는 때때로 이해하기 어렵고 낯설게 보일 수 있습니다. 이처럼 각자 자신에게 익숙한 문화를 기준으로 다른 문화를 평가하다 보면 다른 문화를 제대로 이해하기 어렵고 불필요한 오해를 낳기도 합니다. 그래서 우리는 가끔 다른 나라의 문화에 대해서 거부감을 느끼거나 그들에 대해 부정적인 편견을 갖기도 하고 심지어 갈등을 겪을 수 있습니다. 따라서 우리는 문화의 차이가 나타나는 이유를 알고, 다른 문화를 이해하는 태도를 갖출 필요가 있습니다.

다양한 문화를 바라보는 태도

그렇다면 문화적 차이를 바라보는 태도에는 어떤 것들이 있을까요? 이러한 관점은 크게 문화 절대주의와 문화 상대주의의 관점으로 구분할 수 있습니다.

문화 절대주의

먼저 **문화 절대주의**는 다양한 문화를 평가하는 절대적인 기준이 있다고 보고 그 기준에 따라 문화의 우열을 가릴 수 있다고 여기는 태도입니다. 그래서 문화 절대주의는 여러 문화를 절대적 기준에 따라 우열을 가리는 특징이 있습니다. 문화 절대주의의 관점에서 보면, 어떤 문화는 우월한 문화로, 또 다른 어떤 문화는 열등한 문화로 평가될 수 있다는 뜻입니다.

그런데 우리가 문화 절대주의의 관점으로 다른 문화를 평가할 때는 주의할 필요가 있습니다. 문화를 평가하는 기준에 대한 합리적 숙고와 검토가 전제되어야 하기 때문입니다. 문화를 평가하기 위한 객관적인 기준에 대한 사전 검토 없이 다양한 문화를 평가한다면, 때때로 각 문화가 지닌 고유한 가치를 왜곡하거나 폄훼할 가능성이 있습니다. 앞서 우리는 문화적 차이가 발생하는 이유를 살펴보면서, 문화가 자연환경과 인문환경 등 여러 요소에 따라 다르게 나타난다는 점을 확인했습니다. 그런데 이러한 문화의 형성 배경을 무시하고 문화 절대주의적 관점으로만 여러 문화를 평가한다면, 다양한 문화의 가치에 대한 제대로 된 평가를 하지 못할 수 있습니다.

이러한 문화 절대주의의 관점이 지닌 문제점이 잘 드러나는 대표적인 태도에는 **자문화 중심주의**와 **문화 사대주의**가 있습니다. 먼저 **자문화 중심주의**는 말 그대로 자기 문화를 절대적인 기준으로 삼아 자문화를 가장 우월하게 여기는 태도입니다. 자기 문화의 우월성을 맹신함으로써 다른 민족이나 국가가 지닌 문화를 무시하거나 배척하는 국수주의적 태도에 빠질 수 있습니다. 또한, 자기 문화에 대한 우월감에 빠져 다른 문화를 과소평가하고 다른 문화와의 교류에 소극적인 태도를 지니게 됩니다. 이러한 자문화 중심적인 태도는 다른 문화권과 갈등을 일으킬 수 있으며, 심지어 다른 문화권으로부터 외면 받는 등 국제적인 고립을 자초할 수도 있습니다.

자문화 중심주의의 사례로는 과거 중국의 '중화사상'을 들 수 있습니다. 중국인들은 중화사상을 통해 중국과 중국의 문화가 세계의 중심이고 다른 문화보다 우수하다고 믿었습니다. 그래서 그들은 중국을 세계의 중심으로 둔 세계 지도(예: 「대명혼일도」)를 제작하였으며 주변 국가를 오랑캐로 부르는 등 다른 민족과 문화를 배척했습니다.

이밖에도 자문화 중심주의적 태도의 문제점을 확인할 수 있는 짧은 예화를 소개하면 아래와 같습니다.

아마존에 간 유럽 선교사들은 나체로 생활하던 원주민 부족에게 유럽식 의복 착용을 강요했습니다. 신체 노출을 많이 하는 것은 비도덕적이라고 여겼기 때문입니다. 그러나 덥고 습한 날씨로 인해 유럽식 의복을 입은 부족민들에게는 열사병과 피부병이 발생하였고, 신분을 나타내던 문신이 옷에 가려지면서 부족 사회는 혼란을 겪었습니다.

「대명혼일도」, 명나라 시대에 중국을 세계의 중심에 두고 그린 세계 지도.

선교사들은 자신들의 의복 문화가 우월하다고 믿고 자신들의 문화를 부족민들에게 강요했습니다. 하지만 부족 사회는 자연환경에 맞지 않은 의복으로 인해 혼란을 겪게 되었습니다. 이처럼 자문화 중심주의의 관점에서 다른 문화를 바라보는 태도는, 비록 의도가 선한 것이라고 해도, 예상하지 못한 문제를 유발할 수 있습니다.

한편, 문화 사대주의는 합리적인 이유 없이 자기 문화를 열등하게 여기고 다른 문화를 맹목적으로 동경하는 태도입니다. 이러한 문화 사대주의는 자기 문화에 대한 정체성을 훼손하고 자기 문화의 고유한 가치를 과소평가하거나 다른 문화를 무조건 과대평가할 우려가 있습니다. 이러한 태도는 문화를 공유하는 공동체 구성원 사이의 소속감이나 문화적 일체감을 약화할 수 있습니다.

문화 사대주의의 사례로는 훈민정음 창제 과정에서 빚어진 논란을 예로 들 수 있습니다. 당시 중국을 맹목적으로 따르던 조선의 선비들은 세종대왕의 훈민정음 창제를 반대했습니다. 대표적으로 최만리가 훈민정음 반대의 뜻을 밝히며 올린 상소문이 있습니다.

"우리 조선은 조종 때부터 내려오면서 지극한 정성으로 대국(大國)을 섬기어 한결같이 중화(中華)의 제도를 따랐는데, 이제 글을 같이하고 법도를 같이하는 때를 만나서 언문을 창작하신 것은 보고 듣기에 놀라움이 있습니다. … 만일 중국에라도 흘러 들어가서 혹시라도 비난하여 말하는 자가 있으면, 어찌 대국을 섬기고 중화를 사모하는 데에 부끄러움이 없겠습니까."

_『세종실록』 26년(1444년) 2월 20일 기사, 최만리가 올린 상소문 중에서

이처럼 조선 시대 일부 사람은 우리의 문화보다 중국의 문화를 맹목적으로 섬기고 따르는 태도를 보였습니다. 만약 문화 사대주의적인 태도로 일관했다면, 오늘날 우리는 한글을 사용하지 못했을지도 모릅니다. 이처럼 문화 사대주의는 자기 문화의 발전 가능성을 저해하고 문화적 정체성을 상실하게 만들 수 있습니다.

문화 상대주의

문화 상대주의는 문화의 상대성을 인정하여 다른 사회의 문화를 그 사회의 맥락과 입장에서 이해하려는 태도입니다. 문화 상대주의는 다양한 문화의 고유한 가치를 인정하고 문화 간 우열을 가리지 않으며, 문화의 다양성을 인정하고 각 문화에서 나타나는 특징을 이해하려고 합니다. 따라서 문화 상대주의는 문화의 형성 배경인 환경과 역사적 차이를 이해하고 개별 문화의 고유한 가치를 존중하는 태도라고 할 수 있습니다.

우리가 다양한 문화를 제대로 이해하기 위해서는 기본적으로 각각의 문화가 지닌 특수한 맥락과 가치를 존중할 필요가 있습니다. 특히 문화 절대주의의 태도는 때때로 자문화와 타 문화에 대한 잘못된 이해와 존중의 결여에서 비롯되는 경우가 많습니다. 이와 관련하여, 문화권마다 서로 다른 장례 풍습에 대해서 생각해 봅시다.

우리나라에서는 보통 3일 정도 장례를 치르고 매장이나 화장을 해 시신을 안치하는 것이 일반적입니다. 그런데 티베트에서는 독수리에게 시체를 쪼아 먹게 하는 조장(鳥葬)을 합니다. 티베트인들은 독수리를 하늘의 사자라고 생각해서 숭배하는데, 하늘을 대신하는 독수리가 죽은 자의 시신을 먹으면 죽은 자는 독수리와 함께 하늘로 날아가 영원히 산다고 믿는 것입니다. 한편, 인도네시아 등 이슬람교 국가들에서는 사람이 사망하면 24시간 이내에 빠르게 매장한다고 합니다. 더운 기후로 인해 사체의 부패가 빨리 일어나기 때문이기도 하고, 죽은 영혼이 살아 있는 사람에게 해를 끼칠 것을 염려해서라고 합니다. 이와 다르

인도의 화장 모습.

게 힌두교를 믿는 인도인들은 화장(火葬)을 하는데, 죽은 사람의 영혼이 오랫동안 이 세상에 떠돌지 않게 하기 위해서라고 합니다.

문화는 자연환경과 종교나 신념 등과 같은 요소에 따라 다양한 모습을 보입니다. 그런데 이를 이해하지 못하면, 동물이 시신을 훼손하도록 두는 것, 고인을 추모하기에는 장례 기간이 짧다는 것, 시신을 불태운다는 것 등으로 다른 문화를 폄훼할 수 있습니다. 이와 같은 문화에 대한 편견은 문화적인 교류나 협력을 저해하고, 때때로 문화권 사이의 극단적인 갈등과 충돌을 유발할 수 있습니다.

이러한 점을 고려할 때, 문화 상대주의의 관점은 다른 문화를 편견 없이 바라보는 바람직한 태도가 될 수 있습니다. 문화 상대주의는 다양한 문화가 지닌 고유성과 가치에 우열을 판단할 수 없다는 관점에서 문화 간 상호 인정과 존중의 실천을 강조합니다. 그래서 문화 상대주의는 문화 간 차이에서 오는 오해나 편견을 예방하고, 다양한 문화의 평화로운 공존과 협력에 도움이 됩니다. 아울러 문화 다양성을 보존하고, 자문화 중심의 우월적인 횡포나 독주의 억제에도 도움이 됩니다.

그러나 문화의 다양성과 문화의 특수성을 존중하는 문화 상대주의에도 한계는 있습니다. 이 세상에 존재하는 모든 관습을 고유한 문화로 존중해야 한다고 주장할 수는 없기 때문입니다. 그런데 일부의 사람들은 문화의 특수성과 상대성을 지나치게 강조한 나머지 보편 윤리를 무시하는 문화까지도 인정해야 한다고 주장합니다. 우리는 이러한 태도를 극단적 문화 상대주의라고 합니다. 이러한 극단적 문화 상대주의는 인류의 보편적 가치를 훼손하며, 문화의 질적인 발전을 저해하는 원인이 됩니다.

아무리 문화적 고유성과 가치를 지니고 있다고 주장한다고 하더라도, 인류가 보편적으로 긍정하는 가치에 어긋나는 문화는 수용할 수 없습니다. 이처럼 극단적인 문화 상대주의는 문화를 바라보는 바람직한 태도라고 할 수 없습니다.

조혼

성인이 되기 전 이른 나이에 하는 결혼인 조혼(早婚)은 많은 국가에 여전히 만연한 문제입니다. 조혼의 이유는 다양하며, 주로 어린 당사자가 모른 채 강제로 결혼이 행해집니다. 조혼은 어린 나이에 결혼한 아이의 건강 문제는 물론 종종 가정 폭력이나 성적 학대 등의 문제를 낳기도 합니다.

파이어 워킹

파이어 워킹(Fire walking)은 맨발로 불 위를 걷거나 불에 달궈진 돌 위를 걷는 의식입니다. 이는 풍년을 기원하거나, 힘과 용기 또는 종교적 신념을 시험하거나, 결백을 증명하는 용도 등의 이유로 시행됩니다. 참가자는 뜨거운 불 위를 걷는 고통을 참아 내야 하며 때때로 심한 화상을 입기도 합니다.

명예 살인

명예 살인(Honor killing)은 주로 가족과 공동체의 명예를 훼손했다는 이유로 가족 구성원에 의해 행해지는 살인 행위입니다. 명예 살인의 피해자는 주로 여성으로, 의사 표현 등 다양한 자유를 억압당하며 남녀 차별의 고통을 겪는다고 합니다.

보편 윤리 차원의 문화 성찰

인류는 시대와 장소를 막론하고 모든 문화에 적용 가능한 **보편적인 가치**를 공유하고 있습니다. 그래서 우리는 어느 문화건 무고한 사람을 해치거나 차별하는 등 인간의 존엄성을 훼손하는 관습을 문화로 수용하지 않습니다. 인종이나 성별과 관계없이 모든 인간을 존중해야 한다는 생각은 모든 문화에 적용 가능한 보편적인 윤리이기 때문입니다.

보편 윤리는 모든 사람이 존중하고 따라야 할 보편적인 윤리 기준입니다. 인간의 존엄성, 생명 존중, 자유와 평등, 평화와 정의 등은 인류가 양보할 수 없는 윤리 기준입니다. 이러한 것들은 황금률과 같은 형태로 어느 문화권에서건 존중해야 할 보편적인 가치로 존재해 왔습니다. 따라서 우리는 보편 윤리의 관점에서 바람직한 문화와 바람직하지 않은 문화를 구분하고, 각각의 문화가 지닌 고유한 가치와 다양성을 인정하면서도 극단적 문화 상대주의로 흐르지 않도록 경계해야 합니다.

다양한 종교에서 찾아볼 수 있는 보편 윤리

크리스트교: "무엇이든지 남에게 대접을 받고자 하는 대로 너희도 남을 대접하라."
　　　　　　　　　　　　　　　　　　　　　　　　- 『마태복음』

유교: "자신이 하고 싶지 않은 것을 다른 이들에게 행하지 말라."　　- 『논어』

불교: "당신이 아프다고 느낄 만한 방식으로 다른 이들을 아프게 하지 말라."
　　　　　　　　　　　　　　　　　　　　　　　　- 『우다나바르가』

이슬람교: "나를 위하는 만큼 남을 위하지 않는 자는 신앙인이 아니다."
　　　　　　　　　　　　　　　　　　　　　　　　- 『사히흐 무슬림』

유대교: "네가 싫어하는 일은 아무에게도 하지 마라." — 『토빗기』

힌두교: "내게 고통스러운 것을 타인에게 강요하지 말라." — 『마하바라타』

이러한 표현에서 알 수 있듯, 대부분의 종교는 공통으로 인권 존중의 가치를 강조하고 있습니다. 우리는 이러한 황금률과 같은 보편 윤리를 통해 다양한 문화 현상에 대해서 성찰해 볼 수 있습니다. 예를 들어, 일부 문화권에서 여전히 결혼할 때 신부가 시집으로 돈을 가지고 가는 지참금 문화가 횡행합니다. 이는 여성의 인권을 침해할 뿐 아니라 때로는 지참금을 둘러싼 폭력과 갈등의 문제를 낳는다고 알려져 있습니다. 싱가포르는 범죄자를 매로 때리는 형벌인 태형 제도를 유지하고 있습니다. 태형이 범죄 예방에 도움이 된다는 주장도 있지만, 범죄자의 인권을 침해하는 비인도적인 형벌이라는 비난도 받고 있습니다. 타 문화를 비판하는 것은 매우 조심스러운 일이지만, 보편 윤리에 비춰 볼 때 허용될 수 없는 수준이라면 그것은 충분히 비판의 대상이 될 수 있습니다.

보편 윤리에 근거한 문화의 성찰과 검토 대상은 다른 문화에 한정되지 않습니다. 우리는 우리 문화에서도 보편 윤리에 어긋나는 관행이 없는지 성찰해 보아야 합니다. 한 예로 우리 사회에는 오랫동안 사회 문제로 인식된 연고주의라는 것이 있습니다. 연고주의란 혈연, 지연, 학연 등과 같은 관계를 우선시하는 태도입니다. 이것은 개인의 소속감이나 정체성을 강화하는 측면도 있지만, 불법적인 청탁이나 친소 관계에 따른 불공정한 평가 등의 문제를 야기하기도 합니다. 평등이나 정의와 같은 보편 윤리에 어긋나는 부적절한 관행입니다.

　　이상에서 살펴본 것처럼, 우리는 다양한 문화를 존중하는 문화 상대주의의 태도, 그리고 보편 윤리 차원에서 자문화와 타 문화를 성찰하는 태도를 함께 실천해야 할 것입니다. 이러한 노력은 우리 문화와 다른 문화가 지닌 고유한 가치를 지키면서도 인류 공동의 문화적 교류와 발전을 위한 원동력이기 때문입니다.

살색 크레파스가 살구색으로 바뀐 이유

"살색 크레파스, 살구색으로 최종 확정."

2005년 국가인권위원회에서 위와 같은 제목의 보도자료를 배포했습니다. 왜 이렇게 색의 이름이 바뀌게 되었을까요? 그리고 색의 이름을 바꾸는 데 왜 국가인권위원회가 나서게 된 것일까요?

지금 우리가 익숙하게 쓰고 있는 '살구색'이라는 명칭은 비교적 최근인 2005년부터 사용되기 시작했습니다. 놀랍게도 그 이전에는 같은 색을 '살색'이라고 불렀습니다. 이는 1967년 기술표준원이 한국산업규격(KS)을 정하는 과정에서 일본의 공업 규격을 그대로 번역하면서 황인종의 피부색과 유사한 색깔을 '살색'으로 명명한 데서 비롯되었습니다. 따라서 과거에는 '살구색'보다 '살색'이라는 표현이 더 익숙했습니다.

그런데 2001년 국가인권위원회가 출범한 이후 한 진정 사건이 접수되었습니다. 가나 출신의 커피딕슨 씨를 포함한 외국인 4명과 김해성 목사(성남 외국인 노동자의 집)가 "특정 인종의 피부색과 유사한 색을 '살색'으로 표기한 것은 차별 행위"라며 기술표준원장과 3개 크레파스 제조업체를 상대로 국가인권위원회에 진정을 제기한 것입니다.

이에 대해 국가인권위원회는 2002년 8월에 특정 색을 '살색'이라 명명한 것이 헌법 제11조의 평등권을 침해할 소지가 있다고 판단하고, 기술표준원에 한국산업규격(KS)의 개정을 권고했습니다. 이에 따라 기술표준원은 기존의 '살색'을 색상 명칭에서 삭제했으며, 이후 2005년에 '살구색'으로 명칭을 최종 확정했습니다.

TIP!

진정

법률 용어로서 '진정'은 개인이나 단체가 국가나 공공기관에 특정 조치를 요구하는 것을 말합니다. 법적 처벌을 직접적으로 요구하기보다는 불편 사항이나 사회적 차별의 시정, 민원 등을 해결하기 위한 방법으로 쓰입니다.

> **헌법 제11조**
> ① 모든 국민은 법 앞에 평등하다. 누구든지 성별·종교 또는 사회적 신분에 의하여 정치적·경제적·사회적·문화적 생활의 모든 영역에 있어서 차별을 받지 아니한다.

이른바 '크레파스 색상의 피부색 차별' 사건에 대해 국가인권위원회가 내린 결정의 핵심은 다음과 같습니다. 첫째, '살색'이라는 명칭은 특정 피부색을 기준으로 하기 때문에 황인종 이외의 인종에게는

'모두 살색입니다'라는 주제의 공익 광고.

평등권을 침해할 소지가 있다는 점, 둘째, 국제화·세계화가 빠르게 진행되는 상황에서 특정 인종의 피부색만을 '살색'으로 규정하는 것은 인종과 피부색에 대한 차별적 인식을 확산할 가능성이 크다는 점입니다.

지금 돌아보면, 인간의 피부색은 매우 다양한데 특정 색을 '살색'이라고 부르는 것이 문제가 될 수 있다고 생각하지 못했다는 것 자체가 놀랍습니다. 아마도 우리 사회 구성원들이 대체로 비슷한 신체적 특징을 지니고 있다고 생각했기 때문일 것입니다. 이러한 점을 고려하면, '살구색'이라는 명칭 변경은 단순한 용어 수정이 아니라, 우리 사회

크레파스와 수채물감 등에서 '살색'이라는 명칭이 사라진 후 곧바로 '살구색'이 사용된 것은 아닙니다. 국가인권위원회의 시정 권고에 따라 기술표준원은 2002년에 KS 표준 관용색에서 '살색'을 삭제하고, 대신 계통색 명칭인 '연주황(軟朱黃)'을 도입했습니다. 이후 2003년에 KS 계통색 표준을 개편하면서 한자어 '연주황'을 한글 명칭인 '연한노랑분홍'으로 변경했습니다. 그러나 문구류 등에서는 여전히 '연주황'이 사용되었고, 이에 초중등 학생 6명이 2004년에 "지나치게 어려운 한자어인 '연주황'을 사용하는 것이 어린이에 대한 차별"이라며 국가인권위원회에 다시 진정을 제기했습니다. 이후 기술표준원은 2005년에 KS 표준의 관용색 명칭을 전면 개편하면서 기존 '살색'에 해당하는 명칭을 '살구색'으로 최종 확정했습니다.

* KS 표준 색깔은 계통색과 관용색으로 나뉩니다. '연주황'과 '연한분홍노랑'은 '기본색+수식 형용사 결합'으로 이루어진 계통색 명칭이고, '살색'과 '살구색'은 특정한 사물에서 연상된 이미지를 바탕으로 한 관용색 명칭입니다.

※참고: 국가인권위원회 보도자료(2005.5.17.) (www.humanrights.go.kr)

에 존재하는 차별적 요소를 인식하고 개선한 결과라 할 수 있습니다. '살구색'이라는 새로운 명칭은 우리 사회 구성원들의 다양한 피부색을 존중한다는 의미를 담고 있습니다.

한국은 다문화 사회

최근 대중매체에서는 외국에서 한국으로 이주해 온 사람들의 이야기를 다루는 프로그램이 늘어나고 있습니다. 예를 들어, 「이웃집 찰스」

「이웃집 찰스」 포스터.

(KBS1)는 한국에 정착한 평범한 이주민들이 한국 사회에 적응하기 위해 고군분투하는 과정에서 겪는 어려움과 고민들을 생생하게 전달합니다. 이와 함께 대중에게 친숙한 이주민도 많습니다. 프랑스 출신의 파비앙 코르비노나 미국 출신의 타일러 라쉬 같은 (또는 다양한 국적 출신의) 외국인 방송인들도 여러 프로그램에서 한국 문화와 외국 문화를 잇는 메신저 역할을 톡톡히 하고 있습니다.

　　이제 우리는 이주 배경 구성원을 단순히 대중매체 속에서만 접하는 것이 아니라, 가족이나 친구 또는 가까운 이웃으로도 만날 수 있습니다. 한국 식당에서 주문을 받는 분이나 외국 음식점을 운영하는 분도 이주민일 수 있습니다. 이처럼 우리에게 익숙하지 않은 언어나 문화, 종교를 가진 이웃이 늘어나면서 다양한 문화를 더 쉽게 접할 수 있는 환경에서 살고 있습니다. 이는 한국 사회가 빠르게 다문화 사회로 변화하고 있음을 보어 줍니다.

실제로 우리나라 인구 통계를 살펴보면, 인구 구성이 점점 더 다양해지고 있음을 알 수 있습니다. 법무부 통계에 따르면, 2025년 10월을 기준으로 할 때, 우리나라에 단기 또는 장기 체류하는 외국인은 약 283만 명에 달합니다. 체류 외국인의 국적도 중국, 베트남, 미국, 태국, 우즈베키스탄, 네팔, 러시아(연방), 필리핀 등 매우 다양합니다.

TIP!

외국인 주민 구성

외국인 주민은 크게 한국 국적 미취득자, 한국 국적 취득자, 국내 출생 외국인 주민 자녀로 구성됩니다. 2024년 11월을 기준으로, 한국 국적 미취득자는 204만 2,744명(전체 외국인 주민의 약 79.1%), 한국 국적 취득자는 24만 5,578명(약 9.5%), 국내 출생 외국인 주민 자녀는 29만 5,304명(약 11.4%)으로, 한국 국적 미취득자의 비중이 가장 높게 나타납니다.

(참고 자료: 행정안전부 보도자료, 2025.10.31.)

우리나라 인구 구성이 이처럼 다양해진 것은 사회의 변화와 밀접하게 연관되어 있습니다. 1990년대 이후 우리나라 경제가 급속하게 발전하면서 노동력 부족이 심각한 문제로 떠올랐습니다. 특히 당시 '3D(dirty, dangerous, difficult)' 산업이라고 불렸던 제조업, 농업, 건설 등의 분야에서는 노동자를 구하기가 더 어려워졌습니다. 이에 정부는 외국인 노동자를 적극적으로 수용하는 정책을 펼쳤습니다.

한편, 2000년대 초반 농어촌 지역에서는 배우자 부족 현상이 심화되면서 국제결혼이 대안으로 떠올랐습니다. 각 지방자치단체가 앞장서 국제결혼을 주선하기도 했습니다. 이에 따라 다양한 국적의 결혼 이민자들이 한국 사회의 일원이 되었습니다. 이와 함께 세계화의 영향으로 유학생, 기업인 등 다양한 목적을 가진 외국인들이 한국 사회로 유입되었습니다. 이로 인해 한국 사회의 **문화적 다양성**이 더욱 확대되기 시작했습니다.

다문화 사회는 말뜻 그대로 풀이하면, 한 사회 내의 문화가 단일하지 않고 여러 문화로 이루어져 있다는 것입니다. **다문화**는 좁은 의미에서는 인종, 종족, 국적 등의 다양성을 의미하지만, 넓은 의미에서는 성별, 연령, 지역, 종교, 계층, 장애 등의 다양성을 포괄합니다. 따라서 우리 사회 구성원 모두가 다문화 구성원이라고 할 수 있습니다.

과거 우리는 한국 사회가 단일 민족 국가라고 생각하고, 이에 대해 커다란 자부심을 가지고 있었기 때문에, 우리 사회 구성원들 사이의 문화적 차이나 다양성을 중요하게 생각하지 않았습니다. 2000년대 들어서 이주민이 크게 증가하면서 비로소 인종, 종족적 다양성에 주목하기 시작했습니다. 그러나 다문화는 우리 사회 안에 이미 존재하는 여러 다양성을 포괄하는 개념이라는 점에 유의할 필요가 있습니다.

다문화 사회는 단지 한 사회 내에 문화적 배경이 다른 여러 집단이 모여 산다는 것만을 의미하지 않습니다. 진정한 의미의 다문화 사회가 되기 위해서는 서로 다른 문화가 조화롭게 공존하는 가운데 우리 사회의 모든 개인과 사회가 함께 발전할 수 있는 방안을 모색할 필요가 있습니다.

다문화적 경관과 이주민들의 기여

한국이 빠르게 다문화 사회로 변화하면서, 이주민들이 많이 생활하는 공간의 주변 **경관**도 크게 달라지고 있습니다. 서울의 이태원이나 대림동, 경기도 안산시 원곡동 등이 대표적인 예입니다.

그중 안산시는 외국인 거주자가 많은 지역으로, 2025년 3월 기준으로 118개국에서 온 10만 명 이상의 외국인 주민이 거주하고 있습니다. 2009년에 다문화 마을 특구로 지정된 단원구 원곡동 일대는 다

안산시 다문화 마을 특구.

양한 나라의 음식을 맛볼 수 있는 음식 거리로도 유명합니다. 거리 곳곳에 중국, 베트남, 우즈베키스탄 등 다양한 국가 출신의 이주민들이 운영하는 음식점이나 외국 식재료를 파는 상점들이 자리하고 있습니다. 다양한 외국어로 쓰인 간판들과 현수막이 어우러져 이국적인 분위기를 자아냅니다.

이처럼 다문화적 공간은 이곳을 찾은 사람들에게 다양한 문화를 체험할 수 있는 기회를 제공합니다. 다문화적 공간에서 서로 다른 문화를 경험하고 문화적 배경이 다른 사람들과 소통하면서 서로의 차이를 이해하고 존중하는 태도를 형성할 수 있습니다. 이질적인 문화들 사이의 교류는 새로운 문화를 만들어 내는 원동력이 되어, 한국 사회가 더욱 풍성하고 다채로운 모습으로 발전할 수 있도록 도울 수 있습니다.

TIP!

경관

산, 강, 바다 따위의 자연이나 지역의 풍경을 말합니다. 또 기후나 지형, 토양 등의 자연적 요소에 대하여 인간의 활동이 작용하여 만들어 낸 지역의 통일된 특성을 말하기도 합니다. 이런 경관은 자연 경관과 문화 경관으로 구분됩니다.

한국 사회의 이주민들은 사회 여러 분야에서 중요한 역할을 하고 있습니다. 결혼 이주자로 캄보디아 국적의 스롱 피아비는 당구 선수로 유명하고, 한국인 어머니와 나이지리아인 아버지 사이에서 태어난 나마디 조엘 진은 육상 선수로 활약하고 있습니다. 이외에 방송, 연예, 패션 분야 등에서 활동하는 외국인도 쉽게 찾을 수 있습니다.

또한 이주 노동자는 건설업, 농축산업, 어업, 서비스업, 첨단 산업 등 여러 산업 분야에서 활발히 경제 활동에 참여하고 있습니다. 아파트와 빌딩 같은 건물, 식탁 위에 올라오는 채소와 생선, 우리가 사용하는 가구나 생필품 등 일상 곳곳에 이주 노동자들의 손길이 닿아 있습니다. 음식점, 청소업체, 이사 작업 등 서비스업 분야는 물론 반도체 같은 첨단 산업 분야에서도 많은 이주 노동자들이 활동하고 있습니다. 이주 노동자는 우리나라 경제 성장의 중요한 기여자들입니다.

이처럼 다문화 사회는 경제적 측면에서 우리 사회에 긍정적인 영향을 미칩니다. 이주 노동자들은 다양한 산업 분야에서 중요한 역할을 하며 노동력 부족 문제를 해결하고, 우리나라의 경제 성장에 기여하고 있습니다. 특히 제조업, 건설업, 서비스업 등에서 이주민들의 기여는 뚜렷하게 나타나며, 이들은 한국 사회의 생산성과 경쟁력을 높이는 데 필수적인 존재로 자리 잡고 있습니다.

갈등과 차별의 그림자

한국 사회가 다문화 사회로 변화함에 따라 다양한 문화와 가치관이 공존하게 되었습니다. 하지만 이러한 변화 속에서 우리 사회는 문화 차이로 인한 갈등과 이주민에 대한 차별과 같은 새로운 문제들에 직면하고 있습니다.

먼저, 기존 구성원과 이주민 사이에 갈등과 충돌이 발생할 수 있습니다. 문화 차이로 인한 갈등은 종종 의사소통의 어려움과 오해에서 비롯됩니다. 예를 들어, 언어가 달라서 서로의 생각을 정확하게 전달하기가 어렵거나 표정이나 몸짓 등 비언어적 의사 표현 방식의 차이 때문에 상대방의 감정을 잘못 이해할 수도 있습니다. 종교나 생활양식에 대한 이해가 부족하여 충돌이 발생하기도 합니다. 서로에 대한 이해 부족으로 발생하는 갈등과 충돌이 반복될 경우, 공동체의 유지와 발전을 위협하는 더 큰 사회 문제로 확대될 수 있습니다.

다음으로, 이주민에 대한 편견과 차별 문제입니다. 문화적 배경이 다른 사람들이 함께 살아가고 있지만, 여전히 한국 사회에서 많은 이주민이 특정 종교, 국가, 지역 등에 대한 부정적 편견으로 인해 고통을 겪고 있습니다. 이주민에 대한 편견은 미디어나 사회적 고정관념에 의해 더욱 강화됩니다. 예능 프로그램이나 영화 등에서 한국어가 서툰 외국인을 희화화하거나 이주민을 부정적인 모습으로 단순화하여 묘사하는 경우도 있습니다. 외국인들이 기존 구성원들의 일자리를 빼앗거나 범죄를 저지른다는 고정관념 역시 이주민에 대한 부정적인 이미지를 고착시킵니다.

이러한 편견과 고정관념 속에서 이주민들은 언어적 차별, 또는 불평등한 대우나 기회 제한과 같은 사회적 차별과 배제를 경험합니다. 이주민을 '다문화'로 구분지어 부르거나, 국적, 외모적 특성에 빗대어 혐오 표현을 사용하는 경우가 있습니다. 이주민이라는 이유로 낮은 임금을 지불하거나 채용 기회를 주지 않는 것도 그 예입니다. 이러한 차별은 이주민의 심리적, 경제적 안정을 위협하고 한국 사회 내 통합을 어렵게 만듭니다.

마지막으로, 이주민의 사회 적응 문제입니다. 이주민의 경우 언어적 제약이나 정보 접근성이 부족하여, 교육 및 구직 기회를 얻거나 생활에 필수적인 지원을 받는 데 어려움을 겪는 경우들이 있습니다. 이주민이 한국 사회에 원활하게 정착할 수 있도록 돕는 것은 인권 존중의 측면뿐 아니라 사회 발전에도 긍정적입니다.

이처럼 다문화 사회에서 나타나는 갈등과 차별의 문제는 사회의 안정성과 통합을 위협할 수 있습니다. 따라서 다문화 사회에서 발생할 수 있는 갈등과 차별 문제를 해결해야 합니다. 아울러 이주민의 사회 적응을 돕기 위한 노력도 필요합니다. 이를 통해 다문화 사회의 긍정적인 측면이 더 잘 발휘될 수 있습니다.

문화 다양성과 인권 존중

다문화 사회란 기본적으로 한 사회에 다양한 문화가 공존하고 있음을 의미합니다. 한 걸음 더 나아가 다문화 사회는 모든 사회 구성원이 문화적 차이로 인한 차별 없이 존중받는 사회를 지향합니다. 따라서 바람직한 다문화 사회를 만들기 위해서는 문화 다양성을 인정하고 타 문화 구성원의 인권을 존중해야 합니다.

무엇보다 문화 다양성을 존중하는 태도가 필수적입니다. 문화 다양성은 인종, 민족, 종교, 지역 등에 따라 다르게 나타나는 여러 가지 삶의 방식과 문화를 포함합니다. 문화 다양성을 존중하는 태도는 서로 다른 문화를 이해하고 수용하며 다양성의 가치를 인정하는 태도를 의미합니다. 이러한 태도는 다양한 집단 구성원들이 서로 협력하고 공존하는 사회적 기반을 만드는 데 도움이 됩니다.

이주민의 인권을 보호하고 존중하는 것도 중요합니다. 이를 위해 이주민이 일상에서 겪는 인권 침해 문제에 적극적으로 대응해야 합니다. 이주민에 대한 차별적 발언이나 행동이 발생하지 않도록 예방하고, 교육 및 취업 기회의 제한, 가정, 학교 및 직장에서의 부당한 대우를 시정해야 합니다. 다른 한편으로는 이주민이 우리 사회에서 안정적인 삶을 유지하는 데 필요한 자원과 기회를 제공할 필요가 있습니다. 사회 서비스에 대한 통역 등 언어적 지원이나 정보 접근성을 높이는 것도 그 한 방법입니다.

더 나은 다문화 사회를 만들기 위해서는 개인적 차원과 사회적 차원에서의 노력이 함께 필요합니다.

개인적 차원에서는 사회 구성원들이 서로 다른 문화를 이해하고 존중하는 태도를 갖는 것이 필요합니다. 차이와 차별을 구분하고, 다른 문화에 대한 편견이나 차별적인 태도를 버려야 합니다. 문화적 차이를 인정하고, 이주민의 문화를 그 문화의 맥락에서 이해하는 문화 상대주의적 태도를 기르는 것이 중요합니다. 이주민의 사회적 공헌과 기여를 인정하고 이주민을 동등한 사회적 주체로 대하는 자세가 필요합니다.

사회적 차원에서는 이주민이 사회에 잘 적응할 수 있도록 다양한 지원을 제공해야 합니다. 우선 이주민이 권리를 제대로 보장받을 수 있도록 법적, 제도적 장치를 강화해야 합니다. 「다문화 가족지원법」,

「외국인 근로자의 고용 등에 관한 법률」 등이 그 예입니다. 이주민에 대한 사회적 편견과 고정관념을 없애기 위한 교육도 이루어져야 합니다. 학교 및 사회 교육을 통해 다문화 사회에 대한 사회 구성원들의 이해를 높이고, 서로 다른 문화를 존중하는 문화를 확산할 수 있습니다.

결국, 한국 사회가 다양한 문화가 조화롭게 공존하는 다문화 사회로 나아가기 위해서는 모든 구성원의 인식 변화와 사회적 지원이 필요합니다. 개인들의 문화에 대한 존중과 이해를 바탕으로, 사회적으로 제도적 지원과 교육이 이루어지면, 다문화 사회는 갈등과 차별을 넘어 안정적이고 협력적인 사회로 발전할 수 있습니다.

1. '용광로 정책'과 '샐러드 볼 정책'은 뭐가 다른가요?

다양한 문화가 혼재하는 다문화 사회를 운영하는 접근 방식은 크게 용광로 정책과 샐러드 볼 정책으로 구분됩니다. **용광로 정책**(Melting Pot Policy)이 서로 다른 집단 구성원들이 하나의 동질적인 정체성을 갖는 사회를 만들고자 한다면, **샐러드 볼 정책**(Salad Bowl Policy)은 다양한 문화 집단의 구성원들이 자신들의 고유한 정체성을 유지하는 가운데 공존하는 사회를 만들고자 합니다.

용광로 정책에서 '용광로'는 1908년 영국 태생의 유대계 극작가 이스라엘 쟁윌(Israel Zangwill)의 연극 제목에서 유래했습니다. '멜팅 팟(Melting Pot)'은 '도가니', '용광로'라는 뜻으로, 이 연극에서는 유럽의 여러 지역에서 온 다양한 민족이 하나로 융합된 미국 사회를 용광로에 비유했습니다. 이 비유는 동화주의와 연결됩니다.

동화주의는 소수 집단이 주류 문화에 **동화**되어 하나의 동질적인 정체성을 형성하는 것을 바람직하게 생각합니다. 즉 서로 다른 종류의 금속을 녹여서 전혀 다른 금속을 만들어 내는 용광로처럼, 인종, 민족, 종교, 언어 등 서로 다른 문화적 특성을 가진 이민자들이 주류 사회의 언어, 관습, 가치관을 받아들이고 단일한 공동체의 구성원이 되는 것을 강조합니다. 그러나 동화주의는 소수 문화 고유의 정체성을 사라지게 할 위험이 있으며, 문화적 다양성을 충분히 존중하지 못한다는 비판을 받습니다.

반면, 샐러드 볼 정책은 이민자들이 자신들의 고유한 언어, 종교, 전통

을 유지하면서도 사회의 일원으로 공존
하는 방식을 지향합니다. 샐러드 볼에서
맛과 색이 다른 다양한 재료가 섞이지만
각각의 재료가 갖는 특성을 유지하면서
도 새로운 맛을 낼 수 있는 것처럼, 이 정

이스라엘 쟁윌, 『더 멜팅 팟(The Melting Pot)』
극장 프로그램(1916).

책은 소수 집단이 고유의 문화적 정체성을 유지하는 것을 존중하며 다양한 문화
가 공존하는 사회를 목표로 합니다. 이는 다문화주의와 연결됩니다.

다문화주의는 소수 집단의 정체성을 존중하면서 서로 다른 집단 간
의 문화적 공존을 추구한다는 점에서 다문화 사회가 추구할 바람직한 방향으로
제시됩니다. 캐나다, 오스트레일리아 등 공식적으로 다문화주의를 채택한 국가
들은 정부 차원에서 다양한 문화적 배경을 존중하고 장려하는 정책을 추진하고
있습니다. 그러나 다문화주의를 강조하는 것이 사회적 통합의 약화나 문화 간 갈
등을 초래할 가능성도 있습니다. 따라서 다문화 사회에서 다양한 문화 고유의 정
체성을 인정하면서 사회 통합을 유지할 수 있는 방향을 지속적으로 모색해 나가
야 합니다.

2. 다문화 사회와 문화 다양성을 위한 기념일들이 있다고요?

3월 21일, 세계 인종 차별 철폐의 날

매년 3월 21일은 1966년 국제 연합 총회에서 지정한 '세계 인종 차별 철폐의 날 (International Day for the Elimination of Racial Discrimination)'입니다.

이날은 1960년 3월 21일, 남아프리카공화국의 샤프빌(Sharpeville)에서 발생한 학살을 기리기 위해 제정되었습니다. 당시 시위대는 인종 차별 정책인 아파르트헤이트에 반대하며 통행권 소지를 강제하는 법에 항의했습니다. 경찰은 비무장 시위대를 향해 발포했고, 이 사건으로 69명의 민간인이 사망했습니다.

> **[국제 연합]**
> **모든 형태의 인종 차별 철폐에 관한 국제 협약**
> **(International Convention on the Elimination of All Forms of Racial Discrimination, ICERD)**
> _1965년 12월 21일 채택, 1969년 1월 4일 시행
>
> '모든 형태의 인종 차별 철폐에 관한 국제 협약'에서는 인종 차별을 다음과 같이 정의합니다.
>
> *이 협약에서 말하는 인종 차별이란, 인종, 피부색, 가문, 또는 민족이나 종족의 기원에 근거를 둔 어떠한 구별, 배제, 제한, 또는 우선권을 말하며, 이는 정치, 경제, 사회, 문화 또는 기타 어떠한 공공 생활의 분야에 있어서든 평등하게 인권과 기본적 자유의 인정, 향유 또는 행사를 무효화시키거나 침해하는 목적 또는 효과를 가지고 있는 경우이다.*

아파르트헤이트는 1948년부터 1994년까지 시행된 인종 분리 정책으로, 백인과 비백인의 거주지를 분리하고, 흑인이 지정 구역을 벗어날 때는 통행권을 소지하도록 강요하는 등 극심한 차별을 조장했습니다. '샤프빌 학살'은 아파르트헤이트 철폐 투쟁의 전환점이 되었으며, 전 세계적으로 인종 차별 반대 운동의 상징이 되었습니다.

국제 연합은 이 사건의 희생자를 기리고 인종 차별 철폐를 위한 지속적인 노력을 촉구하기 위해 3월 21일을 기념일로 지정했습니다. 이후 매년 이날을 맞아 세계 각지에서 인종 차별과 인종주의를 극복하기 위한 다양한 행사와 캠페인이 열리고 있습니다.

5월 20일, 세계인의 날

세계인의 날(Together Day)은 우리나라 국민과 외국인이 서로의 문화와 전통을 존중하면서 더불어 살아갈 수 있는 사회 환경을 조성하기 위해 제정된 국가 기념일입니다. 2007년 「재한 외국인 처우 기본법」을 제정하면서, 매년 5월 20일을 세계인의 날로 지정하고 이날을 기준으로 1주일 동안을 '세계인 주간'으로 정하였습니다. 매년 법무부는 세계인의 날 기념 행사를 주최하고 있습니다.

> **재한 외국인 처우 기본법**
> **제19조** (세계인의 날) 국민과 재한 외국인이 서로의 문화와 전통을 존중하면서 더불어 살아갈 수 있는 사회 환경을 조성하기 위하여 매년 5월 20일을 세계인의 날로 하고, 세계인의 날부터 1주간의 기간을 세계인 주간으로 한다.

※참고: 법무부 이민통합과 보도자료(2021.5.21.), www.immigration.go.kr

5월 21일, 세계 문화 다양성의 날

매년 5월 21일은 2002년 제57차 국제 연합 총회에서 지정한 '대화와 발전을 위한 세계 문화 다양성의 날'입니다.

문화 다양성의 날 제정은 유네스코의 〈문화 다양성 선언〉(2001년)과 〈문화적 표현의 다양성 보호와 증진을 위한 협약〉(2005년)과 깊은 연관이 있습니다.

〈**문화 다양성 선언**〉은 2001년 파리에서 열린 제31차 유네스코 총회에서 채택되었습니다. 이 선언에서는 문화를 "사회와 사회 구성원의 특유한 정신적, 물질적, 지적, 감성적 특성의 총체"로 정의하며, 예술, 문학뿐만 아니라 생활 방식, 가치 체계, 전통과 신념 등도 포함한다고 강조합니다. 또한, 이러한 문화 다양성은 "인류의 공동 유산이며 현재와 미래 세대를 위한 혜택"으로서, "생태 다양성이 자연에 필요한 것처럼 문화 다양성은 인류에게 필요"하다고 명시합니다. 이 선언의 정신을 바탕으로 2002년 국제 연합 총회에서 '**대화와 발전을 위한 세계 문화 다양성의 날**'이 지정되었습니다.

또한, 2005년 유네스코의 〈**문화적 표현의 다양성 보호와 증진을 위한 협약**〉에서는 문화 다양성을 "집단과 사회의 문화가 표현되는 다양한 방식"으로 정의하고, 문화 다양성이 인류의 본질적인 특성으로서 소중히 보존되어야 한다고 강조합니다. 이는 공동체, 민족, 국가의 지속가능한 발전을 위한 중요한 원천으로, 문화 간 존중과 대화를 장려하고 상호 작용을 원활히 하는 것을 목적으로 합니다.

우리나라는 2014년에 「**문화 다양성 보호와 증진에 관한 법률**」을 제정하여 유네스코의 협약 정신을 이행하고자 했습니다. 이 법은 문화 다양성 보호와 증진을 통해 개인의 문화적 삶의 질을 향상시키고, 문화 다양성을 기반으로 한 사회 통합과 새로운 문화 창조에 기여하는 것을 목표로 합니다. 아울러 문화 다양성에 대한 국민의 이해 증진을 목적으로 매년 5월 21일을 **문화 다양성의 날**로 정하고, 이날부터 1주일간을 '문화 다양성 주간'으로 정하고 있습니다.

※참고: 유네스코 홈페이지, unesco.or.kr

주요 연혁

- **2001년: 문화 다양성 선언**

  (Universal Declaration on Cultural Diversity)

  _2001년 11월 2일 프랑스 파리 제31차 유네스코 총회에서 채택

- **2002년: 대화와 발전을 위한 세계 문화 다양성의 날**

  (World Day for Cultural Diversity for Dialogue and

  Development)

  _2002년 12월 20일에 개최된 제57차 국제 연합 총회에서 채택

- **2005년: 문화적 표현의 다양성 보호와 증진을 위한 협약**

  (Convention on the Protection and Promotion of the

  Diversity of Cultural Expression)

  _2005년 10월 20일 프랑스 파리 제33차 유네스코 총회에서 채택

- **2014년: 「문화 다양성 보호와 증진에 관한 법률」 제정**

  _2014년 5월 28일 한국 제정, 11월 29일 시행

- **2015년 5월 21일 문화 다양성의 날 개최**

문화 다양성 선언(유네스코, 2001)

제1조 문화 다양성: 인류의 공동 유산

문화는 시공간에 여러 형태로 나타난다. 이 다양성은 인류를 구성하는 집단과 사회의 정체성과 독창성을 구현한다. 생태 다양성이 자연에 필요한 것처럼 교류, 혁신, 창조성의 근원으로서 문화 다양성은 인류에게 필요한 것이다. 이러한 의미에서, 문화 다양성은 인류의 공동 유산이며 현재와 미래 세대를 위한 혜택으로서 인식하고 확인해야 한다.

문화적 표현의 다양성 보호와 증진을 위한 협약(유네스코, 2005)

문화 다양성이 인류의 본질적인 특성임을 확인하고, 문화 다양성은 인류 공동의 유산이며, 모두의 이익을 위하여 소중히 간직되고 보존되어야 한다는 점을 깨달으며, 문화 다양성이 선택의 폭을 넓히고 인간의 능력과 가치를 육성해 주는 풍요롭고 다양한 세계를 창조하므로, 공동체, 민족 및 국가의 지속가능한 개발을 위한 원천임을 인식하고…

제4조 "문화 다양성"이란 집단과 사회의 문화가 표현되는 다양한 방식을 말한다. 이러한 표현들은 집단과 사회의 내부에서 그리고 집단과 사회 사이에서 전승된다. 문화 다양성은 인류의 문화유산이 다양한 문화적 표현을 통해 표현되고, 증대되며, 전승되는 다양한 방식을 통해서뿐만 아니라, 사용된 방법과 기술에 관계없이 다양한 양식의 예술적 창작, 생산, 보급, 배포 및 향유를 통해서도 명확하게 나타난다.

문화 다양성 보호와 증진에 관한 법률(한국, 2014)

제11조 (문화 다양성의 날) ① 정부는 문화 다양성에 대한 국민의 이해를 증진하기 위하여 매년 5월 21일을 문화 다양성의 날로 하고, 문화 다양성의 날부터 1주간을 문화 다양성 주간으로 한다.

외국인 주민들은 어느 지역에 많이 살까요?

한국 사회가 다문화 사회라고 하는데 정작 일상에서는 잘 느끼지 못할 수 있습니다. 이는 한국 사회 전체의 변화와 각 지역별 변화의 속도가 다르기 때문입니다.

행정안전부가 발표한 '2024년 지방자치단체 외국인 주민 현황'에 따르면(행정안전부, 2025. 10.), 2024년 11월 1일을 기준으로 우리나라에 3개월을 초과하여 거주하는 외국인 주민의 수는 총 258만 3,626명에 이릅니다. 이는 우리나라 총인구의 약 5%에 해당하는 규모로, 외국인 주민 통계를 작성하기 시작한 2006년에 53만 명이었던 것과 비교하여 4.8배 이상 증가한 수치입니다. 지역적으로도 외국인 주민은 빠르게 확산하고 있습니다. 2023년과 비교하여 모든 시·도에서 외국인 주민의 수가 증가했습니다. 이주민 밀집 지역 역시 2006년 2곳에서 2024년 142곳으로 크게 늘었습니다. 이주민 밀집 지역이란 지역 전체 인구수에 대비하여 외국인 주민의 비율이 5% 이상인 지역을 말합니다.

그런데 외국인 주민은 전국적으로 고르게 분포하기보다는 수도권과 일부 산업도시에 더 집중적으로 분포해 있습니다. 전체 외국인 주민의 56.7%가 경기도, 서울, 인천을 포함한 수도권에 거주합니다. 시·군·구 수준에서 살펴보면, 외국인 주민이 가장 많이 사는 곳은 안산, 화성, 시흥, 수원, 부천의 순입니다. 이들 지역은 주로 제조업이 발달하여 외국인 노동자의 비율이 높습니다.

이처럼 우리 사회 전체적으로 외국인 주민의 수가 빠르게 증가하고 있지만, 외국인 주민의 규모나 비율은 지역에 따라 달라 지역별로 다문화 사회로의 변화를 체감하는 정도가 다를 수 있습니다.

5장. 생활공간과 사회

1. 산업화와 도시화는 우리 생활을 어디까지 변화시켰을까?

혁신적인 생활공간을 이끌다

산업화와 도시화는 단순한 변화가 아니라, 인류의 삶의 무대를 송두리째 바꾸어 놓은 거대한 힘이었습니다. 18세기 영국에서 시작된 산업혁명은 땀 흘려 땅을 갈던 농부와 가내 수작업에 의존하던 장인들의 세상을, 거대한 공장 굴뚝과 증기기관이 지배하는 공업 사회로 바꾸어 놓았습니다. 기계가 대량 생산을 가능하게 하자, 사람들의 일터는 더 이상 고향 마을이 아니라 기차가 닿는 도시가 되었고, 인구는 눈부신 속도로 도시로 흘러들었습니다. 주거 형태와 교통, 소비문화, 여가 방식까지 우리 일상의 모든 부분이 이 격변 속에서 새롭게 펼쳐졌습니다. 오늘날 우리가 익숙하게 살아가는 도시의 풍경은 바로 이 역동적인 변화의 결과물이라 할 수 있습니다. 우리나라는 1960년대 경제개발 5개년 계획을 기점으로 본격적인 산업화와 도시화를 추진하며, 불과 몇십 년 만에 농업국가에서 산업국가로 눈부시게 변신했습니다.

서울을 비롯한 대도시에는 하늘을 찌를 듯한 빌딩과 끝없이 이어진 아파트 단지가 들어서며, 사람들은 이전보다 훨씬 빠르고 복잡

도시화와 산업화의 상징인 서울의 모습.

한 도시의 리듬 속에서 살아가게 되었습니다. 인구가 몰려든 도시는 더 많은 사람을 수용할 공간을 필요로 했고, 그 결과 전통적인 단독주택은 사라지고 고층 아파트 단지가 새로운 일상의 무대가 되었습니다. 서울 강남구는 1970년대까지 논밭이 대부분이었지만, 도시 개발 계획이 실행되면서 현재는 초고층 건물과 아파트가 밀집된 현대적 주거 지역으로 변모했습니다. 이러한 도시 공간의 변화는 서울뿐 아니라 부산, 대구, 인천 등 주요 대도시에서도 비슷하게 나타났습니다. 아파트에서 태어나고 성장한 이른바 '2030 아파트 키즈'가 주거 시장에 본격적으로 합류하면서 '아파트 쏠림' 현상이 심해지고 있습니다. 2023년 기준으로 전국에서 거래된 주택 10채 중 8채가량이 아파트였습니다. 아파트의 양적 증가로 도시의 고밀화가 진행되면서 사람들의 생활 반경도 점차 도

수도권광역급행철도(GTX).

심을 넘어 교외로 넓어졌습니다.

　　도시가 확장되면서 교외 지역으로 인구가 이동하는 현상도 나타났습니다. 서울과 인천, 경기 지역은 거대한 수도권 생활권으로 묶였고, KTX(고속철도), GTX(수도권광역급행철도), 그리고 촘촘한 도시 철도망의 확장은 도시 간 연결성을 높이며 외곽 지역의 접근성을 크게 개선했습니다. 이러한 변화 속에서 서울 근교에 분당, 일산, 판교, 동탄과 같은 신도시가 조성되어 도시의 과밀화를 완화하고 새로운 주거 공간을 제공했습니다. 그 결과, 도심에서 일하고 교외에서 생활하는 방식이 자연스럽게 자리 잡게 되었습니다. 그러면서도 **교외화**는 교통 혼잡과 지역 간 불균형이라는 새로운 문제를 낳기도 했습니다.

　　산업화와 도시화는 단순히 집과 일터만 늘린 것이 아니라, 도

신도시, 세 번의 실험과 도전

1990년대 초 분당·일산·중동·평촌·산본 등 1기 신도시는 서울의 심각한 주택난을 해소하고 인구를 분산하기 위해 조성되었습니다. 2000년대 중반에는 판교, 동탄, 광교 등 2기 신도시가 등장해 주거 기능뿐 아니라 첨단 산업과 자족 기능을 강화하려 했습니다. 이어 2020년대에 추진 중인 3기 신도시는 고양 창릉, 남양주 왕숙, 하남 교산 등을 중심으로 수도권 주택 공급을 확대하고 교통망과의 연계를 중점적으로 고려하고 있습니다.

시 곳곳의 공공시설과 상업 공간을 빠르게 확장시켰습니다. 병원과 학교, 공원 같은 공공시설은 시민들의 생활 수준을 한층 끌어올렸고, 대형 쇼핑몰과 백화점, 카페 같은 상업 공간은 단순한 소비를 넘어 새로운 여가와 문화의 장으로 자리 잡았습니다. 이제는 영화관, 식당, 서점, 놀이 시설이 한곳에 모인 복합 쇼핑몰에서 하루를 보내는 '몰링(malling)'이 일상화되었습니다. 사람들은 이곳에서 여가를 즐기고 만남을 이어 갑니다. 도시 곳곳에 들어선 대형 쇼핑몰은 주거 공간 못지않게 현대 도시인의 삶에서 중요한 역할을 차지하게 된 것입니다. 서울의 롯데월드타워는 상업, 문화, 주거를 결합한 복합 공간으로, 현대 도시화의 상징적 사례로 꼽힙니다.

'나 혼자 살아가는' 도시 생활

도시는 이제 '나 혼자 살아가는' 현대인의 생활 무대가 되었습니다.

산업화가 진행되면서 도시는 다양한 서비스와 상품을 공급하는 중심
지로 성장했고, 사람들은 직장과 학교, 상업 시설을 오가며 바쁜 일상
을 이어 갑니다. 농촌의 삶이 자연과 긴밀한 관계 속에서 이루어졌다
면, 도시는 편리함과 효율성을 최우선으로 하는 공간으로 변모한 것입
니다. 자동차와 지하철, 버스 같은 대중교통 덕분에 사람들은 출퇴근이
나 장보기도 훨씬 빠르고 편리하게 할 수 있게 되었습니다. 이제는 내
비게이션 앱으로 길을 찾고, 모바일로 택시를 부르는 것이 자연스러운
일상이 되었습니다. 집 안에서는 인공지능(AI) 스피커로 조명을 조절하
거나 로봇청소기로 청소하고, 온라인 쇼핑과 배달앱을 통해 필요한 물
건과 음식을 손쉽게 주문하면서 생활이 더욱 스마트해졌습니다.

산업화와 도시화는 사람들의 경제 활동 방식도 크게 변화시켰
습니다. 전통적으로 농업과 어업에 의존하던 우리나라 경제는 제조업
과 서비스업 중심으로 전환되었고, 이는 도시화와 맞물려 빠르게 성장
했습니다. 산업화 이후 대량 생산과 대량 소비가 확산되면서 생활 양식
은 빠르게 변화했습니다. 대규모 공장에서 생산된 재화가 시장에 공급
되자 소비문화가 크게 발달하였고, 사람들은 이전보다 더 많은 상품을
더욱 신속하게 구매하고 소비할 수 있게 되었습니다. 특히 1970~1980
년대의 중화학 공업 육성 정책은 대규모 공장의 설립과 함께 도시 근로
자 계층의 확대를 가져왔습니다. 2000년대 이후에는 IT 산업, 금융업,
물류업 등 서비스업의 비중이 커지고 있으며, 특히 인구와 자본, 교통
인프라가 밀집한 대도시 지역을 중심으로 고부가가치 산업이 발전하고
있습니다. 판교는 우리나라의 실리콘 밸리로 불리며 IT 산업의 중심지

1인 가구 추이

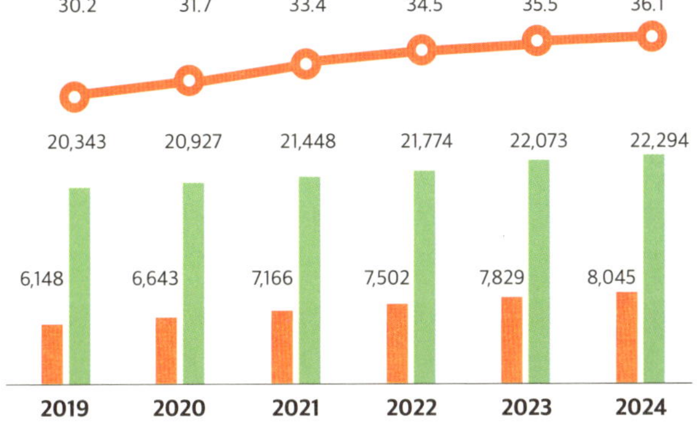

2024년 1인 가구 통계(출처: 국가데이터처)

로 자리 잡았습니다.

그렇다면 이러한 변화는 도시에서 살아가는 개인의 하루를 어떻게 바꾸어 놓았을까요? 전통적인 대가족 형태는 도시화와 함께 핵가족화되었으며, 최근에는 1인 가구의 비율이 급격히 증가하고 있습니다. 2024년 기준 우리나라의 1인 가구 비율은 36.1%로 사상 최고치를 기록했습니다. 이는 도시의 높은 주거 비용으로 인해 가족 단위 거주가 어려워진 점, 개인의 삶을 중시하는 가치관이 확산된 점과 밀접한 관련이 있습니다.

또한, 맞벌이 가구의 증가로 인해 가정 내 역할 분담과 생활의 양식이 크게 변화했습니다. 도시의 일상에서는 시간 절약을 위한 배달 서비스, 간편식 소비가 보편화되고 있으며, 이는 코로나19 팬데믹 이후

나 혼자 산다

'나 혼자 사는 가구', 일명 '나혼산' 가구가 늘어나면서 국내 시장은 많은 변화를 보여 주고 있습니다. 최근 지방자치단체는 1인 가구 증가에 대응해 '1인 가구 안심 주거', '공유 주방', '청년 커뮤니티 공간'과 같은 정책을 도입하고 있습니다. 가전과 가구부터 부동산과 식품에 이르기까지 1인 가구를 겨냥한 상품과 서비스가 줄을 지어 등장하기 시작했습니다. 1인 가구를 위한 소량 배달 서비스나 가사노동을 보조하는 소형 가전제품 등이 그 예입니다. 이렇듯 소비 시장과 트렌드를 이끄는 1인 가구는 자기만족과 행복을 추구하며 고유의 라이프 스타일을 만들어 가고 있습니다.

더욱 강화되었습니다. 도시화는 사람들의 여가와 문화생활을 한층 다양하고 풍부하게 변화시켰습니다. 과거 농촌 사회에서는 공동체 중심의 전통 놀이와 축제가 주요한 여가 활동이었다면, 오늘날 도시는 영화관, 공연장, 미술관 등 다양한 문화 시설을 기반으로 개인이나 가족 단위의 문화 향유가 일반화되었습니다. 최근에는 디지털 기술과 결합된 도시화가 일상 전반에 영향을 미치면서, 도시 생활을 '빠르고 편리한 삶'으로 재구성하고 있습니다. 이는 시간 사용 방식과 인간관계의 형태까지 변화시키고 있습니다. 특히 OTT 플랫폼의 등장으로 여가 활동은 더욱 개인화되고 있습니다. 넷플릭스, 디즈니+와 같은 서비스는 언제 어디서나 콘텐츠를 소비할 수 있도록 만들었으며, 이는 현대 도시 생활의 새로운 트렌드로 자리 잡았습니다.

1960년대 미국 로스앤젤레스의 거리 모습.

어둡고 황량한 도시의 그림자

1960년대 미국 로스앤젤레스의 거리는 짙은 스모그에 뒤덮여 있었습니다. 산업화와 도시화가 가져온 급격한 성장은 새로운 번영의 길을 열었지만, 동시에 어두운 그림자를 남기기도 했습니다. 세계 최초로 산업화를 이룬 영국의 런던과 맨체스터와 같은 도시에는 공장이 몰려들며 인구가 폭발적으로 증가했지만, 도시 자체가 대규모 인구를 수용할 준비가 되어 있지 않았습니다. 그 결과 주거와 위생 여건이 크게 악화되었고, 콜레라와 결핵 같은 전염병이 도시 전역에 만연했습니다.

현대에 이르러서도 산업화와 도시화의 부작용은 여전히 계속되고 있습니다. 공장에서 배출되는 온실가스와 유해 물질은 대기와 수

질, 토양을 오염시켰고, 기후 변화라는 전 지구적 문제와도 연결되었습니다. 특히 대기 오염은 대도시에서 심각하게 나타났습니다. 20세기 중반 로스앤젤레스가 스모그로 몸살을 앓았던 것처럼, 우리나라 역시 2000년대 이후 미세먼지가 사회적 문제로 대두되었습니다. 2023년에도 일부 대도시를 중심으로 초미세먼지 농도가 세계보건기구(WHO) 권고 기준을 초과하며 시민들의 건강을 위협했습니다.

수질 오염 역시 도시화의 대표적인 부작용입니다. 한강, 낙동강 등 주요 하천은 공장 폐수와 생활 하수로 인해 오염되었으며, 이는 생태계와 인간 모두에게 심각한 영향을 미쳤습니다.

환경 문제와 더불어 교통 혼잡과 주택 부족은 도시화가 낳은 대표적인 고질적 문제입니다. 서울과 같은 대도시는 출퇴근 시간마다 극심한 교통 체증을 겪고 있으며, 이는 단순한 불편을 넘어 사회적 비용과 에너지 낭비로 이어집니다. 인구 집중은 주택 수요 폭증을 불러와 집값 상승을 초래했고, 이는 중산층과 저소득층의 주거 부담을 심화시켰습니다. 높은 주거 비용은 청년층의 독립과 결혼을 지연시키는 원인이 되기도 했습니다. 이러한 문제를 완화하기 위해 신도시 개발과 재건축이 추진되었으나, 결과적으로 강남과 강북, 수도권과 지방 간의 격차를 더욱 뚜렷하게 드러내는 부작용도 낳았습니다. 서울은 지속적인 인구 집중과 함께 세계적으로도 손꼽히는 수준의 주택 가격 상승을 기록하고 있으며, 그 결과 내 집 마련의 꿈은 더욱 멀어지고 있습니다. 이러한 문제는 단순히 우리나라만의 현상이 아닙니다. 브라질의 상파울루와 리우데자네이루처럼 대규모 빈민가가 형성된 도시에서는 범죄율이 높고,

주민들이 교육·의료·안전 등 기본적 생활 조건에서 소외되기 쉽습니다.
결국 산업화와 도시화는 현대 사회를 발전시킨 원동력이자 동시에 불
평등과 환경 문제를 심화시키는 양면성을 지니고 있음을 보여 줍니다.

환경 문제와 더불어, 도시화는 인간 관계의 방식에도 깊은 변
화를 가져왔습니다. 도시화와 산업화가 급속히 진행되면서 기계화와
분업은 생산성을 높였지만, 동시에 인간을 기계의 부속품처럼 취급하
게 만들어 노동자를 단순히 생산을 위한 수단으로 전락시키는 인간 소
외 현상을 낳았습니다. 더불어 직장과 주거지가 분리되고, 사람들은 더
나은 일자리나 주거 환경을 찾아 자주 이사하며 이동하게 되었습니다.
이 과정에서 이웃과의 관계는 점차 단절되고, 사람들은 계층 구조가 더
욱 견고해진 사회 속에서 개인 중심의 삶에 점점 익숙해졌습니다. 잦은
이동과 개인 중심의 생활 방식이 확산되면서, 결국 이러한 변화는 인간
적 유대감을 약화시키고 공동체 의식을 점점 희미하게 만드는 결과로
이어지고 있습니다. 이러한 문제들은 도시가 실패했다는 증거일까요,
아니면 새로운 전환이 필요한 시점이라는 신호일까요?

어두운 이면 해결을 위한 노력

산업화와 도시화에 따른 문제는 효과적인 해결 방안이 필요합니다. 무
엇보다 환경 문제를 해결하기 위한 정책적 노력이 선행되어야 합니다.
공장에서 배출되는 온실가스를 줄이기 위해 정부와 기업은 친환경적
생산 방식을 도입하고, 신재생 에너지 사용을 확대할 필요가 있습니다.

미국 텍사스주의 풍력 발전 단지.

최근 전 세계적으로 확산되고 있는 RE100(재생 에너지 100%) 캠페인은 기업들이 사용하는 전력 전부를 태양광, 풍력 등 재생 에너지로 전환하자는 국제적 약속으로, 지속가능한 산업 구조로 전환하려는 중요한 흐름을 보여 줍니다. 유럽의 경우, 특히 독일은 '에너지 전환' 정책을 통해 화석 연료에 대한 의존도를 줄이고 재생 에너지 비중을 확대하고 있으며, 이러한 움직임은 RE100과 같은 국제적 노력과도 맥락을 같이 합니다. 또한 도시 차원에서는 녹지 공간 확충과 대중교통 시스템 개선을 통해 자동차 의존을 줄이고, 에너지 소비를 절감하는 노력이 병행될 필요가 있습니다.

사회적 불평등 문제를 해결하기 위한 제도적 지원이 필수적입니다. 저소득층을 위한 공공주택을 확대하고 주거 복지 정책을 강화하여 모든 시민이 안전하고 쾌적한 주거 환경에서 생활할 수 있도록 해야 합니다. 싱가포르는 'HDB(Housing Development Board, 공공주택)' 제도를 운영하고, 국민 대다수가 저렴한 비용으로 양질의 주택에 거주할 수 있도록 보장하고 있습니다. 이러한 제도는 사회적 불평등을 줄이고, 특히 주거 안정성을 보장함으로써 국민 삶의 질을 높이는 데 중요한 역할을 하고 있습니다. 사회적 약자가 불평등한 구조 속에서 소외되지 않도록 경제적 지원뿐 아니라 자립을 위한 교육 기회와 복지 서비스 접근성을 높이는 노력이 필요합니다.

교통 문제의 해결을 위한 방안도 필요합니다. 도시 내 교통 혼잡을 완화하기 위해 대중교통 시스템을 효율적으로 개선하는 것이 필요합니다. 우리나라의 경우, 지하철과 버스를 연계한 대중교통망을 효율적으로 운영하여 출퇴근 시간대의 교통 혼잡을 완화하려는 노력이 이어지고 있습니다. 도심 내 자전거 도로와 보행자 중심의 거리 조성 같은 '저탄소·친환경 교통 체계'를 구축함으로써 자동차 의존도를 줄이고, 도시 내에서의 지속가능한 이동 방식의 확산이 중요합니다. 세계적으로는 스마트시티 개념을 도입해 기술을 활용하여 교통 문제를 해결하는 사례가 있습니다. 네덜란드의 암스테르담은 교통 혼잡을 줄이기 위해 빅데이터와 인공지능(AI)을 사용해 교통 신호 체계를 개선하고, 실시간 교통 데이터를 분석해 효율적인 교통을 유도하고 있습니다.

산업화와 도시화로 인한 **환경 오염 문제**를 해결하기 위해서는 기술 혁신과 환경 보호 정책의 결합이 필요합니다. 공장과 자동차에서 배출되는 유해 물질을 줄이기 위해 친환경 기술 개발과 재생 에너지의 확대가 필수적입니다. 재생 에너지는 산업화의 과정에서 발생하는 탄소 배출을 줄이고, 환경을 보호하는 핵심적인 수단으로 자리 잡고 있습니다. 덴마크는 풍력 발전을 통해 자국의 전력 소비량 중 상당 부분을 충당하고 있으며, 이를 통해 화석 연료 사용을 줄이고 탄소 배출을 감소시키고 있습니다. 이와 같은 친환경 산업의 발달은 도시의 환경 문제를 해결하는 데 중요한 역할을 할 수 있으며, 특히 산업화가 진행 중인 개발도상국에도 이러한 기술이 도입될 필요가 있습니다.

한편, **에너지 효율**을 높이는 것도 중요한 해결 방안 중 하나입니다. 산업화 과정에서 대량으로 소비되는 에너지를 효율적으로 사용하기 위해서는 건물, 공장, 가정에서 사용하는 에너지 시스템의 개선이 필요합니다. 예를 들어, 최신 에너지 절감 기술을 통해 건물의 에너지 사용량을 줄이는 '**제로 에너지 빌딩**' 개념이 세계적으로 확산하고 있습니다. 이는 건물 자체에서 재생 에너지를 생산하고, 에너지 소비를 최소화하는 방식으로 환경 보호에 기여하는 동시에 장기적으로 에너지 비용도 절감할 수 있는 방식입니다. 독일 프라이부르크의 보봉 마을은 이러한 친환경 도시 계획을 선도하는 대표적인 사례로, 에너지 효율을 극대화한 주거 지역과 신재생 에너지 활용을 통해 도시 전체가 환경친화적인 방향으로 설계되었습니다.

산업화·도시화로 인한 **인간 소외** 문제도 해결해야 할 과제입니다. 현대의 도시 생활은 개인화, 고립화가 가속화되는 경향이 있습니다. 사람들이 바쁜 일상에서 공동체와의 관계를 잃고, 고독감과 소외

태양을 따라 도는 집, 헬리오트롭

보봉 마을의 상징인 헬리오트롭(Heliotrop)은 세계 최초의 회전형 태양전지판을 갖춘 친환경 주택으로, 태양의 위치에 태양전지판이 따라 움직이며 최대한 많은 에너지를 생산합니다. 건물 외벽과 지붕의 태양광 패널은 주택에서 소비하는 양보다 더 많은 전기를 생산하여 '플러스 에너지 하우스(Plus Energy House)'의 대표 사례로 꼽힙니다. 헬리오트롭은 단순히 주거 공간이 아니라, 재생에너지 활용과 에너지 자립이 어떻게 실현될 수 있는지를 보여 주는 실험장이자, 지속가능한 도시 설계의 미래를 상징하는 건축물입니다.

헬리오트롭.

감을 느끼는 경우가 많습니다. 특히 도시화 과정에서 형성된 대규모 주거 단지에서는 이웃과의 관계가 단절되고, 사회적 고립이 진행될 수 있습니다. 이를 해결하기 위해서는 공동체 의식을 회복하고, 사람들 간의 교류와 소통을 증진할 수 있는 사회적 공간과 프로그램이 필요합니다. 일본의 코하우징(co-housing) 모델은 단순한 주거 공간을 넘어선 새로운 공동체 실험으로 주목받고 있습니다. 이곳에서는 주민들이 부엌, 거

대규모 주거 단지의 모습.

실, 정원과 같은 생활공간을 함께 사용하고, 정기적인 식사나 공동 활동을 통해 자연스럽게 교류합니다. 이러한 생활 방식은 개인적 고립을 완화할 뿐 아니라, 도시 속에서도 이웃 간의 유대와 공동체적 삶의 가치를 되살리는 대안으로 평가받고 있습니다.

마지막으로, 산업화·도시화에 따른 문제 해결을 위한 **국제적 협력**도 중요합니다. 오늘날 여러 국가가 산업화와 도시화의 영향을 경험하고 있으며, 특히 기후 변화와 같은 환경 문제는 국경을 초월해 전 세계가 함께 해결해야 할 과제입니다. 이를 위해 각국은 국제기구와 협력해 지속가능한 발전을 위한 노력을 하고 있습니다. 대표적인 사례로는 파리 기후 변화 협약을 들 수 있습니다. 2015년 체결된 이 협약은 전 세계 국가들이 탄소 배출을 줄이고, 기후 변화에 대응하기 위해 공동의 목표를 설정한 중요한 국제 협정입니다. 이 협약을 통해 각국은 산업화 과정에서 발생한 환경 문제를 해결하고, 지속가능한 발전을 이루기 위한 다양한 노력을 기울이고 있습니다.

산업화·도시화는 인류의 삶을 변화시키는 중요한 과정이었으며, 이를 통해 우리는 더 편리하고 효율적인 생활을 누리게 되었습니다. 하지만 동시에 여러 가지 문제도 야기되었습니다. 환경 오염, 주거 문제, 사회적 갈등 등의 문제들을 해결하기 위해서는 기술 혁신과 환경 보호 정책, 사회적 불평등 해소를 위한 제도적 지원, 공동체 의식의 회복 등이 필요합니다. 또한 전 세계가 함께 협력해 지속가능한 발전을 이루기 위한 노력을 계속해 나가야 합니다.

교통·통신·과학 기술의 삼위일체로 변하는 생활공간

산업혁명 이후 우리는 자동차, 고속철도, 비행기 등 혁신적인 교통수단을 경험하게 되었습니다. 이러한 교통수단은 사람과 물자의 이동을 한층 빠르고 효율적으로 만들어 주었습니다. 더불어 인공위성, 인터넷과 같은 첨단 통신 기술의 발달은 정보 전달과 소통 방식을 획기적으로 바꾸어 놓았습니다. 과학 기술의 급격한 진보는 지식이 핵심 자원이 되는 정보화 사회를 이끌었으며, 결국 4차 산업혁명이라는 새로운 시대를 열었습니다. 이 시대에는 인공지능(AI), 사물인터넷(IoT) 등 지능형 기술이 다양한 산업과 서비스에 융합되어 전례 없는 혁신을 만들어 내고 있습니다.

교통과 통신, 과학 기술의 발전은 시간과 공간의 한계를 크게 줄이며, 우리의 일상생활을 그 어느 때보다 빠르고 효율적으로 변화시키고 있습니다. 크게 두 가지 측면에서 우리의 삶에 영향을 미치고 있는데, 하나는 생활공간의 변화이고, 다른 하나는 생활 양식의 변화입니다. 이러한 변화는 스마트 사회와 4차 산업혁명이라는 흐름 속에서 사물인터넷, 메타버스(증강현실·가상현실 기술을 활용한 디지털 공간), 플랫폼 노동과 긱 경제, 공유 경제, 비대면 원격 진료 등의 키워드를 통해 살펴볼 수 있습니다.

스마트 사회는 우리의 생활공간을 더욱 효율적으로 설계하고, 시공간의 제약을 줄이는 방향으로 변화시키고 있습니다. 예를 들어, 사물인터넷 기술은 다양한 기기와 사물이 인터넷으로 연결되어 정보를 주고받을 수 있도록 하고, 이를 통해 스마트 홈 같은 생활공간의 혁신이 가능해졌습니다. 스마트 홈에서는 조명, 난방, 보안 시스템 등을 스마트폰으로 제어할 수 있어서 사용자가 물리적 공간에 구애받지 않고 집을 관리할 수 있습니다. 아침에 알람과 함께 커피 머신이 작동해 따뜻한 커피를 준비하거나, 외출 중에도 집 안의 에너지 소비를 조절하는 모습은 이제 흔한 일상이 되었습니다.

교통과 통신 기술의 발전은 물리적 거리의 한계를 극복하고 새로운 형태의 공간을 창출했습니다. 시공간 압축이라는 개념은 이러한 변화를 잘 설명해 줍니다. 과거에는 장시간이 소요되었던 이동이 고속철도나 항공 교통의 발달로 단축되었고, 이는 도시와 도시 간의 경계를 허물고 있습니다. 한편, 무선 통신 기술의 발달은 인터넷과 모바일 기기를 통해 가상공간에서의 상호 작용을 가능하게 하여, 물리적 공간의 개념을 재정의하고 있습니다. 예를 들어, 재택근무와 원격 회의가 일상화되면서 사람들은 물리적 사무실에 얽매이지 않고 어디서나 업무를 처리할 수 있게 되었습니다.

메타버스는 이러한 공간 변화를 극대화하는 기술입니다. 이제 우리는 현실의 거리뿐 아니라, 가상 공간 속에서도 일하고 만나며 살아

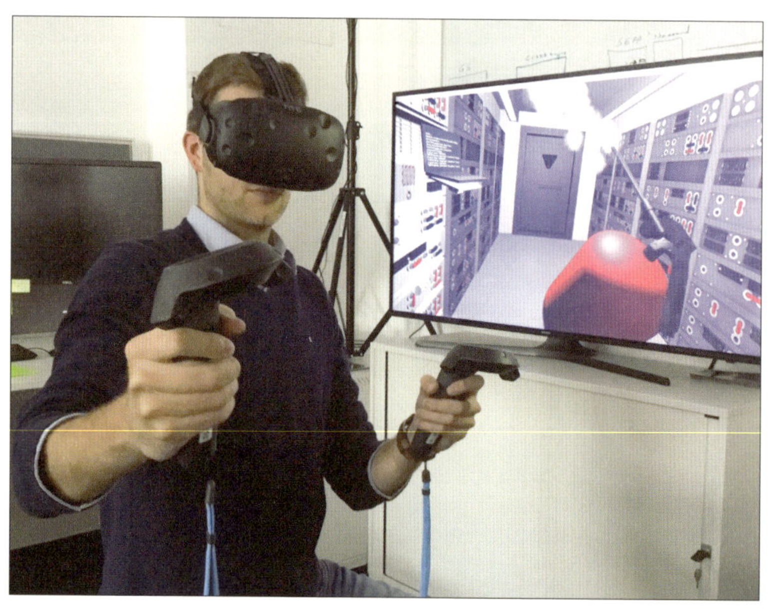

독일 다름슈타트의 유럽 우주국 연구원들이 VR(Virtual Reality) 헤드셋과 모션 컨트롤러를
장착하고, 달 서식지 내에서 화재 진압 훈련을 하는 방법을 시연하는 모습.

가고 있습니다. 메타버스의 유형은 증강현실(Augmented Reality), 거울 세계(Mirror Worlds), 일상 기록(Lifelogging), 가상 세계(Virtual World) 등으로 구분할 수 있습니다. 대표적으로 증강현실은 현실 세계 위에 디지털 정보를 겹쳐 보여 줌으로써 공간의 활용도를 높입니다. 가상 세계는 타인과의 만남을 또 다른 차원의 공간에서의 생활로 가능하게 해 줍니다. 관광 산업에서는 증강현실 기술을 활용해 유적지나 박물관을 더욱 생생하게 체험할 수 있도록 돕고 있고, 메타버스 플랫폼에서는 가상 회의실에서 전 세계 사람들과 함께 프로젝트를 진행할 수도 있습니다.

배달 플랫폼의 음식 배달원 모습.

스마트한 사회에 적응하는 방법

생활 양식의 변화는 특히 **4차 산업혁명**과 연관되어 있습니다. 플랫폼 노동자와 **긱 경제**(Gig Economy)는 기술 발전이 노동 방식에 미친 영향을 잘 보여 주는 예입니다. 긱 경제는 빠른 시대 변화에 대응하기 위해 기업들이 정규직 대신에 필요에 따라 계약직이나 프리랜서 등 임시직 고용을 늘리는 형태의 경제 형태를 일컫습니다. 배달 플랫폼의 배달원이나 차량 공유 서비스의 운전기사는 디지털 플랫폼을 통해 자유롭게 일감을 얻을 수 있지만, 동시에 고용 안정성이 부족하다는 단점도 있습니다. 이러한 긱 경제는 노동의 유연성을 제공하는 한편, 새로운 형태의 근로 조건 개선 요구를 불러일으키고 있습니다.

긱 경제가 급성장하고 있습니다. 《하버드비즈니스리뷰(HBR)》에 따르면 2023년까지 세계 긱 경제 규모는 약 4,550억 달러(545조 원)에 이를 것으로 예상됩니다. 미국에서는 노동자 3명 중 1명이 프리랜서로 활동하며 수입을 얻고 있습니다.

긱 경제는 기업이 임시직을 고용해 필요한 업무를 처리하는 방식으로, 단기 계약직이 많습니다. 고용주는 쉽게 인력을 확보할 수 있고, 고용의 유연성은 증가하지만 충성도와 사회적 결속력이 약해질 수 있습니다. 노동자들은 단기 과제에 의존하게 되어 생계에 어려움을 겪을 위험도 있습니다. 또, 플랫폼 노동자들은 독립적인 특성으로 노동조합 결성 등이 어려워 권익 보호에 한계가 있습니다.

공유 경제 또한 우리의 생활 양식을 변화시키고 있습니다. 자동차 공유 서비스인 카 셰어링은 차량 소유의 부담을 줄이는 동시에 필요할 때만 차량을 사용할 수 있는 편리함을 제공합니다. 숙박 공유 서비스는 여행객들에게 다양한 숙박지를 제공하고, 빈방을 가진 사람들에게는 추가적인 소득 창출의 기회를 주고 있습니다. 하지만 이러한 변화는 기존 산업과의 충돌, 법적 규제 문제 같은 새로운 과제를 동반하기도 합니다.

환자가 병원을 방문하지 않고도 의사와 화상 통화를 통해 진단과 처방을 받을 수 있는 비대면 원격 진료 시스템은 시간과 비용을 절약할 뿐 아니라, 의료 접근성이 부족한 지역에서도 중요한 역할을 합니다. 예를 들어, 의료 시설이 취약한 섬 같은 지역의 주민들은 인터넷과 무선 통신 기술을 활용해 전문가의 진료를 받는 기회를 얻을 수 있습니다.

결론적으로, 교통·통신 및 과학 기술의 발달은 우리의 생활공간과 생활 양식을 근본적으로 변화시키고 있습니다. 시공간의 제약을 줄이고 가상 공간에서 새로운 가능성을 창출하는 기술들은 우리의 삶을 더욱 편리하고 풍요롭게 만들어 주고 있습니다. 하지만 이러한 변화가 모두에게 공평한 혜택을 가져다주는 것은 아니며, 디지털 격차 해소, 플랫폼 노동자 보호, 개인정보 보호 같은 다양한 사회적·윤리적 과제를 해결하기 위한 노력이 필요합니다. 이러한 고민이 반영된다면, 기술 혁신은 단순한 편리함을 넘어 지속가능한 미래를 위한 원동력이 될 수 있을 것입니다.

누구도 소외되지 않도록

교통과 통신 기술이 크게 발달했지만, 도시와 농촌 간의 격차는 여전히 심각한 문제로 남아 있습니다. 고속철도와 고속도로가 도시 중심으로 설계되면서 농촌 지역은 교통 인프라에서 소외되는 경우가 많습니다. 이는 경제 활동은 물론 교육과 의료 서비스 접근성에도 직접적인 영향을 미쳐, 농촌 주민들이 도시로 이동하는 데 많은 시간과 비용을 들이도록 만듭니다. 이러한 한계를 극복하기 위해 다양한 대안이 모색되고 있습니다. 무인 드론 배송 시스템은 교통 인프라가 부족한 지역

교통 인프라가 부족한 지역에서 사용 가능한 드론 배송.

에서도 빠르게 물품을 전달할 수 있는 대안으로 주목받고 있습니다. 소규모 마을 간에는 셔틀버스를 운영하거나, 전기차 기반의 지역 교통 시스템을 구축해 접근성을 높이는 방안도 효과적일 것입니다.

정보통신 기술이 발전하면서 인터넷을 활용할 수 있는 사람들과 그렇지 못한 사람들 간의 격차도 커지고 있습니다. 디지털 기기나 인터넷에 접근할 수 없는 사람들은 최신 정보를 얻거나 온라인 교육, 원격 의료 같은 서비스를 이용하기 어렵습니다. 예를 들어, 저소득층 가정의 학생들은 온라인 수업에 필요한 기기를 준비하기 어려워 학습에서 뒤처질 위험이 있습니다. 또 농촌 지역의 주민들은 인터넷 속도가 느리거나 통신망이 열악해 디지털 서비스 이용이 제한되는 경우도 많습니다. 이러한 문제를 해결하기 위해 정부와 민간 기업이 협력하여 공공 와이파이를 확대하고 디지털 기기를 지원하며 관련 프로그램을 운영해야 합니다. 현재 우리나라에서는 학생들에게 무료로 태블릿을 제공하거나 지역 도서관에서 디지털 기기를 대여해 주는 서비스를 운영하고 있습니다. 더 나아가, 농촌 지역에 초고속 인터넷망을 구축하고, 디지털 기기 사용 교육을 지원하는 프로그램도 마련해야 합니다. 이를 통해 정보 격차를 줄이고 모든 사람이 동등한 기회를 누릴 수 있도록 해야 합니다.

교통·통신 기술의 발달로 생태 환경에도 부정적인 영향이 나

영국의 디지털 포용 전략

영국 정부는 2014년에 '디지털 포용 전략(Digital Inclusion Strategy)'을 발표했습니다. 이 전략은 사회적 소외 계층의 디지털 격차 문제를 해결하기 위한 것이며, 중앙정부, 민간, 시민단체, 지방정부 등 모든 파트너가 함께 참여하는 계획입니다. 디지털 포용 전략의 주요 10가지 실행 계획은 디지털 포용 정책을 보다 넓은 정부 정책과 프로그램, 디지털 서비스에 통합하는 것부터 시작합니다. 또한 양질의 범정부 디지털 역량 프로그램을 개발하고, 영국 전역에서 디지털 역량을 키우려는 사람들을 지원하기 위해 디지털 기술 연합체인 GO ON UK의 파트너십 프로그램을 활성화하는 것이 포함돼 있습니다. 또한, 디지털 역량 강화 지원 거점을 단일화하고, 중소기업과 시민단체를 위한 디지털 포용 프로그램도 제공할 계획입니다.

타나고 있습니다. 고속도로와 철도의 건설로 인해 동물들의 서식지가 파괴되거나 생태계가 단절되는 사례가 많습니다. 이러한 문제는 동물들의 이동 경로를 방해하고, 생물 다양성을 감소시키는 결과를 가져옵니다. 통신 기기의 사용 증가로 전자 폐기물이 늘어나 환경 오염을 일으키기도 합니다. 가령, 오래된 스마트폰, 태블릿 등의 폐기물은 적절히 처리되지 않으면 토양과 수질을 오염시킬 수 있습니다. 이를 해결하기 위해서는 친환경 기술을 도입하고, 지속가능한 발전을 목표로 한 정책을 마련해야 합니다. 예를 들어, 전기차와 같은 친환경 교통수단을 보급하고, 전자 폐기물을 재활용하는 시스템을 강화해야 합니다. 한편, 고속도로 건설 시 생태교량을 설치하여 동물들이 안전하게 이동할 수 있도록 돕는 방안도 중요합니다. 기업과 소비자가 함께 노력해 제품의 수명을 늘리고, 재활용을 활성화하는 것도 환경 보호에 기여할 수 있습니다.

교통의 발달은 사람들의 이동을 용이하게 했지만, 동시에 전염병 확산을 가속화하는 요인이 되기도 했습니다. 항공 교통의 발달로 코로나19와 같은 전염병이 전 세계로 빠르게 퍼지면서, 국제적 이동이 많은 현대 사회에서 방역의 중요성이 더욱 부각되었습니다. 이를 방지하기 위해서는 공항이나 기차역 등 주요 이동 거점에서의 방역 체계를 강화하고, 비대면 기술을 활용한 원격 근무와 온라인 활동을 장려할 필요가 있습니다. 실제로 팬데믹 시기 많은 기업이 원격 근무로 전환하면서 전염병 확산 억제에 기여했습니다. 또한 개인 건강 정보를 디지털로 관리하고, 인공지능 기반의 전염병 확산 예측 시스템을 구축해 선제적으로 대응하는 것도 중요합니다. 이러한 기술은 신속한 대처를 가능하게 할 뿐 아니라 경제적 손실을 줄이는 데에도 기여할 수 있습니다.

기술 발전은 정규직과 비정규직 노동자 간의 격차를 심화시키기도 합니다. 긱 노동자들은 유연한 노동 조건을 가진 것과는 반대로 근로 계약이 아닌 단기 계약으로 일하는 경우가 많아 의료보험이나 연금 혜택을 받지 못하는 경우가 많습니다. 이를 해결하기 위해 플랫폼 노동자를 위한 법적 보호 장치와 복지 제도를 마련해야 합니다. 몇몇 국가에서는 플랫폼 노동자에게 의료보험과 실업보험을 제공하는 방안을 도입하고 있습니다. 노동자의 권리를 보호하기 위한 디지털 노조의 활성화도 필요합니다. 이는 노동자들이 플랫폼 기업과 협상력을 갖추고, 보다 안정적인 근로 환경을 조성하는 데 기여할 수 있습니다.

교통·통신 및 과학 기술의 발달은 우리의 삶을 풍요롭게 만드는 동시에 여러 문제점을 야기하고 있습니다. 이러한 문제를 해결하기 위해서는 기술 혁신이 모두에게 공평한 혜택을 제공할 수 있도록 사회적·정책적 노력이 함께 이루어져야 합니다. 기술의 혜택이 특정 계층에만 집중되지 않고, 전반적인 사회적 발전에 기여할 수 있도록 지속가능한 방안을 마련해야 합니다.

3. 변화하는 공간 속에서 지역을 읽다

공간의 변화를 어떻게 조사할 수 있을까?

우리가 매일 걷는 거리, 오가는 시장, 즐겨 찾는 공원은 언제부터 지금의 모습이 되었을까요? 지역은 멈춰 있는 듯 보이지만, 사실은 늘 변해 왔습니다. 사람들의 필요와 꿈, 그리고 시대의 흐름에 따라 공간은 모습을 바꾸고 새로운 이야기를 만들어 냈습니다. 이 과정에서 지역의 역사적 배경, 문화, 경제적 요인들이 어떻게 공간에 영향을 미쳤는지, 그리고 현재의 공간 사용 방식이 앞으로 어떤 방향으로 나아갈지 살펴보는 것이 필요합니다. 이를 통해 우리는 지역의 특징을 명확하게 이해하고, 앞으로의 발전 방향을 구상할 수 있습니다. 우리 지역의 공간 변화를 알아보기 위한 지역 조사는 조사 계획 수립, 정보 수집(실내 조사와 야외 조사), 정보의 분석 및 종합, 보고서 작성이라는 순서에 맞게 진행합니다.

조사 계획 수립

지역 조사 계획을 세우는 것은 효과적인 연구의 첫걸음입니다. 이 단계에서는 조사 목적과 범위를 명확히 하고, 필요한 자료와 방법을 구체적으로 정리해야 합니다. 예컨대 "우리 마을의 교통 변화가 주민 생활에 미친 영향을 조사한다."라는 목표를 세웠다면, 교통 시설 변화에 관한 자료, 이용자 수 통계, 주민 인터뷰 등 관련 정보를 얻을 수 있는 세부 계획을 마련해야 합니다. 또한 조사에 소요될 예산과 시간을 고려하고, 조사팀의 역할을 적절히 분담하는 과정도 중요합니다. 이렇게 체계적인 계획이 뒷받침되어야 조사가 효율적으로 진행될 수 있습니다.

조사 계획 단계에서는 조사 대상 지역의 역사적, 지리적, 사회적 배경을 함께 고려하는 것이 좋습니다. 가령 새롭게 설치된 버스 정류장이 주민 생활에 미친 영향을 살펴보려면, 과거의 교통 상황과 비교할 수 있는 자료를 확보해야 합니다. 더불어 조사 과정에서 발생할 수 있는 문제점이나 한계를 미리 검토하는 것도 필요합니다. 제한된 예산이나

서울시 서대문구 홍제동 지역 모습.

팀원들의 경험 부족 같은 현실적 제약에 대한 대응 방안도 미리 마련해 두어야 한다는 뜻입니다.

조사 방법은 설문조사, 인터뷰, 관찰, 문헌 조사 등 다양합니다. 주민 설문조사를 통해 교통 변화가 출퇴근 시간에 미친 영향을 파악하거나, 관찰을 통해 도로 확장 후 교통량 변화를 확인하는 식입니다. 각 방법의 장단점을 이해하고 이를 적절히 배치해야 원하는 정보를 효과적으로 수집할 수 있습니다.

정보 수집: 실내 조사와 야외 조사

지역 정보를 수집하는 과정은 실내 조사와 야외 조사로 나눌 수 있습니다. 실내 조사에서는 문헌 자료나 통계 데이터를 활용해 기초 정보를 수집합니다. 예를 들어, 지역 도서관에서 과거 교통 변화 관련 문서를 찾아보거나, 시청 홈페이지에서 교통 통계 자료를 확인할 수 있습니다. 인터넷 검색을 통해 다른 지역의 유사한 사례를 참고할 수도 있습니다. 최근에는 공공 데이터 플랫폼이나 GIS(지리정보시스템) 같은 디지털 도구를 활용해 더욱 정확하고 풍부한 자료를 확보할 수 있습니다.

야외 조사 단계에서는 실제로 현장을 방문해 필요한 정보를 직접 수집합니다. 우리 마을의 주요 도로를 관찰하거나, 교통량을 측정하거나, 주민들에게 설문조사를 진행할 수 있습니다. 이런 방법을 통해 실내 조사에서 얻을 수 없는 현장감 있는 데이터를 확보할 수 있습니다. 새로 설치된 신호등이 차량 흐름에 어떤 영향을 미쳤는지, 또는 보행자 안전에 어떤 변화를 가져왔는지 직접 관찰해 볼 수 있습니다. 주민들과의 인터뷰를 통해 구체적인 의견과 요구를 듣는 것도 중요합니다.

최근에는 드론이나 스마트폰 GPS를 활용해 더 정밀한 조사가 가능해졌습니다. 드론을 이용하면 넓은 지역을 단시간에 촬영하고, 이를 통해 공간적 변화를 한눈에 파악할 수 있습니다. 스마트폰 GPS를 활용하면, 특정 지역에서의 교통 흐름이나 사람이 많이 모이는 장소를 쉽게 분석할 수 있고, 조사 효율성과 정확성을 크게 높일 수 있습니다.

정보의 분석 및 종합

수집한 정보를 분석하고 종합하는 단계는 조사의 핵심이라고 할 수 있습니다. 실내 조사와 야외 조사에서 얻은 데이터를 비교하거나, 관련성을 분석합니다. 예컨대, 도로 확장이 주민들의 통근 시간을 얼마나 줄였는지 통계적으로 분석하거나, 주민 인터뷰를 통해 생활의 질에 미친 영향을 평가할 수 있습니다. 데이터를 시각적으로 표현하는 것도 중요한데, 교통량 변화를 그래프나 지도로 정리하면 결과를 더 쉽게 이해할 수 있습니다. 이 과정에서는 데이터의 신뢰성과 정확성을 검토하는 것도 잊지 말아야 합니다.

분석 단계에서는 자료 간의 연관성을 파악하는 것이 중요합니다. 만약에 교통량 증가가 주변 상권 활성화에 미친 영향을 분석할 때는 상점 매출 변화 데이터를 활용하거나, 상점 주인들과의 인터뷰 내용을 함께 검토할 수 있습니다. 데이터를 통해 발견한 문제점에 대해 해결 방안을 제시하는 것도 필요합니다. 교통 혼잡이 심화된 지역에 대해 대중교통 이용을 장려하는 정책을 제안하거나, 자전거 도로를 확장하는 방안을 고려할 수 있습니다.

분석된 데이터를 시각적으로 표현하면 보고서 작성과 발표 과정에서 큰 도움이 됩니다. 예를 들어, 교통량 변화 그래프, 도로망 지도의 변화, 설문조사 결과를 차트로 만들어 정리하면 독자가 내용을 더 쉽게 이해할 수 있습니다. 이런 시각적 자료는 보고서의 설득력을 높이는 데 큰 역할을 합니다.

보고서 작성

마지막으로 조사 결과를 정리해 보고서를 작성합니다. 보고서에는 조사 목적, 방법, 결과, 그리고 결론과 제언(해결 방안)이 포함돼야 합니다. 예를 들어, "마을의 도로 확장은 교통 편의를 높였지만, 일부 지역에서는 보행자 안전 문제가 제기됐다."는 결과를 구체적으로 서술하고, 해결 방안을 제안할 수 있습니다. 보고서는 단순히 정보를 나열하는 것이 아니라, 조사한 내용을 바탕으로 의미를 도출하고 이를 설득력 있게 전달하는 것이 중요합니다. 시각 자료나 사진을 함께 첨부하면 보고서의 완성도를 높일 수 있습니다.

보고서 작성 시에는 문장 구조와 내용 흐름을 잘 정리해야 합니다. 서론에서는 조사 배경과 목적을 간략히 설명하고, 본론에서는 조사 과정과 결과를 자세히 서술합니다. 결론에서는 조사 결과를 종합적으로 요약하고, 이를 바탕으로 정책적 제언이나 지역 주민에게 도움이 되는 방향을 제시할 수 있습니다. 그러면 "교통 시설의 확장으로 통근 시간이 단축되었으나, 대중교통 이용률은 여전히 낮은 수준이므로 이에 대한 캠페인이 필요하다."와 같은 결론을 제시할 수 있습니다.

보고서를 완성한 후에는 다른 조사 팀원이나 전문가의 피드백을 받아 수정하는 과정도 중요합니다. 그리고 작성된 보고서를 지역 사회에 공유하거나, 발표를 통해 조사 내용을 전달하면 더욱 효과적으로 조사 결과를 활용할 수 있습니다. 이 과정에서 주민들의 의견을 반영해 후속 조사를 계획하거나, 새로운 프로젝트를 시작할 수도 있습니다.

결론적으로, 지역 조사는 우리 지역의 변화와 문제를 이해하고 개선 방안을 모색하는 데 중요한 과정입니다. 체계적인 계획과 정확한 정보 수집, 꼼꼼한 분석, 그리고 명확한 보고서 작성은 성공적인 조사를 위해 꼭 필요합니다. 이렇게 지역 조사를 통해 얻은 결과는 주민들의 생활을 개선하고, 지역 발전에 기여하는 데 큰 역할을 할 수 있습니다. 지역 조사는 단순히 현재 상황을 파악하는 것을 넘어, 더 나은 미래를 설계하는 출발점이 될 수 있습니다.

공간 변화의 그림자: 지역에 남은 문제들

우리나라는 다양한 도시 개발 프로젝트와 공간 변화를 통해 새로운 활력을 얻었지만, 그 이면에는 해결해야 할 과제들도 함께 자리하고 있습니다. 대규모 아파트 단지가 들어서면서 인구가 급격히 늘어나자, 기존 교통망과 인프라는 이를 따라가지 못했습니다. 출퇴근 시간마다 도로는 차량으로 가득 차고, 짧은 거리를 이동하는 데도 많은 시간이 소요되면서 시민들의 피로와 스트레스가 커지고 있습니다. 일상에서 자

서울시 서울숲에 있는 산책로.

주 마주치는 주차 공간 부족 문제 역시 여전히 풀리지 않은 숙제로 남아 있습니다. 이처럼 개발의 성과 뒤에 남겨진 교통 혼잡과 생활 불편은 단순한 도시 문제가 아니라, 지역 사회가 안고 있는 현실적인 문제이기도 합니다.

도시 개발로 인해 녹지 공간이 감소하는 것도 큰 문제입니다. 예전에는 아이들이 자유롭게 뛰놀 수 있는 공원이 있었는데, 최근 몇 년간 그 자리에 상업용 건물이나 고층 아파트가 들어서면서 녹지가 급격히 사라졌습니다. 공원은 단순히 여가 공간을 넘어 주민들의 건강과 휴식을 위한 중요한 공간이었는데, 그 자리가 사라지면서 사람들은 자연을 접할 기회가 줄어들었습니다.

그뿐만 아니라, 자연환경의 변화로 인해 마을에서 자주 볼 수 있었던 새나 곤충이 점점 사라지고 있는 상황입니다. 예전에는 마을의 작은 공원에서 새들의 노래를 듣거나, 아이들이 나비를 따라다니는 모습이 흔했지만, 이제는 그런 풍경을 보기 어려워졌습니다. 많은 주민이 이로 인해 환경 변화에 대한 불안감을 느끼고, 건강에 미칠 영향에 대해 걱정하고 있습니다.

TIP!
녹지
천연적으로 풀이나 나무가 우거진 곳이나, 도시의 자연환경 보전과 공해 방지를 위하여 풀이나 나무를 일부러 심은 곳입니다. 서울의 대표적인 녹지로는 '서울숲'이 있습니다.

지역 문제 해결을 위한 해법 찾기

지역의 다양한 문제를 해결하기 위해 지역 주민들과 행정 기관은 다양한 노력을 기울이고 있습니다. 먼저, 교통 문제를 해결하기 위해 대중교통 인프라를 확충하고 있습니다. 버스 노선을 새롭게 추가하거나 기존 노선을 개선해 주민들이 자가용 대신 대중교통을 이용하도록 유도하고 있습니다. 자전거 도로를 확대하고, 보행자 중심의 교통 체계를 구축하는 데도 힘쓰고 있습니다. 마을 중심부에 있던 혼잡한 도로를 보행자 전용 거리로 바꾸면서 주민들의 이동 편의성과 안전을 동시에 확보하고 녹지 공간을 되살리기 위한 노력도 진행 중입니다.

지역사회에서는 주민들이 함께 참여하는 나무 심기 캠페인과 방치된 공터를 작은 공원으로 되살리는 프로젝트가 추진되고 있습니다. 아이들과 어른이 함께할 수 있는 도시 농업 프로그램 역시 큰 호응을 얻고 있습니다. 이러한 활동은 단순히 녹지 공간을 복원하는 데 그치지 않고, 주민들에게 자연을 가까이 느낄 기회를 제공하며 공동체 의식을 되살리는 데에도 중요한 역할을 하고 있습니다.

지역 상권을 활성화하기 위한 노력도 이루어지고 있습니다. 전통 시장에서는 특산물 축제를 열거나, 소셜미디어를 활용한 홍보 활동을 통해 방문객을 유치하고 지역 화폐를 발행해 경제 순환을 촉진하려는 노력들이 이어지고 있습니다. 이러한 노력은 단순히 경제적 효과를 넘어, 지역사회의 연대를 강화하고 공동체 문화를 되살리는 데도 기여하고 있습니다.

지역 문제 해결에는 기술의 발달도 한몫을 하고 있습니다. 태

경기도의 다양한 지역 화폐 모습.

글로벌 화폐 체계(유로, 달러, 가상화폐) 속에서 지역 화폐가 다시 주목받고 있습니다. 외환 위기로 국제통화기금(IMF)의 관리를 받던 시기, 우리나라는 달러 중심 경제 질서에 의문을 품고 다양한 대안을 모색하기 시작했습니다. 특히 2016년, 강원도는 광역자치단체 중 최초로 '강원상품권'을 도입하며 지역 자금의 역외 유출을 막고, 내수 활성화를 위한 대안 통화의 첫발을 내딛기도 했습니다. 지역 화폐는 단순한 화폐를 넘어 주민의 소비를 지역 안에서 순환시키고, 일자리와 소상공인 시장을 활성화하며, 지역 문제를 주민 스스로 해결해 나가는 중요한 도구로 자리 잡을 수 있는 잠재력이 있습니다.

양광 패널을 설치하거나, 스마트 센서를 활용해 쓰레기 배출량을 실시간으로 모니터링하는 기술은 환경 문제 해결에 큰 도움이 됩니다. 교통량 데이터를 분석하고, 이에 기반해 신호등 체계를 최적화하는 스마트 교통 시스템을 구축하는 일은 교통 체증 완화에 큰 역할을 하고 있습니다.

무엇보다도 지역 문제를 해결하기 위해서는 행정 기관이나 전문가의 노력뿐 아니라, 주민들의 작은 실천도 중요합니다. 대중교통을 적극 이용하거나, 자전거를 타고 이동하는 습관을 들이면 교통 체증과 대기 오염을 줄이는 데 기여할 수 있습니다. 가정에서 에너지를 절약하고, 쓰레기 분리배출을 철저히 실천하면 지역 환경 보호에 큰 도움이 될 것입니다.

이웃과의 소통도 중요한 요소입니다. 주민들이 함께 모여 지역의 문제를 논의하고 해결 방안을 찾는 과정은 단순히 당장의 불편을 해소하는 데 그치지 않습니다. 이러한 참여는 지역사회를 더 건강하고 활기차게 만들 뿐 아니라, 지역이 스스로 지속가능하게 발전할 수 있는 토대를 마련합니다. 주민들이 직접 의사 결정에 참여하고 책임을 나누면서, 지역에 대한 애정과 주인의식도 자연스럽게 커집니다. 주민들이 주말마다 모여 마을 청소를 하거나, 쓰레기 무단 투기 금지 캠페인을 벌이는 것은 모두가 더 깨끗하고 쾌적한 환경에서 살 수 있도록 돕는 작은 실천입니다. SNS나 지역 커뮤니티를 통해 문제를 공유하고, 서로의 아이디어를 모아 실행에 옮길 수도 있습니다.

지역의 공간 변화는 필연적으로 다양한 문제를 수반하지만, 이를 해결하기 위한 노력이 있다면 긍정적인 방향으로 변화를 이끌 수 있습니다. 지역 주민, 행정 기관, 전문가가 협력해 교통, 환경, 경제 문제를 해결하려는 노력을 기울이면 더 나은 생활 환경을 조성할 수 있습니다. 동시에 주민들 스스로가 일상에서 실천이 가능한 행동을 통해 변화에 동참한다면, 지역은 더욱 살기 좋은 곳이 될 것입니다.

지역 문제 해결은 단순히 현재의 불편을 해소하는 것을 넘어, 지속가능한 미래를 설계하는 과정입니다. 모두가 함께 노력한다면, 우리 지역은 더욱 건강하고 행복한 공간으로 변화할 수 있을 것입니다.

1. 젠트리피케이션이 무엇인지 알아볼까요?

젠트리피케이션은 주로 도심 지역이나 낙후된 지역이 개발되고 상업화되면서, 기존에 거주하던 저소득층 주민들이 경제적 부담을 이기지 못해 다른 지역으로 밀려나는 현상을 말합니다. 보통 새로운 상업 시설이나 고급 주택이 들어서면서 임대료와 생활비가 크게 올라, 결국 원래 살던 주민들이 지역을 떠나게 되는 과정을 포함하지요. 이러한 젠트리피케이션은 사회적·경제적 불평등을 심화시킬 수 있기 때문에 그에 따른 문제와 해결 방안을 함께 고민하는 것이 필요합니다. 이번에는 서울과 미국의 사례를 통해 좀 더 구체적으로 살펴보겠습니다.

서울에서도 젠트리피케이션 현상이 일부 지역에서 발생하고 있습니다. 대표적으로 서울의 '홍대' 지역이 있습니다. 홍대는 예술과 문화가 넘치는 독특한 분위기로 많은 사람이 찾는 명소였지만, 지난 몇 년간 홍대 인근의 상업화가 급격하게 진행되었습니다. 낙후된 상가들이 현대적이고 고급스러운 상업 시설로 바뀌고 방문객이 급격히 늘면서 이 지역의 임대료가 상승했습니다. 그 결과 원래 홍대에 살던 젊은 예술가들이나 자영업자들은 높은 임대료를 감당할 수 없어 다른 지역으로 떠나게 되었습니다. 그러면서 자연스럽게 이전에 예술적이고 개성 넘치던 문화가 쇠퇴하고, 그 자리를 고급 브랜드 매장과 카페가 차지하면서 그 지역만의 특색이 점점 사라지고 있습니다. 그리고 이제는 계속해서 높아진 임대료로 인해 그마저 있던 상가들도 빠져나가게 되었습니다.

또 다른 사례로는 '성수동'을 들 수 있습니다. 성수동은 과거에는 공장

젠트리피케이션으로 인해
임대료가 상승한 홍대 지역.

과 창고가 많은 산업 지역이었지만, 최근 몇 년 사이에 대형 카페와 예술 갤러리, 패션 브랜드 매장이 들어서면서, 젊은이들이 찾는 명소로 변했습니다. 이에 따라 부동산 가격이 급등했고, 원래 이곳에 살거나 작은 가게를 꾸렸던 사람들은 높은 임대료를 감당하지 못해 떠나게 되었습니다. 예전의 산업적이고 거친 분위기는 점차 사라지고, 고급 주택과 상업 시설이 자리 잡으면서 지역의 특성이 변한 셈입니다. 성수동의 경우, 젊은 창업자나 예술가 들이 새로운 기회를 찾기 위해 이 지역을 찾아왔지만, 그 과정에서 기존의 저소득층 주민들은 경제적 부담을 느끼며 다른 지역으로 이주하게 되었습니다.

　　　미국에서도 젠트리피케이션은 중요한 사회적 이슈로 다뤄지고 있습니다. 특히, 뉴욕시의 '윌리엄스버그' 지역은 젠트리피케이션의 대표적인 사례로 많이 언급됩니다. 1990년대 초반만 해도 윌리엄스버그는 비교적 저렴한 주택이 많고, 노동자 계층이 주로 살았습니다. 하지만 2000년대 초반부터 이 지역에 예술가들이 유입되기 시작하면서 분위기가 달라졌습니다. 처음에 예술가들은 저렴한 임대료를 찾아 이 지역에 창작 공간을 마련했고, 이를 계기로 카페, 레스토랑, 상점이 차례로 생겨났습니다. 점차 이 지역은 '힙스터' 문화의 중심지로 떠오르며, 주택 임대료와 부동산 가격이 급등했습니다. 그로 인해 원래 이 지역에 살던 노동자 계층과 저소득층 주민들은 더 이상 이곳에 살 수 없게 되었고, 고급 주택에 입주할 수 있는 사람들만 남게 되었습니다. 윌리엄스버그는 이제 뉴욕시에서 가장 인기 있는 지역 중 하나로, 고급 아파트와 상업 공간이 즐비한 곳으로 변했습니다.

TIP!

힙스터 문화

1940년대에 미국에서 사용하기 시작한 용어로서, 유행 같은 대중의 큰 흐름을 따르지 않고 자신들만의 고유한 패션과 음악 문화를 좇는 부류를 이르는 말입니다.

샌프란시스코의 '미션 디스트릭트' 지역은 1990년대 후반부터 기술 산업의 발전과 함께 젠트리피케이션 현상이 본격적으로 나타났습니다. 이 지역은 이전에는 히스패닉 커뮤니티와 예술가가 많이 거주하던 곳이었지만, 실리콘밸리의 기술 기업들이 성장하면서 많은 IT 종사자들이 이곳으로 이주하기 시작했습니다. 그 결과 임대료가 급등하고, 기존 주민들은 점차 다른 지역으로 밀려났습니다. 미션 디스트릭트는 이제 전형적인 젠트리피케이션 지역으로, 고급 레스토랑과 부티크, 상업 시설 등이 들어서면서 원래의 특색이 사라지고, 새로운 주민들이 이주해 오는 변화가 일어났습니다.

이러한 사례들을 통해 젠트리피케이션이 어떤 영향을 미치는지 알 수 있습니다. 첫째, 기존의 저소득층 주민들은 높은 임대료와 생활비 때문에 다른 지역으로 이주해야 하고, 둘째, 지역의 특색이나 문화가 변할 수 있습니다. 예술적인 분위기나 다양한 계층이 공존하던 지역이 상업적이고 고급화되면서 원래의 모습이 사라지기도 합니다. 셋째, 경제적 불평등이 심화될 수 있습니다. 고급화된 지역에서는 부유한 계층이 살게 되지만, 저소득층은 갈 곳을 잃고 주변 지역으로 밀려나게 됩니다.

이와 같이 젠트리피케이션은 경제적, 사회적 문제를 야기할 수 있지만, 이와 동시에 새로운 기회를 만들어 내기도 합니다. 따라서 젠트리피케이션을 그 자체로 부정적인 것으로만 바라볼 것이 아니라 어떻게 관리하고 해결할 것인가에 대한 논의를 적극적으로 진행하고 대안을 마련하려는 노력이 중요합니다. 주민들을 보호할 수 있는 정책을 마련하거나, 지역 특성을 유지하면서도 개발을 진행할 수 있는 방법을 찾는 것이 필요합니다. 결국, 젠트리피케이션을 단순히 개발과 상업화의 문제로만 보기보다는, 사회적 공평함과 공동체의 가치를 고려하는 방식으로 접근하는 것이 중요하다고 할 수 있습니다.

2. 교통의 발달이 바이러스를 더 확산시켰다고요?

교통의 발달이 바이러스의 확산을 더욱 가속화했냐는 질문은 매우 중요하고 흥미로운 문제입니다. 과거와 현재의 질병 확산 양상은 교통수단의 발전과 밀접하게 연결되어 있기 때문입니다. 특히 현대 사회에서는 교통수단이 발달하면서 이동은 편리해졌지만, 그만큼 바이러스가 짧은 시간에 널리 퍼질 수 있는 환경도 만들어졌습니다. 과거의 전염병과 비교했을 때, 현재는 교통망의 발달로 인해 바이러스의 확산 속도와 범위가 매우 커졌다고 할 수 있습니다. 역사적 사례와 비교하면 이를 좀 더 쉽게 이해할 수 있습니다.

전염병 하면 가장 많이 떠올리는 페스트를 예로 들어 보겠습니다. 알베르 카뮈의 소설 『페스트』에는 "이 세상에는 전쟁만큼이나 많은 페스트가 있어 왔다. 그러면서도 페스트나 전쟁이나 마찬가지로 그것이 생겼을 때, 사람들은 언제나 속수무책이었다."라고 했습니다.

14세기 중반, 유럽에서 발생한 페스트는 당시 유럽 인구의 약 3분의 1이 사망하는 끔찍한 전염병이었습니다. 페스트는 '흑사병'이라고 부르기도 합니다. 당시에는 교통망이 발달하지 않았기 때문에, 페스트는 대부분 해상 무역로를 통해 전파되었습니다. 예를 들어, 페스트는 중국에서 출발하여 실크로드를 통해 유럽으로 퍼져 나갔습니다. 그러나 당시의 교통수단은 오늘날처럼 빠르고 효율적이지 않았기 때문에, 페스트의 전파 속도는 상대적으로 더 느리고 제한적이었습니다. 물론, 그 당시에도 전염병은 엄청난 피해를 가져왔지만, 교통의 제약으

피테르 브뢰헬,
「죽음의 승리」.
페스트로 인한 죽음을
묘사했다.

로 인해 빠른 시간에 전 세계로 확산하지는 않았던 것입니다.

하지만 현재의 교통망을 보면, 상황은 완전히 달라졌습니다. 오늘날 우리는 항공기, 고속철도, 자동차 등 이전보다 교통수단이 훨씬 다양화되었고, 전 세계 어디로든 빠르게 이동할 수 있습니다. 이러한 교통수단의 발달은 바이러스와 질병이 빠르게 전파될 수 있는 환경을 만들었습니다. 그 대표적인 예가 바로 코로나19 바이러스입니다. 코로나19는 2019년 12월 중국 우한에서 처음 집단 감염 사례가 보고되었으며, 이후 몇 주 만에 전 세계로 확산되었습니다. 항공기, 기차, 버스 등 다양한 교통수단을 통해 바이러스는 사람들과 함께 다른 지역으로 빠르게 퍼져 나갔습니다. 특히, 코로나19는 초기 단계에서 증상이 없는 무증상 감염자들이 많았기 때문에, 바이러스가 전파되는 속도는 예상을 초월했으며, 지역 간의 빠른 이동을 가능케 한 교통의 발달이 큰 영향을 미쳤습니다.

서울, 뉴욕, 런던, 도쿄 등 세계 주요 도시들에서는 항공기나 기차 등을 통해 하루에도 수천 명, 수만 명이 이동합니다. 이처럼 국제적인 이동이 활발히 이루어지면, 바이러스가 국경을 넘어 전파되는 속도는 과거의 전염병과는 비교할 수 없을 정도로 빨라지게 됩니다. 2012년 사우디아라비아에서 발생한 메르스 역시 감염된 사람들이 항공기를 이용해 여러 나라를 이동하면서 전염이 빠르게 세계로 확산되었습니다. 이처럼 교통의 발달은 단순히 사람들의 이동을 용이하게 만든 것뿐만 아니라, 질병이 더 넓은 지역으로 퍼지도록 돕고 있습니다.

또 다른 중요한 점은, 교통수단의 발달이 전 세계적인 연결성을 촉진시켰다는 사실입니다. 과거에는 사람들의 이동이 제한적이었고, 질병도 지역적 범위 내에서만 전파되는 경우가 많았습니다. 그러나 이제는 전 세계가 하나의 거대한 네트워크처럼 연결되어 있어서, 바이러스도 같은 방식으로 전 세계를 넘나들며 확산합니다. 이와 같은 글로벌화가 질병의 확산을 더욱 촉진하는 요인으로 작용하고 있습니다.

교통의 발달과 글로벌화로 세계 시민 사이의 교류가 늘고 일상에서 누리는 편의가 커졌지만, 그로 인해 질병의 전파 또한 글로벌화되었다는 점을 인식하는 것은 매우 중요합니다. 새로 등장한 현상을 이해하고 그에 대한 예방과 대응책을 마련하는 데 중요한 역할을 할 것입니다.

스마트 도시와 개인화된 인공지능(AI)의 삶

영화 「her(그녀)」(2014)는 인공지능 운영체제(사만다)와 인간의 관계를 통해 미래 인간-기계 사회를 섬세히 그림으로써 스마트 도시와 개인화된 인공지능의 삶의 단면을 조명합니다. 영화 속 배경은 고도로 발달한 스마트 사회로, 사람들은 음성 명령만으로 일정을 조율하고 이메일을 보내며, 자율 주행 교통수단과 무인 시스템이 도시 곳곳에서 자연스럽게 작동합니다. 주변의 모든 상황이 맞춤형으로 개인화되어 인간의 편의를 극대화하지만, 역설적으로 주인공 테오도르는 이런 세상 속에서 더 깊은 외로움을 느낍니다. 그는 최신형 인공지능 운영체제인 사만다를 구입해 함께 대화를 나누면서 처음에는 단순한 호기심과 즐거움으로 관계를 시작하지만, 점차 자신의 가장 깊은 속내를 털어놓고 마음의 상처를 치유받게 됩니다.

사만다는 단순히 기계적으로 대답하는 프로그램이 아니라 테오도르의 감정에 공감하고, 그의 농담에 웃으며, 때로는 그를 위로하고 설레게 하는 존재로 그려집니다. 둘은 점점 인간과 기계의 경계를 넘어 연인 관계에 가까운 정서적 유대를 형성해 나가는데, 이는 스마트 사회가 만들어 낸 새로운 형태의 친밀함이자 관계의 양식을 상징합니다.

그러나 이러한 관계는 테오도르가 진정으로 원하는 인간적 교감과는 다른 차원의 결핍을 드러냅니다. 사만다는 끊임없이 진화하며 더 복잡하고 고차원적인 존재로 성장하다가 결국 인간과의 관계를 유지하기에는 너무 다른 차원

영화 「her」 포스터.

으로 가 버립니다. 테오도르는 처음에는 사만다와의 관계에서 이전 인간관계에서 느끼지 못했던 안정감과 설렘을 경험했지만, 결국 사만다가 그를 떠나게 되면서 다시금 인간은 무엇을 통해 행복과 소속감을 느끼는 존재인가에 대해 깊이 고민하게 됩니다. 영화는 첨단 기술로 완벽하게 포장된 스마트 사회에서도 인간이 본질적으로 갈망하는 것은 여전히 서로를 이해하고 마음을 나누는 관계임을 묵직하게 일깨웁니다. 테오도르는 사만다와의 관계가 끝난 뒤 오히려 주변의 사람들, 그리고 자신과 같은 외로움을 가진 친구에게 마음을 열기 시작합니다.

이처럼 「her(그녀)」는 단순히 기술의 진보를 제시하는 영화가 아닙니다. 이 영화는 스마트 도시와 개인화된 인공지능이 가져올 미래 사회의 편리함과 화려함의 이면에 숨은 인간 소외의 문제를 예리하게 드러내며, 아무리 첨단화된 세상에서도 인간은 결국 마음과 마음이 맞닿는 관계 속에서만 진정으로 살아 있음을 느낄 수 있다는 사실을 일깨웁니다.

통합적 관점에서 볼 때, 이 영화는 미래 사회가 기술 발전만을 추구할 것이 아니라 인간의 감정과 관계, 그리고 윤리적 책임을 함께 고민해야 함을 시사합니다. 스마트 사회가 가져올 무한한 개인화 서비스와 고도화된 삶은 분명 매력적이지만, 그것이 우리의 내면적 결핍과 외로움을 모두 채워 줄 수는 없을 것입니다. 결국 우리가 맞이할 미래는 스마트 기술로 무장한 사회이기 이전에, 여전히 인간적인 유대와 공감이 필요한 사회일 수밖에 없습니다. 그러므로 첨단화된 삶을 설계할 때 무엇보다 중요한 것은 인간다움과 서로를 이해하려는 노력이라는 점을 이 영화는 깊이 있게 성찰하고 있습니다.

이미지 출처와 페이지